W0057747

Strauchrosen
und
Kletterrosen

PAUL'S HIMALAYAN MUSK, *eine wunderschöne, kräftige Rambler-Rose. Hier wächst sie über einen alten Baumstumpf. Sie eignet sich hervorragend dazu, in einen alten Obstbaum zu wachsen, der kaum noch Früchte trägt. Sie kann sich aber auch durch Sträucher und über Hecken winden; auch läßt sie sich an einer Pergola oder an einem Rosenbogen ziehen.*

Strauchrosen
und
Kletterrosen

mit TEEHYBRIDEN und FLORIBUNDA-ROSEN

DAVID AUSTIN

DuMont

Meiner Frau Pat

Umschlag-Foto von Graham Stuart Thomas

Die Deutsche Bibliothek – CIP-Einheitsaufnahme

Austin, David:
Strauchrosen und Kletterrosen: mit Teehybriden und Floribunda-Rosen /
David Austin. [Übers. aus dem Engl. und Bearb. der dt. Ausg.: Helga und
Klaus Urban]. – Köln: DuMont, 1995
    Einheitssacht.: Shrub roses and climbing roses <dt.>
    ISBN 3–7701–3389–7
    NE: Urban, Helga [Bearb.:]; HST

Teile dieses Buches erschienen in *The Heritage of the Rose* von David Austin,
1988, 2. revidierte Auflage 1990 (Nachdruck 1993)

Übersetzung aus dem Englischen und Bearbeitung der deutschen Ausgabe von
Helga und Klaus Urban
Redaktion und graphische Gestaltung der deutschen Ausgabe: Gaile & Partner,
Wiesbaden

© der englischen Ausgabe: David Austin, 1993
© der deutschen Ausgabe: DuMont Buchverlag Köln, 1995
Alle deutschsprachigen Rechte vorbehalten
Druck: Antique Collector's Club Ltd, Woodbridge/Suffolk

Printed in Great Britain   ISBN 3-7701-3389-7

David Austin ist Inhaber der Firma „David Austin Roses" in Albrighton (England). Er kultiviert dort fast eintausend verschiedene Rosensorten und unterhält einen der schönsten Rosengärten in Großbritannien. Der Entwicklung der Rose hat er seinen ganz eigenen Stempel aufgedrückt, indem er nämlich eine völlig neue Klasse von Rosen schuf: die „Englischen Rosen", die den Charme, die Blütenform und den Duft der Alten Rosen mit der Eigenschaft der Teehybriden vereinen. Er ist deshalb in einzigartiger Weise kompetent, über Rosen zu schreiben.

In dem erfolgreichen Buch *Alte Rosen und Englische Rosen* (DuMont Buchverlag 1993) beschrieb der Autor die Alten Rosen und ihre modernen Nachfolger – seine eigenen Englischen Rosen. Hier behandelt er die Teehybriden und deren nahe Verwandte, die Floribunda Rosen, sowie eine große Zahl von Hybriden dieser Rosen, die im allgemeinen als „Moderne Strauchrosen" bezeichnet werden. Außerdem geht er auf die große Vielfalt der Kletter- und Rambler-Rosen ein, die für die Gartengestaltung so überaus wertvoll sind, schließlich noch auf eine Anzahl von Wildrosen und ihre unmittelbaren Hybriden, von denen wiederum viele ausgezeichnete Sträucher für den Garten sind.

Dieses Buch enthält ausführliche Beschreibungen von etwa 560 Rosen mit Angaben zu Form und Entwicklung der Knospen und Blüten, Größe der Pflanze, zu Laub, Farbe und Duft der Blüten, zum Jahr der Einführung und über Züchter. Zu jeder Hauptgruppe gibt der Autor Ratschläge zu Kultivierung und Rückschnitt.

David Austin wurde 1926 geboren. Er war zuerst Landwirt und hat sein ganzes Leben in der englischen County Shropshire verbracht. Er ist mit der Bildhauerin Pat Austin verheiratet. Sie haben eine Tochter und zwei Söhne.

DER BERÜHMTE FRANZÖSISCHE *Rosengarten Roseraie im Park von Bagatelle in Paris. Die Rosen sind angeordnet und wachsen an freistehenden Säulen, was den Beeten Höhe verleiht und ihnen auch Anziehungspunkte gibt.*

Inhalt

Danksagung

Ich möchte mich bei denjenigen Menschen bedanken, die mir bei diesem Buch geholfen haben.

Graham Stuart Thomas für das Lesen des Manuskripts und für zahlreiche wertvolle Anregungen.

Barry Ambrose von der Royal Horticultural Society, Wisley, für seine Unterstützung, Ermutigung und praktischen Hinweise, vor allem in bezug auf Begleitpflanzen zu Rosen.

Diane Ratcliff und Doreen Pike für die Reinschrift des Manuskripts und für vielfältige Unterstützung.

Bildnachweis

David Knight, A.B.I.P.P., A.R.P.S., A.S.I.A. (Art and Design) der School of Art and Design, The Polytechnic, Wolverhampton.

Michael Warren, A.B.I.P.P., A.M.P.A., der sich auf Gartenthemen spezialisiert hat und eine umfangreiche Sammlung von Fotos besitzt.

Vincent Page, Bildredakteur von *The Sunday Times Colour Supplement*, der eine der umfangreichsten Sammlungen von Rosenbildern besitzt und mir wertvolle und umfassende Hilfe bei der Auswahl der Bilder leistete.

Claire Austin, B.A., die dem Verfasser auf seiner Rosenschule zur Seite steht und sich auf winterharte Pflanzen spezialisiert hat.

Graham Stuart Thomas, O.B.E., V.M.H., D.H.M., V.M.M., früherer Berater des National Trust in Gartenangelegenheiten und Verfasser vieler Bücher zu Gartenthemen.

Professor G. Fineschi, Italien, dessen Garten in Florenz eine der besten Sammlungen von Rosen in Europa enthält.

Weitere Fotos stammen von R.C. Balfour, Harry Smith's Horticultural Photographic Collection, Paul Edwards, Garten-Designer, und von folgenden Baumschulen und Züchtern: Cants of Colchester, James Cocker & Sons, Dickson Nurseries Ltd., Fryer's Nurseries Ltd., R Harkness & Co. Ltd., Le Grice Roses, John Mattock Ltd., Wisbech Plant Co. Ltd. und B.J. Tysterman.

NOZOMI, *eine Bodendeckerrose mit kleinen Blüten, hier malerisch in einen Teich hinabhängend. Ihr kriechender Wuchs macht sie zur idealen Rose für eine Ampel.*

WEDDING DAY *(im Hintergrund) ist eine kräftige Rambler-Rose, die man in einen großen Baum wachsen lassen kann.* ROSA X PAULII *(rechts) ist eine Wildrosen-Hybride, die auch im Halbschatten gedeiht. Man kann sie hervorragend am Boden ziehen und mit ihr so größere Flächen bedecken. Auf dem Foto links ist* R. gallica officinalis *zu sehen.*

Einleitung

In meinem Buch *Alte Rosen und Englische Rosen* beschrieb ich die verschiedenen Gruppen von Rosen bis zum Aufkommen der Teehybriden sowie die natürlichen Nachfolger der Alten Rosen – die Englischen Rosen. Sie sind ihnen im Charakter sehr ähnlich.

In diesem Band behandle ich die Teehybriden und deren nahe Verwandte, die Floribunda-Rosen, sowie eine große Zahl von Hybriden dieser Rosen, die im allgemeinen als „Moderne Strauchrosen" bezeichnet werden. Außerdem gehe ich auf die große Vielfalt der Kletter- und Rambler-Rosen ein, die für die Gartengestaltung so überaus wertvoll sind, schließlich noch auf eine Anzahl von Wildrosen und ihre unmittelbaren Hybriden, von denen wiederum viele ausgezeichnete Sträucher für den Garten sind.

Fast alle diese Rosen wurden in unserem Jahrhundert eingeführt. Das veranschaulicht sehr gut die enorme Entwicklung, die seither stattgefunden hat. Viele dieser Sorten, obgleich nicht alle, waren Verbesserungen. Die Rosen entwickelten sich aus den „Alten Rosen" zu Pflanzen, die sich für fast jede nur denkbare Verwendung im Garten eignen – von der winzigsten Zwergrose bis zur beliebten Teehybride und weiter bis hin zu großen Sträuchern und Kletterrosen, ja sogar riesigen Ramblern, die in Bäume von beachtlicher Höhe klettern können. Alle diese Rosen sind Gegenstand dieses Buches...

.

KAPITEL 1

Unsere heutigen Strauchrosen

U m 1920 waren in Westeuropa fast alle Wildformen von Rosen bekannt. Damals gab es bereits eine beträchtliche Anzahl von Gartenrosen. Die Rosen, die ich in diesem Kapitel beschreibe, sind das Ergebnis von Kreuzungen einiger dieser Wildrosen und ihrer Hybriden mit Gartenrosen. Ich meine die Moschata-Hybriden und die Modernen Strauchrosen sowie die neueren sogenannten Bodendecker-Rosen. Bei den Gartenrosen, die für die Kreuzungen verwendet wurden, handelt es sich vorwiegend um Teerosen, Remontant-Rosen und vor allem Teehybriden. Das Ergebnis waren in der Regel recht große Sträucher von vielleicht 1,50 m bis 1,80 m Höhe, viele allerdings erheblich kleiner, einige auch größer.

Die Rosen dieses Kapitels sind in der Regel – wie moderne Gartenrosen – öfterblühend und eignen sich deshalb gut als Sträucher für den Garten. Sie blühen noch, wenn die meisten Sträucher anderer Pflanzengattungen bereits aufgehört haben zu blühen, viele sogar bis in den Herbst hinein. Sie sind vergleichsweise groß und haben einen anmutigen Wuchs, der den niedrigeren Buschrosen fehlt – denn dafür ist eine gewisse Mindestlänge der Triebe erforderlich. Allerdings können Strauchrosen im Hinblick auf die Dauer der Blütezeit mit den Buschrosen, wenn überhaupt, dann nur schwer konkurrieren. Es scheint, daß einer Pflanze, die einen großen Strauch bildet, weniger Energie bleibt, um kontinuierlich zu blühen. Die Blüten haben im allgemeinen nicht die Knospenform der Teehybriden und auch nicht die ganz geöffnete Blüte der Alten Rosen. Sie sind meist halbgefüllt bis locker gefüllt und bieten eine üppige Farbenpracht. Allerdings muß ich betonen, daß sie in der Regel keineswegs aufdringlich wirken, sondern zarte Farbwirkungen hervorbringen, wie sie so gut zur Rose passen.

In den letzten Jahren sind einige Sorten aufgekommen, bei denen es sich letztlich nur um sehr große Floribunda-Rosen handelt. Es sind meist Nebenprodukte aus der Züchtung von Floribunda-Rosen, die sich für die Klasse der Floribundas als zu groß erwiesen haben. Solche Rosen sind meiner Meinung nach aber selten eine Bereicherung für den Garten.

DENTELLES DE MALINES *(links), eine Strauchrose, die sich auch gut als Bodendecker-Rose und (an einer niedrigen Mauer) auch als Kletterrose eignet.* LÉONTINE GERVAIS *(rechts) ist eine Rambler-Rose für die Pergola, einen Rosenbogen, eine Säule (wie hier) oder eine ähnliche Vorrichtung.*

BUFF BEAUTY, *eine prächtige Moschata-Hybride, hier mit Stauden kombiniert.*

Moschata-Hybriden

Dieser Name ist einigermaßen irreführend, denn die Moschata-Hybriden sind mit der Moschus-Rose nur entfernt – über die Noisette-Rosen – verwandt. Der Name läßt aber mehr vom Charakter der Rosen dieser Gruppe erahnen als mancher andere. Die meisten dieser Rosen haben in der Tat einen kräftigen Duft – ähnlich dem der Moschus-Rose mit der Fähigkeit, wie Francis Bacon es ausdrückte, „in der Luft zu schweben".

Bei den Moschata-Hybriden handelt es sich um Sträucher von meistens 1,50 m bis 1,80 m Höhe. Es gibt auch ein paar niedrigere Sorten, aber diese sind meist weniger interessant. Die Blüten sind meist klein bis mittelgroß und treten in Büscheln auf. Unter günstigen Wachstumsbedingungen remontieren sie gut; sie bilden von der Basis her kräftige Triebe, die im Spätsommer einen zweiten Blütenflor hervorbringen. Man kann sagen, daß sie sich zu den Strauchrosen verhalten wie die Floribunda-Rosen zu den Teehybriden, denn sie können wie diese wunderschöne Wirkungen erzeugen. Allerdings hören die Gemeinsamkeiten damit schon auf. Ihr

Wuchs ist im allgemeinen anmutiger als der von Buschrosen, und die Blütenfarben sind in der Regel zart. Ihr Wuchs und ihr glattes, glänzendes Laub ähneln dem der Modernen Rosen.

Die Geschichte der Moschata-Hybriden beginnt im Jahre 1902 in Deutschland, als Peter Lambert nämlich aus einem Sämling der Rambler-Rose 'Aglaia' eine Sorte züchtete, der er den Namen 'Trier' gab. 'Aglaia' wiederum war das Ergebnis einer Kreuzung zwischen *Rosa multiflora* und der bernsteinfarbenen Noisette-Rose 'Rêve d'Or'. Die Sorte 'Trier' – ein Strauch von 1,80 m Höhe oder eine niedrige Kletterrose mit Büscheln kleiner, fast einfacher weißer Blüten mit einem Hauch von Creme und Rosa – hatte den großen Vorzug, als Strauch zu wachsen und zu remontieren. Lambert erkannte die Bedeutung dieser Sorte und verwendete sie bei der Züchtung einer Gruppe von Rosen, die er 'Lambertiana' nannte. Die wenigsten davon waren allerdings von größerem Wert. Denn seine Züchtung erbrachte kaum mehr als ziemlich große Polyantha-Rosen.

Es dauerte nicht lange, bis Reverend Joseph Pemberton sich der Sache annahm. Er lebte in dem Dorf Havering-atte-Bower in Essex. Dort züchtete er eine Reihe von Sorten, die wir heute „Moschata-Hybriden" nennen. Es waren Kreuzungen hauptsächlich von 'Trier'- und einigen Polyantha-Rosen mit verschiedenen Teehybriden, Tee- und Noisette-Rosen. Eingeführt wurden sie von einem Baumschuler namens J. A. Bentall, der einige Sorten auch selbst züchtete, vor allem die Rosen 'Buff Beauty' und 'Ballerina'.

Und hier endet die Geschichte, denn danach ist mit den Moschata-Hybriden erstaunlicherweise züchterisch kaum noch gearbeitet worden. Das Problem scheint genau das gleiche gewesen zu sein wie bei den Rugosa-Rosen, denn in vielen Fällen handelt es sich bei den Moschata-Hybriden um Kreuzungen zwischen diploiden und tetraploiden Sorten, also um sterile Sorten, die sich nicht für weitere Züchtungen verwenden lassen. Vielleicht hat es aber auch bloß niemand für lohnend befunden, weiter mit ihnen zu züchten. Sollte letzteres der Fall sein, halte ich das für einen schweren Fehler, denn man kann sich aus der Züchtung mit diesen Sorten viele Vorzüge vorstellen. Auch das Problem der Sterilität ließe sich sicherlich schnell überwinden.

Die Moschata-Hybriden brauchen sorgfältige Pflege und reichliche Düngung, damit sie ihre volle Schönheit entfalten können. Bei richtiger Pflege bilden sie anmutige Sträucher, die im Sommer und nochmals im Herbst einen reichen Blütenflor hervorbringen. Da sie remontieren, ist der richtige Rückschnitt wichtig. Entfernen Sie, wenn die Pflanze älter wird, alles alte und schwache Holz, und kürzen Sie die kräftigen Haupttriebe um etwa ein Drittel, damit sich die Pflanze gut verzweigen kann. Lassen Sie aber genügend kräftige Triebe stehen, damit sich ein richtiger Strauch aufbauen kann; sonst bleibt die Pflanze möglicherweise zu niedrig.

In den letzten Jahren wurden einige neue Sorten eingeführt, die den Moschata-Hybriden im Wuchs sehr ähneln. Ich denke dabei vor allem an solche Sorten, die ich zwar bei den Bodendecker-Rosen mit aufführe, die aber oft weniger echte Boden-decker sind als vielmehr wuchernde Sträucher. Diese neuen Sorten sind in der Regel ohne Duft, im Wuchs den Moschata-Hybriden aber nicht unähnlich. Vielleicht kommt einmal eine Zeit, in der man alle diese Rosen in einer Klasse neu zusammen-faßt. Das Gemeinsame an ihnen wäre ihre Abstammung von den Rambler-Rosen der Synstylae-Familie.

AUTUMN DELIGHT. Das Besondere an dieser Rose ist, wie der Name (zu deutsch „Herbstfreude") andeutet, daß sie spät in der Saison blüht. Die Blüten entfalten einen besonderen Charme. Sie sind schalenförmig und fast einfach, in der Knospe gelb – später, wenn die Blüten ganz geöffnet sind, cremegelb mit sich deutlich abhebenden dunklen Staubgefäßen. Die ersten Blüten erscheinen in kleinen Büscheln, die späteren Büschel sind groß und werden an den Trieben hervorgebracht, die von der Basis der Pflanze ausgehen. 'Autumn Delight' wird etwa 1 m hoch; gezüchtet von Bentall (Großbritannien); eingeführt: 1933.

BALLERINA. Diese Rose ist für eine Moschata-Hybride überhaupt nicht typisch. Sie ähnelt vielmehr eher einer sehr großen Polyantha-Rose. Lassen Sie sich dadurch aber nicht irritieren. Sie ist in der Tat eine sehr schöne Rose. Ihre kleinen, einfachen Polyantha-Blüten sind zartrosa mit weißer Mitte und erscheinen in üppigen Büscheln. 'Ballerina' remontiert bemerkenswert kontinuierlich und ist gleichzeitig außerge-wöhnlich robust und verläßlich. Sie bildet einen kompakten, rundlichen Strauch von etwa 1,20 m Höhe und fast gleicher Breite. Die Blüten wachsen in dichten Büscheln, die an Hortensien erinnern. Ein Beet mit vielen 'Ballerina'-Rosen ergibt eine angenehme Farbwirkung, wobei sich die Farbe der Blüten reizvoll mit dem Hellgrün der Blätter verbindet. Die Rose eignet sich auch gut als Hochstamm und ist leicht duftend. Die Abstammung ist nicht bekannt; gezüchtet von Bentall (Groß-britannien); eingeführt: 1937 (vgl. Abb. Seite 18).

BUFF BEAUTY. Diese Rose ist eine der schönsten der Moschata-Hybriden. Ihre Blüten sind von einem reizvollen, satten Apricot-Gelb und haben einen kräftigen Teerosenduft. Sie sind halbgefüllt bis gefüllt, mittelgroß und treten in kleinen oder großen Büscheln auf – an einem gut proportionierten überhängenden Strauch, der 1,50 bis 1,80 m hoch und ebenso breit werden kann. 'Buff Beauty' hat große, dicke, dunkelgrüne Blätter, ihre glatten Triebe sind braun getönt. Bei guten Wachstums-bedingungen vermittelt diese Pflanze den Eindruck von fast tropischer Üppigkeit. Über die Elternsorten ist nichts überliefert, wohl auch nichts über den Züchter. Ich würde wetten, daß eine ihrer Elternsorten 'Lady Hillingdon' ist, denn sowohl die Blütenfarbe als auch der Wuchs und der Duft deuten darauf hin. Aber solche Überlegungen haben wenig Sinn. Diese Rose remontiert zuverlässig. In der kleinen Gruppe gelber Rosen gehört sie mit zu den schönsten (vgl. Abb. Seite 15).

BALLERINA, *Moschata-Hybride. Vielleicht die verläßlichste von allen öfterblühenden Strauchrosen.*

CALLISTO. Diese Rose bildet einen kleinen Strauch von etwa 1,20 m Höhe, ist aber ziemlich breit und buschig. Die Blüten sind klein und erscheinen in kompakten Büscheln. Sie sind von einem angenehmen Gelb – und stark duftend. Als Sämling von 'William Allen Richardson' ist 'Callisto' möglicherweise der direkte Abkömmling einer Noisette-Rose; gezüchtet von Pemberton (Großbritannien); eingeführt: 1920.

CORNELIA. Ein starkwüchsiger Strauch mit Büscheln kleiner rosettenförmiger Blüten mit drei oder vier Reihen von Blütenblättern. Die Blütenfarbe ist zunächst Apricot-Rosa und verändert sich allmählich in Creme-Rosa. In der Mitte haben die Blüten Ballen kräftig gelber Staubgefäße. 'Cornelia' bildet einen wohlproportionierten Strauch mit kleinen Blättern. Im Herbst erscheinen an den Jungtrieben große Büschel mit Blüten. Der intensive Duft hält lange an. 'Cornelia' wird etwa 1,50 m hoch und etwa 1,80 m breit. Die Elternsorten sind nicht bekannt, wahrscheinlich ist sie nahe mit der Sorte 'Trier' verwandt; gezüchtet von Pemberton (Großbritannien); eingeführt: 1925.

DANAË. Ein niedriger Strauch bis 1,20 m Höhe mit Büscheln kleiner, duftender Blüten in dunklem Gelb. 'Trier' x 'Gloire de Chédane-Guinoisseau'; gezüchtet von Pemberton (Großbritannien); eingeführt: 1913.

18

CORNELIA, *eine Moschata-Hybride. Im Hintergrund* Rosa *'Paulii'.*

DAYBREAK. Ein kleiner Strauch von etwa 90 cm Höhe mit Büscheln locker geformter, halbgefüllter Blüten in einem zarten Gelb, das zu Elfenbeinweiß verblaßt. Die Staubgefäße sind dunkelgelb. Das Laub ist anfangs braun getönt und wird später dunkelgrün. Die Pflanze hat einen intensiven Moschus-Duft. 'Trier' x 'Liberty'; gezüchtet von Pemberton (Großbritannien); eingeführt: 1918.

FELICIA. Ein kräftiger, verläßlicher Strauch mit reicher Blüte sowohl im Sommer als auch im Herbst. Die Elternsorten sind 'Trier' und die Teehybride 'Ophelia'. Die Blüten sind zwar klein und erscheinen in großen Büscheln, haben aber trotzdem etwas vom Charakter einer Teehybride. Die anfangs leicht zugespitzten Knospen von einem Apricot-Rosa öffnen sich zu ziemlich lockeren blaßrosa Blüten mit einem kräftigen, würzigen Duft. Auch das Laub entspricht eher dem einer Teehybride. Laub und Blüten sind etwas kräftiger, als sonst bei den Moschata-Hybriden üblich. 'Felicia' bildet einen breiten, schön geformten, sich verzweigenden Strauch von 1,50 m Höhe. Sie ist ein gut zu verwendender Strauch, der sich auch für eine Hecke eignet; gezüchtet von Pemberton (Großbritannien); eingeführt: 1928 (vgl. Abb. S. 22).

FRANCESCA. Ein hoher Strauch von anmutigem Wuchs. Er wird 1,80 m hoch und verzweigt sich breit und überhängend – mit dichtem Laub. Die einzelnen Blätter sind lang und zugespitzt. Die langen, spitzen Knospen haben die schlanke Eleganz einer Teerose und öffnen sich zu ziemlich großen, halbgefüllten Blüten, die in wohlproportionierten Büscheln auftreten und hübsch anzusehen sind. Ihre apricotgelbe Farbe verblaßt später. Ein kräftiger Teerosenduft geht von ihr aus; gezüchtet von Pemberton (Großbritannien); eingeführt: 1922.

MOONLIGHT. Sie ist das Ergebnis einer Kreuzung zwischen 'Trier' und der frühen Teerose 'Sulphurea', kommt aber stärker auf erstere hinaus. Die einzelnen Blüten sind klein und halbgefüllt, weiß mit gelben Staubgefäßen, und erscheinen an mittelgroßen Büscheln. Im Spätsommer werden die Büschel sehr groß. 'Moonlight' eignet sich dort gut, wo Platz für einen sehr hohen Strauch ist, denn sie kann 2,40 m und mehr hoch werden. Sie wird allerdings eher hoch als breit, und es sind Fälle bekannt, wo sie bis zu 4,50 m hoch in Bäume geklettert ist. Die Triebe sind mahagonifarben, und das Laub hat eine dunkelgrüne Färbung. Sie verbreitet einen kräftigen Moschusduft; gezüchtet von Pemberton (Großbritannien); eingeführt: 1913.

NUR MAHAL. Eine der seltenen roten Moschata-Hybriden. Sie ist das Ergebnis einer Kreuzung der dunkel-karmesinroten frühen Teehybride 'Château de Clos Vougeot' mit dem unbenannten Sämling einer Moschata-Hybride. Sie ist nicht so weit verbreitet wie viele andere Moschata-Hybriden. Ich finde das schade, denn sie ist eine Rose von erlesenem Charakter. Die Blüten sind mittelgroß, anfangs karmesinrot, öffnen sich dann weit, werden karmesin-mauvefarben und haben kontrastreiche gelbe Staubgefäße. Ihr Wuchs ist ebenmäßig, was ihnen eine gefällige Strenge verleiht. Dabei sind sie breit und verzweigt, etwa 1,20 m hoch und eher noch etwas breiter. Ihre Blüten duften; gezüchtet von Pemberton (Großbritannien); eingeführt: 1923.

PAX. Sie ist eine Kreuzung zwischen 'Trier' und 'Sunburst', dabei 'Francesca' sehr ähnlich, die 'Sunburst' ebenfalls als eine der Elternsorten hat. Ihr Wuchs ist hoch und breit, elegant überhängend, mit braunen Trieben und dunkelgrünem Laub. Lange, zugespitzte Knospen öffnen sich bei dieser Kreuzung zu großen, locker halbgefüllten, weißen Blüten mit goldfarbenen Staubgefäßen und angenehmem Duft. Sie bilden mittelgroße Büschel, deren Feinheit und natürlicher Charme es mit jeder anderen Sorte dieser Gruppe aufnehmen können. Später in der Saison folgen dann oft noch größere Büschel. Die Höhe dieser Pflanze beträgt 1,80 m bis 2,40 m; gezüchtet von Pemberton (Großbritannien); eingeführt: 1918.

PENELOPE. Sie gilt allgemein als die verläßlichste von allen Moschata-Hybriden, ja sogar von allen Modernen Strauchrosen, und wurde lange Zeit in großem Maße sowohl in Privatgärten als auch in öffentlichen Anlagen verwendet. Sie bildet einen ausgezeichneten, dicht verzweigten Strauch von 1,50 m Höhe und etwas mehr Breite. Die mittelgroßen Blüten erscheinen in großen Büscheln. Sie ähneln in gewisser Hinsicht der weiblichen Elternsorte, der Teehybride 'Ophelia'. Kupfriglachsfarbene Knospen öffnen sich zu halbgefüllten Blüten von einem Blaßrosa, das bald in einen Weißton übergeht; die Gesamtwirkung ist blaßrosa. Sie duften intensiv nach Moschus. Ihnen folgen hübsche korallen-rosa Hagebutten – eine Seltenheit bei einer remontierenden Sorte! Wenn man freilich die verwelkten Blüten entfernt, regt man die Pflanze zu weiterer Blüte an; gezüchtet von Pemberton (Großbritannien); eingeführt: 1924 (vgl. Abb. Seite 23).

PINK PROSPERITY. Anders als der Name vermuten läßt, ist sie kein Abkömmling von 'Prosperity', sondern eine ganz andere Sorte mit kleinen, pomponförmigen Blüten und dichtstehenden Blutenblättern. Diese erscheinen in klarem Rosa und verströmen einen kräftigen Duft. Die Pflanze ist robust und gesund, und ihr Wuchs ziemlich aufrecht. Sowohl in den Blüten als auch im Wuchs fehlt ihr etwas von der Weichheit und Anmut der anderen Sorten dieser Gruppe. Die Elternsorten von 'Pink Prosperity' sind nicht überliefert – vermutlich ist sie eher eine Polyantha-Rose; gezüchtet von Bentall (Großbritannien); eingeführt: 1931.

PROSPERITY. Eine Kreuzung zwischen der creme-rosafarbenen Polyantha-Rose 'Marie-Jeanne' und der Teerose 'Perle des Jardins'. 'Prosperity' hat eine von den anderen Moschata-Hybriden stark abweichende Abstammung. Sie ist eine Polyantha-Kreuzung, was sich auch an ihrem Wuchs zeigt. Allerdings hat die Teerose eine

FELICIA, *ein schönes Beispiel für diese Moschata-Hybride, hier vor einem grünen Hintergrund.*

Weichheit und Strauchform hinzugefügt. Das rechtfertigt es, diese Sorte so einzuordnen. Der Wuchs ist kräftig, buschig und ziemlich aufrecht, etwa 1,50 m hoch und nicht ganz so breit – mit glänzendem, dunkelgrünem Laub. Die Blüten sind cremeweiß, anfangs mit einem Hauch von Rosa, später werden sie elfenbein-weiß mit einer zitronengelben Schattierung in der Mitte. Sie duften angenehm; gezüchtet von Pemberton (Großbritannien); eingeführt: 1919.

PENELOPE, *eine der schönsten Moschata-Hybriden; man kann sich immer auf sie verlassen.*

Links: VANITY, *eine wirklich prächtige, hohe Moschata-Hybride mit einfachen Blüten.*

Rechts: PROSPERITY, *eine der am besten gelungenen Moschata-Hybriden.*

THISBE. Ein niedriger Strauch von mittelstarkem Wuchs mit Büscheln kleiner, halbgefüllter Blüten von einem cremigen Bernstein-Gelb, das bald zu Creme-Gelb verblaßt. 'Thisbe' hat einen kräftigen und angenehmen Duft. Die Elternsorten sind die gleichen wie bei 'Prosperity' (siehe Seite 21 f.), hier aber kommt das Ergebnis viel stärker auf den Polyantha-Elternteil hinaus. Ihre Höhe beträgt 1,20 m; gezüchtet von Pemberton (Großbritannien); eingeführt: 1918.

TRIER. Wie in der Einführung zu diesem Abschnitt beschrieben, basiert die ganze Klasse der Moschata-Hybriden auf dieser Rose. Sie selbst ist nicht einmal eine besonders herausragende Sorte. 'Trier' bildet einen hochwachsenden Strauch von 1,80 m bis 2,40 m Höhe mit Büscheln kleiner weißer Blüten in einem Hauch von Zartrosa und einer zartgelben Schattierung an der Basis. Diese Rosensorte gilt als Zufallssämling von 'Aglaia'. Sie wurde gezüchtet von Lambert (Deutschland) und ist im Jahre 1904 eingeführt worden.

VANITY. Ein hoher Strauch von 2,40 m Höhe mit großen, einfachen, hell karmesinroten Blüten, die in lockeren Büscheln erscheinen. Diese Pflanze bildet im Spätsommer lange, kräftige Jungtriebe mit oft riesigen Büscheln und vielen Blüten. Die Gesamtwirkung ist von leichter und transparenter Anmut. Wahrscheinlich wegen ihrer Größe verzweigt sie sich nur wenig, was oft zu einem einseitigen und sehr offenen Wuchs führt. Es empfiehlt sich deshalb, sie in Gruppen von zwei oder drei Sträuchern zu pflanzen, damit sie insgesamt den Eindruck eines schön gewachsenen Strauches vermitteln. 'Vanity' eignet sich sehr gut für den Hintergrund einer großen Rabatte. Ihre zierlichen Blüten schauen dann wunderschön über die Pflanzen davor. Das Laub ist dunkelgrün und ziemlich schütter, was den Reiz noch erhöht, weil es die mit weißlichem Flaum bedeckten grünen Triebe durchscheinen läßt. Ihr Duft ist angenehm und kräftig. Sie ist das Ergebnis einer Kreuzung zwischen 'Château de Clos Vougeot' und einem unbenannten Sämling; gezüchtet von Pemberton (Großbritannien); eingeführt: 1920 (vgl. Abb. Seite 23).

WILHELM. 1927 führte Pemberton eine karmesinrote Moschata-Hybride namens 'Robin Hood' ein – das Ergebnis einer Kreuzung mit der karmesinroten Polyantha-Rose 'Edith Cavell'. 'Robin Hood' ist nicht gerade eine aufregende Sorte, sie zeigt starken Polyantha-Einfluß. 1934 kreuzte Kordes sie mit der roten Teehybride 'J. C. Thornton' und nannte das Ergebnis 'Wilhelm'. Am Ende all dieser Bemühungen steht eine Rose, die von einer typischen Moschata-Hybride einigermaßen weit entfernt ist. Modern im Charakter, ist sie ziemlich aufrecht im Wuchs, ähnlich einer großen Floribunda-Rose. Alles in allem gelingt dieser Sorte mit ihrer großen Zahl dunkel-karmesinroter Blüten, die in großen Büscheln erscheinen, eine hübsche Farbwirkung. 'Wilhelm' remontiert zuverlässig und bringt im Herbst orangerote Hagebutten hervor. Sie duftet nur schwach. Ihre Höhe beträgt 1,50 m bis 1,80 m.

Moderne Strauchrosen

Unter diesem Namen wird eine große Anzahl von Strauchrosen sehr unterschiedlicher Abstammung zusammengefaßt. Fast alle wurden im Laufe der letzten fünfzig Jahre gezüchtet. Die wichtigste Gemeinsamkeit scheint zu sein, daß sie fast alle, bis auf wenige Ausnahmen, das Erbgut einer Teehybride aufweisen. Das zeigt sich häufig in ihrem Aussehen, sowohl bei den Blüten als auch im Wuchs. Man könnte sie auch als Hybriden von Teehybriden oder von Floribunda-Rosen bezeichnen. Der andere Elternteil kann entweder eine beliebige Wildrose oder eine Rose irgendeiner anderen Klasse sein, entsprechend unterschiedlich sind die einzelnen Sorten.

Man könnte leicht den Schluß ziehen, daß es sich bei dieser Gruppe um ziemlich gewöhnliche Sorten handelt, um kaum mehr als hochgewachsene Teehybriden oder Floribunda-Rosen. Das ist in der Tat manchmal der Fall, und viele der neueren Strauchrosen, die die verschiedenen Versuchsfelder durchlaufen, passen hervorragend auf diese Beschreibung. Wenn wir allerdings sorgfältig auswählen, finden wir darunter auch solche, die ohne Zweifel zu den besten Strauchrosen gehören, die je in unserem Jahrhundert gezüchtet wurden. Ich habe versucht, diese auszuwählen.

Die meisten dieser Sorten sind leicht zu kultivieren und auch sehr robust. Die überwiegende Mehrzahl remontiert. Sie eignen sich deshalb bestens für den ganz gewöhnlichen Garten. Viele Sorten sind übrigens in den üblichen Gartencentern erhältlich. Die meisten sind ausgesprochen prächtig und bringen eine große Zahl von Blüten hervor. In England kaufen kommunale Gartenämter sie in großen Stückzahlen, da sich mit ihnen eine starke Farbwirkung erzielen läßt.

Der Name „Kordes" taucht bei diesen Rosen immer und immer wieder auf – zu Recht, denn diese Rosenschule hat mehr als irgendeine andere zu der Entwicklung dieser Gruppe von Rosen beigetragen. Kordes war bestrebt, winterharte Strauchrosen für das nordeuropäische Klima zu züchten. Einige mögen etwas derb erscheinen, was ohne Zweifel auf das Streben nach Winterhärte und auf die Vernachlässigung anderer Aspekte zurückzuführen ist. Aber man denke nur an Sorten wie 'Frühlingsmorgen', 'Fritz Nobis' und 'Cerise Bouquet', und jedem wird bewußt, wie schön viele von ihnen sind.

Im allgemeinen stellt ihre Kultivierung kein Problem dar. Reichliches Düngen und sachgerechter Rückschnitt führen zu schöner und lang andauernder Blüte. Wegen der großen Unterschiede im Wuchs dieser Rosen ist es leider nicht möglich, auf den Rückschnitt näher einzugehen. Im allgemeinen entfernt man alles schwache Holz und schneidet die verbleibenden Triebe um etwa ein Drittel zurück. Allerdings bedarf es dazu einiger Flexibilität: Bei all den Sorten, die im Wuchs den Wildrosen ähneln, sollte der Rose mehr Freiheit gelassen und sie weniger zurückgeschnitten werden. Viele dieser Rosen eignen sich auch gut als Kletterrosen, zum Beispiel an einer Mauer, einem Zaun oder einer Säule – zumindest die Mehrzahl der höherwachsenden Sorten.

ALCHYMIST. Ein starkwüchsiger, aufrecht wachsender Strauch von 1,80 m Höhe mit üppigem, glänzendem Laub. Die gelben Blüten haben die für eine Moderne Strauchrose ungewöhnliche Form, nämlich die typische Rosettenform der Alten Rosen. Die Blüten öffnen sich flach – in der Tat sehr ähnlich der Englischen Rose 'Charles Austin', aber weniger schalenförmig. Sie haben einen kräftigen Duft, blühen aber nur einmal in der Saison. 'Alchymist' eignet sich ebensogut als Kletterrose und kann als solche 3 m hoch oder mehr werden. Sie ist das Ergebnis einer Kreuzung zwischen der Teehybride 'Golden Glow' und einer Hybride von *R. rubiginosa*; gezüchtet von Kordes (Deutschland); eingeführt: 1956.

ALEXANDRA ROSE (Ausday). Sie ist eine interessante neue Sorte, den Alba-Rosen nahe verwandt. Sie sollte eigentlich eine Englische Rose werden, aber hin und wieder ergibt sich im Rahmen unserer Züchtungsarbeit eine prächtige Sorte, die besser unter die Modernen Strauchrosen als unter die Englischen Rosen paßt. Die 'Alexandra Rose' hat zierliche, einfache, einer Wildrose ähnliche Blüten in einem reizenden Kupfer-Rosa, blaßgelb in der Mitte und mit hübschen Staubgefäßen.

FRÜHLINGSGOLD, *eine der am meisten verbreiteten Modernen Strauchrosen.*

26

ALCHYMIST, *eine Moderne Strauchrose oder Kletterrose mit Blüten im Stil Alter Rosen.*

Auch ihr Wuchs ist reizvoll, mit dünnen Trieben und zierlichem, einer Alba-Rose ähnlichem Laub. Sie blüht mit bemerkenswerter Regelmäßigkeit während des ganzen Sommers. Ich kenne wenige Gartensträucher, die ihr in dieser Hinsicht gleichkommen. Wir halten sie für ausgesprochen winterhart und auch widerstandsfähig gegen allerlei Krankheiten. Ihre Höhe beträgt 1,20 m (Elternsorten: 'Shropshire Lass' x 'Heritage'). Diese Sorte wurde aus Anlaß des Alexandra Rose Day eingeführt, einer Wohltätigkeitsveranstaltung, die eine Reihe nützlicher Initiativen unterstützt; gezüchtet von Austin (Großbritannien); eingeführt: 1992.

ALOHA. Ich habe gerade 'Alchymist' wegen ihrer für eine Moderne Strauchrose ungewöhnlichen Blütenform beschrieben. 'Aloha' nun ist eine Sorte, von der man das Gleiche sagen kann. Als die einmalblühende Rambler-Rose 'Dr. Van Fleet' als Abkömmling die öfterblühende Sorte 'New Dawn' hervorbrachte, war der Weg für die Züchtung neuer und verläßlicher öfterblühender Kletterrosen endlich frei. 'Aloha' ist ein Ergebnis solcher Bemühungen. Da sie allerdings sehr niedrig im Wuchs ist, zieht man sie besser als öfterblühende Strauchrose, obwohl sie auch als Kletterrose von 1,80 m Höhe verwendet werden kann. Als Strauch wirkt sie etwas schlaff, ihre

Zweige werden vom Gewicht der vielen schweren Blüten tief heruntergedrückt. Die Blüten sind dicht gefüllt und tief schalenförmig, ihre Form erinnert an eine alte Bourbon-Rose, die Blütenfarbe ist ein Rosarot, das an der Außenseite der Blütenblätter etwas dunkler ist. Sie hat einen kräftigen Duft. Das Laub ist glänzend, lederig und widerstandsfähig gegen Krankheiten. Wenn Sie eine niedrige Stützmauer haben, können Sie diese Rose so pflanzen, daß sie überhängend ist. Das sieht sehr reizvoll aus. 'Mercedes Gallart' x 'New Dawn' wurde von Boerner (USA) gezüchtet; eingeführt: 1949.

HERBSTFEUER ('AUTUMN FIRE'). Ein bogig überhängender Strauch mit Büscheln dunkelroter Blüten. Anders als der Name vermuten läßt, konnte ich nicht feststellen, daß sie im Herbst besonders reich blüht. Sie bringt allerdings sehr schöne, große orange-rote Hagebutten hervor – vielleicht bezieht sich der Name darauf. Ihre Höhe beträgt 1,80 m. Gezüchtet von Kordes (Deutschland); eingeführt: 1961.

BLOOMFIELD ABUNDANCE. Eine Sorte mit Miniaturblüten und winzigen blaßrosa Knospen von perfekter Teerosenform. Sie sind denen von 'Cécile Brunner' (siehe Kapitel 5) so sehr ähnlich, daß beide auf den ersten Blick nicht zu unterscheiden sind. Der tatsächliche Unterschied besteht darin, daß 'Bloomfield Abundance' einen Strauch von 1,80 m bis 2,40 m Höhe bildet, während 'Cécile Brunner' selten höher wird als 1,20 m. Die einzelnen Blüten lassen sich leicht an Hand folgender Merkmale unterscheiden: Bei 'Bloomfield Abundance' sind die Kelchblätter lang und im Verhältnis zur Blüte groß. Auch biegen sie sich zurück, wenn sich die Blüte öffnet; bei 'Cécile Brunner' sind die Kelchblätter kurz.

'Bloomfield Abundance' bildet einen hohen Strauch, der seine Blüten einzeln oder in kleinen Büscheln an langen Trieben hervorbringt. Später in der Saison bildet diese Pflanze von der Basis her lange Triebe wie bei einer Moschata-Hybride, und diese bringen Dutzende von weit auseinanderstehenden Blüten hervor. 'Bloomfield Abundance' ist ein sehr verläßlicher Strauch, das Ergebnis einer Kreuzung zwischen einer *Rosa wichuraiana*-Hybride namens 'Sylvia' und der Teehybride 'Dorothy Page-Roberts'; gezüchtet von George C. Thomas (USA); eingeführt: 1920.

BONN. Ein kräftiger, aufrecht wachsender Strauch von 1,80 m Höhe mit einem etwas unförmigen Wuchs. Die Blüten sind halbgefüllt, von einem Scharlachorange, das mit der Zeit eine purpurfarbene Schattierung annimmt. Diese Sorte wächst zwar etwas plump, remontiert aber gut und bringt im Herbst dunkelrote Hagebutten hervor. Sie ist duftend. 'Hamburg' x 'Kordes' Sondermeldung' ('Independence') wurde von Kordes (Deutschland) gezüchtet; eingeführt: 1950.

CERISE BOUQUET. Eine einzigartige Rose, die sich schwer mit irgendeiner anderen vergleichen läßt. Sie ist das Ergebnis einer Kreuzung zwischen *R. multibracteata* und der Teehybride 'Crimson Glory'. Ihr Wuchs ist anmutig 1,80 m bis 2,40 m hoch und ebenso breit, allerdings sind Exemplare von 4 m Höhe nicht selten. Wenn man ihr gestattet, andere Sträucher zu überwachsen, kann sie sogar 5 m hoch werden! Die Blüten sind ziemlich klein und von reizvollen, graugrünen Hochblättern umrahmt. Sie beginnen als hübsch gerollte Knospen und öffnen sich halbgefüllt und flach, um ihre Staubgefäße zu zeigen. Ihre Farbe ist ein angenehmes Kirsch-Karmesinrot. Der besondere Charme dieser Kreuzung besteht darin, daß die einzelnen Blüten, die sich an langen, belaubten Stengeln befinden, in höchst reizvoller Weise an überhängenden Zweigen herabhängen. Diese Rose hat hübsche kleine, graugrüne Blätter. Sie kann zwar in den ersten Jahren nach dem Pflanzen etwas launisch sein, sonst aber kenne ich keine Fehler. Sie verströmt einen intensiven fruchtigen Duft, blüht nur einmal in der Saison, dann aber gehört sie zu den schönsten Sträuchern im Garten. 'Cerise Bouquet' eignet sich auch gut als Kletterrose; gezüchtet von Kordes (Deutschland); eingeführt: 1958 (vgl. Abb. Seite 39).

CLAIR MATIN. Eine Rose von modernem Aussehen mit zierlichen, blaßrosa, halbgefüllten und leicht duftenden Blüten. Sie hat einen verzweigten, leicht überhängenden Wuchs von etwa 2 m Höhe und 1,80 m Breite. Das Laub ist dunkelgrün und lederig. Ihr vielleicht größter Vorzug ist, daß sie zuverlässig remontiert. 'Clair Matin' läßt sich genauso gut als Kletterrose ziehen, sie wird dann bis zu 4 m hoch. 'Fashion' x {['Kordes' Sondermeldung' ('Independence') x 'Orange Triumph'] x 'Phyllis Bide'}; gezüchtet von Meilland (Frankreich); eingeführt: 1960.

COMPLICATA. Siehe *R. complicata*, Kapitel 6.

DENTELLE DE MALINES. Vor einigen Jahren erhielt ich von Herrn Louis Lens von der bekannten belgischen Rosenschule eine Anzahl neuer Sorten. Er hatte sie alle selbst gezüchtet. Ich kultivierte sie ein paar Jahre lang, bevor ich sie dann beurteilte. Sie stellten sich als ausgesprochen starkwüchsige Sträucher heraus und brachten in großen Büscheln unzählige kleine, rambler-ähnliche Blüten hervor. Davon wählte ich diejenigen drei aus, die mir am besten erschienen. Es waren: 'Dentelle de Malines', 'Pleine de Grâce' und 'Running Maid'. Alle drei eignen sich hervorragend für große Gärten oder für die Anpflanzung in öffentlichen Anlagen – in der Tat kenne ich keine Rose, die einen imposanteren Anblick bietet. Auch im Garten unserer Rosenschule machen sich die Pflanzen gut und lenken die Aufmerksamkeit vieler unserer Besucher auf sich.
'Dentelle de Malines' ist eine Kreuzung zwischen *R. filipes* 'Kiftsgate' und einer unbenannten Sorte. Ihre winzigen, tief schalenförmigen Blüten in weichem, klarem Rosa machen sie besonders reizvoll. Der Wuchs ist elegant überhängend, und sie ist über und über mit wohlproportionierten Büscheln von Blüten bedeckt. 'Dentelle de Malines' remontiert nicht.

EDDIE'S JEWEL. Sie ist eine Kreuzung zwischen der frühen hell-karmesinroten Floribunda-Rose 'Donald Prior' und einer Hybride von *R. moyesii.* Die Pflanze bildet einen Strauch von 2,40 m Höhe und 1,80 m Breite. Wuchs und Laub ähneln ein wenig *R. moyesii,* die Blüten aber sind dunkelrot und halbgefüllt. Häufig bringt 'Eddie's Jewel' auch im Spätsommer noch einige Blüten hervor. Sie trägt keine Hagebutten; gezüchtet von Eddie (Kanada); eingeführt: 1962.

ERFURT. Ein gut proportionierter Strauch mit leicht überhängendem Wuchs und hübschem Laub. Die Blüten erscheinen in kleinen Büscheln und sind mittelgroß und leicht schalenförmig. Sie sind rosarot mit einer auffallend weißen Mitte und zeigen goldgelbe Staubgefäße. 'Erfurt' ist keine Sorte, die Aufsehen erregt, aber sie ist verläßlich und remontiert gut. Sie hat einen leichten Duft. Ihre Höhe beträgt 1,50 m. 'Eva' x 'Réveil Dijonnais'; gezüchtet von Kordes (Deutschland), 1939.

FONTÄNE. Ein aufrechter Strauch von 1,50 m Höhe mit großen, blutroten Blüten von typischer Teehybriden-Form und mit schönen Knospen. Die Farbe der Blüten ist besonders rein, der Duft ist kräftig. Sie hat üppiges, dunkelgrünes Laub, das widerstandsfähig gegen Krankheiten ist. Die Abstammung ist unbekannt; gezüchtet von Tantau (Deutschland); eingeführt: 1970.

FRANK NAYLOR. Diese Rose hat Büschel mittelgroßer, halbgefüllter Blüten in dunklem Karmesinrot. Sie harmonieren gut mit dem sehr dunkelgrünen Laub. 'Frank Naylor' besitzt einen verzweigten Wuchs und ist bemerkenswert kontinuierlich blühend. Sie wäre eine in jeder Hinsicht treffliche Sorte, wäre sie nicht so mehltauanfällig. Aber überall dort, wo Mehltau kein Problem ist, lohnt es sich, sie anzupflanzen; gezüchtet von Harkness (Großbritannien); eingeführt: 1978.

FRED LOADS. Sie ist eine Kreuzung zwischen zwei Floribunda-Rosen – 'Orange Sensation' und 'Dorothy Wheatcroft'. Sie erreicht eine Höhe von 1,80 m, indem sie kräftige, aufrechte Triebe von der Basis her emporschickt. 'Fred Loads' kommt der Riesen-Floribunda sehr nahe, blüht aber üppig sowie kontinuierlich und bringt eine Fülle halbgefüllter, zinnober-orange-farbener Blüten hervor. Das Laub ist hellgrün und widerstandsfähig gegen Krankheiten. Diese Rose ist duftend; gezüchtet von Holmes (Großbritannien); eingeführt: 1968.

FRITZ NOBIS. Diese Pflanze ist eine Kreuzung zwischen der starkwüchsigen Tee-hybride 'Joanna Hill' und 'Magnifica', wobei letztere ein direkter Abkömmling der Penzance-Züchtung *R. rubiginosa* 'Lucy Ashton' ist. Es ist bemerkenswert, wie 'Fritz Nobis' den kräftigen, buschigen Wuchs der Weinrose (*R. rubiginosa*) mit den höchst reizvollen Blüten im Stil der Teehybriden kombiniert. Der ganze Strauch wirkt gut ausbalanciert. Er wird etwa 1,80 m hoch und ebenso breit. Schön geformte,

MARGUERITE HILLING, *eine Moderne Strauchrose mit allen Vorzügen der Elternsorte 'Nevada'.*

Rechts: FRITZ NOBIS, *eine sehr gute Strauchrose.*

Unten: FRÜHLINGSMORGEN, *eine Moderne Strauch-rose (eine der schönsten einfach blühenden Rosen).*

spitze Knospen öffnen sich zu hübschen halbgefüllten Blüten in klarem Rosa. Fügen Sie dem Ganzen einen köstlichen Gewürznelkenduft hinzu und Sie haben eine der besten Modernen Strauchrosen. Nur wenige Rosen bieten einen solch schönen Anblick. Aber wir haben zum Ausgleich später ihre dunkelroten Hagebutten, die sich bis weit in den Winter hinein halten. Die Blätter sind groß und dunkelgrün; gezüchtet von Kordes (Deutschland); eingeführt: 1940.

FRÜHLINGSANFANG. W. Kordes führte eine Reihe von Strauchrosen ein, deren Namen alle mit „Frühlings-" beginnen. Bei all diesen Rosen handelt es sich um Hybriden der einen oder anderen Pimpinellifolia-Art. Ich habe die drei ausgewählt, die ich für die besten halte. Alle blühen sehr früh in der Saison, früher als alle anderen Gartenrosen. 'Frühlingsanfang' ist eine Kreuzung zwischen 'Joanna Hill' und *R. pimpinellifolia* var. *altaica* ('Grandiflora'). Sie bildet einen großen Strauch nach Art einer Wildrose, wird 2,70 m hoch und ebenso breit. Die Blüten sind elfen-bein-weiß, öffnen sich flach und bringen gelbe Staubgefäße hervor. Ihnen folgen im Herbst kastanienrote Hagebutten; eingeführt: 1950 (vgl. Abb. Seite 35).

FRÜHLINGSGOLD. Diese Sorte ist eine der am weitesten verbreiteten von allen Strauchrosen, und zwar sowohl in Privatgärten als auch in öffentlichen Anlagen. Die Erklärung dafür ist einfach – es gibt keine Gartenrose, die verläßlicher und winterhärter ist. Selbst unter schwierigen Verhältnissen läßt sie sich leicht kultivieren. Die Blüten sind creme-gelb, ziemlich groß und halbgefüllt. Sie zeigen üppige gelbe Staubgefäße. Ihre Form ist zwar etwas unregelmäßig, aber bei der Fülle der Blüten fällt das nicht ins Gewicht. Sie haben einen kräftigen Duft, der den ganzen Garten erfüllt. Es gibt nur einen Blütenflor in der Saison, und zwar sehr früh – aber was für einen! Der ganze Strauch ist dann in Blüten gehüllt. 'Frühlingsgold' wird meist etwa 2,10 m hoch und ebenso breit, kann aber auch viel größer werden. Diese Rose ist eine Kreuzung zwischen 'Joanna Hill' und *R. pimpinellifolia* var. *hispida;* gezüchtet von Kordes (Deutschland); eingeführt: 1937 (vgl. Abb. Seite 26).

FRÜHLINGSMORGEN. Die dritte in dieser Reihe ist eine der schönsten von allen einfach blühenden Rosen. Die Blüten sind groß, leicht schalenförmig und nahezu perfekt geformt. Je nach Intensität der Sonneneinstrahlung kann ihre Farbe von Kirschrosa bis zu klarem Rosarot variieren, zur Mitte hin etwas blasser werdend und mit höchst reizvollen, langen und eleganten kastanienfarbigen Staubgefäßen. Ihr Wuchs ist nicht ganz so robust wie bei den beiden vorher beschriebenen Sorten, aber sie erreicht eine Höhe und Breite von etwa 1,50 m bis 1,80 m. Man kann nicht sagen, daß sie remontiert, aber es gibt später in der Saison häufig einzelne Blüten. Das Laub ist von einem dunklen, bleifarbenen Grün. Sie ist leicht duftend. Eltern-sorten: ('E. G. Hill' x 'Cathrine Kordes') x *R. pimpinellifolia* var. *altaica* ('Grandi-flora'); gezüchtet von Kordes (Deutschland); eingeführt: 1942 (vgl. Abb. Seite 31).

GOLDBUSCH. Ein niedriger, breitwüchsiger Busch mit korallenfarbenen Knospen, die sich zu halbgefüllten oder gefüllten ockergelben Blüten mit gelben Staubgefäßen öffnen. Sie haben einen Teerosenduft, und im Spätsommer gibt es eine Nachblüte. Das Laub ist üppig, glänzend und hellgrün. Ihre Höhe beträgt 1,20 m, ihre Breite 1,50 m. Vielleicht ist sie etwas unauffällig, aber es gibt in dieser Farbe nicht so viele Strauchrosen; gezüchtet von Kordes (Deutschland); eingeführt: 1954.

GOLDEN WINGS. Es ist einigermaßen seltsam, daß unter den Gartenformen der Strauchrosen gute öfterblühende Sorten mit einfachen Blüten so selten sind, obwohl die Rose von Natur aus einfache Blüten hat. Diese Sorte hat einfache Blüten. Sie sind groß, vielleicht 10 bis 12 cm im Durchmesser, schwefelgelb mit schönen braunen Staubgefäßen. Die Blüten öffnen sich aus langen, spitzen Knospen und sind leicht duftend. Zu diesen Vorzügen gesellt sich noch die Fähigkeit, den ganzen Sommer über blühen zu können. 'Golden Wings' ist eine wunderschöne Pflanze; sie hat etwas vom Charme einer Wildrose. Wenn sie überhaupt einen Fehler haben sollte, dann ist es ihr Wuchs, der etwas offen, steif und staksig wirkt. Er kann aber durch geschickten Rückschnitt verbessert und zu harmonischerer Verzweigung angeregt werden. 'Golden Wings' stammt von der Teehybride 'Sœr Thérèse' x (*R. pimpinellifolia* var. *altaica* x 'Ormiston Roy') ab. Die Elternsorten von 'Ormiston Roy' sind *R. pimpinellifolia* x *R. xanthina*. 'Golden Wings' ist deshalb nahe mit zwei Wildarten der Pimpinellifoliae-Gruppe verwandt; gezüchtet von Shepherd (USA); eingeführt: 1956 (vgl. Abb. Seite 35).

JACQUELINE DUPREZ. Eine bemerkenswerte neue Strauchrose. Sie ist mit den Schottischen Rosen verwandt. Das zeigt sich aber mehr an den Blüten als am Wuchs. Sie trägt zarte, halbgefüllte, blaßrosa Blüten von etwa 10 cm Durchmesser. Von diesen heben sich in reizvoller Weise auffallende goldgelbe Staubgefäße ab. Der Wuchs ist kräftig und buschig, und sie blüht regelmäßig. Sie hat einen leichten Moschusduft. In der Regel erreicht sie eine Höhe von 1,80 m. Sie ist in jeder Hinsicht eine ausgezeichnete Strauchrose; gezüchtet von Harkness (Großbritannien); eingeführt: 1989.

JAMES MASON. Sie ist das Ergebnis einer Kreuzung zwischen 'Scharlachglut' und der Gallica-Rose 'Tuscany Superb'. 'Scharlachglut' selbst ist ein Gallica-Abkömmling, deshalb gilt 'James Mason' als eine interessante Züchtung und als gutes Beispiel dafür, wie der Züchter mit Alten Rosen arbeiten kann. Die Blüten sind von einem satten Karmesinrot und haben etwas von der Förmlichkeit und Zurückhaltung einer Gallica-Rose. Sie sind halbgefüllt mit zwei Reihen von Blütenblättern und zeigen auffallende gelbe Staubgefäße. 'James Mason' hat üppiges Laub, das dem der Gallica-Rosen nahekommt und manchmal die Blüten verdecken kann. Sie ist duftend; gezüchtet von Peter Beales (Großbritannien); eingeführt: 1982.

NEVADA, *eine der schönsten Modernen Strauchrosen, hier in voller Blüte. Sie erreicht 2,40 m.*

FRÜHLINGSANFANG, *eine robuste Moderne Strauchrose, die überall gedeiht.*

GOLDEN WINGS, *eine dankbare öfterblühende Moderne Strauchrose.*

KARL FÖRSTER. Eine Kreuzung zwischen 'Frau Karl Druschki' und *R. pimpinellifolia* var. *altaica* ('Grandiflora'). Spitze Knospen öffnen sich zu gefüllten reinweißen Blüten mit einem leichten Duft. Sie ist sehr starkwüchsig, wird über 2 m hoch und hat attraktives graugrünes Laub, das die Pimpinellifolia-Abstammung verrät. Sie wird zu den „Frühlings"-Sorten gezählt, ist aber im Charakter anders und öfterblühend; gezüchtet von Kordes (Deutschland); eingeführt: 1931.

KASSEL. Ein starkwüchsiger, aufrechter Strauch von 1,80 m Höhe mit kirschroten Blüten in Büscheln wie bei den Floribunda-Rosen. Sie hat einen ausgeprägteren Charakter als 'Bonn' (siehe Seite 28), der sie ziemlich ähnlich ist. 'Kassel', leicht duftend, kann auch als Kletterrose gezogen werden und wird dann 4 m hoch. Sie stammt von 'Hamburg' x 'Scarlet Else' ab; gezüchtet von Kordes (Deutschland); eingeführt: 1957.

LAVENDER LASSIE. Sie wird häufig als Moschata-Hybride bezeichnet, hat mit dieser Gruppe aber wenig gemeinsam. Sie ähnelt eher einer hohen Floribunda, wird etwa 1,20 m hoch und bleibt ziemlich schmal. Die Blüten haben einen Durchmesser von etwa 7 bis 8 cm und mit ihren zahlreichen kleinen Blütenblättern in Rosettenform etwas vom Charakter Alter Rosen. Die Blütenfarbe ist ein blasses Lavendel. Die Farbe variiert allerdings stark und kommt oft mehr auf ein Lila-Rosa hinaus. 'Lavender Lassie' ist duftend, remontiert gut und bleibt widerstandsfähig gegen Krankheiten; gezüchtet von Kordes (Deutschland); eingeführt: 1960.

LITTLE WHITE PET. Sie ist eine der besten Gartensorten unter den niedrigen Strauchrosen. Eigentlich ist sie ein Miniatur-Abkömmling der ausgezeichneten alten Sempervirens-Rambler-Rose 'Félicité et Perpétue'. Die Blüten sind genau identisch mit denen der Elternsorte, von reinweißem Aussehen und sehr klein, fast pomponförmig mit vielen Blütenblättern. Sie erscheinen in großen Büscheln. Die Pflanze bildet eine vollkommen symmetrische, hügelartige Form von etwa 60 cm Höhe und mindestens 75 cm Breite und blüht sehr reich. Das vielleicht Bemerkenswerteste an dieser Rose ist, daß sie öfterblühend ist, obwohl die Elternsorte es nicht ist, und daß sie besser als viele andere remontiert. Es kommt anscheinend selten vor, daß eine Rambler-Rose einen Miniatur-Abkömmling hervorbringt. Allerdings muß man einräumen, daß diese Rose nicht in der gleichen Weise remontiert wie zum Beispiel eine China-Rose. Vielmehr erstreckt sich die Blütezeit eines jeden Büschels über einen längeren Zeitraum, und zwar indem der Büschel darunter sich weiter verzweigt. Diese Pflanze ist winterhart, widerstandsfähig gegen Krankheiten und leicht, aber angenehm duftend – sie hat in der Tat alle Vorzüge! Man könnte sie auch unter die Polyantha-Rosen einordnen, mit denen sie leicht verwechselt werden kann; aber sie hat eine Weichheit, die wir dort normalerweise nicht vermuten. Auch hat sie einen strauchähnlichen Wuchs; entdeckt 1879 von Henderson (USA).

MAGENTA. Wie 'Lavender Lassie' hat diese Sorte Blüten im Stil Alter Rosen. Der Farbton ist kein richtiges Magenta, vielleicht sollte man ihn besser als Mischung aus Lila-Rosa und Mauve bezeichnen. Die Blüten sind mittelgroß, dicht gefüllt, öffnen sich flach und rosettenförmig und verströmen einen intensiven Myrrheduft. 'Magenta' bildet einen Strauch von etwa 1,20 m Höhe, der aber etwas staksig wächst. Die Sorte ist eine verläßliche Rose, im Aussehen vielleicht ein bißchen derb. Sie ist eine Kreuzung zwischen einem gelben Floribunda-Sämling und 'Lavender Pinocchio'; gezüchtet von Kordes (Deutschland); eingeführt: 1954.

MÄRCHENLAND. Diese Sorte ist eine Kreuzung zwischen der Teehybride 'Swantje' und der Moschata-Hybride 'Hamburg', eigentlich eine großgeratene Floribunda von aufrechtem Wuchs (etwa 1,20 m hoch). Obwohl sie wenig verbreitet ist, führe ich sie hier wegen des schlichten Charmes ihrer großen, duftenden Blüten in klarem Rosa auf. 'Märchenland' ist öfterblühend, die Blüten erscheinen in kleinen, manchmal auch in großen Büscheln; gezüchtet von Tantau (Deutschland); eingeführt: 1951.

MARGUERITE HILLING. Sie ist ein Abkömmling von 'Nevada' (siehe Seite 38) und mit dieser Sorte in jeder Hinsicht identisch mit Ausnahme der Blütenfarbe – einem dunklen Rosa, das zur Mitte hin etwas heller wird. Manchmal scheint es, daß 'Marguerite Hilling' im Schatten ihrer berühmten Elternsorte steht. Die Pflanze wurde im Laufe weniger Jahre an drei verschiedenen Orten beobachtet: auf den Sunningdale Nurseries in Südengland, in Mrs Nancy Steens Garten in Neuseeland und im Garten eines gewissen Herrn Sleet, der sie wohl als erster entdeckt hat. Es kommt häufig vor, daß sie „zurücksportet", das heißt, daß einzelne Zweige die Blüten der Elternsorte 'Nevada' tragen. Solche Zweige sollten weggeschnitten werden. Die Höhe dieser Sorte beträgt 2,40 m. 'Marguerite Hilling' gehört immer zu den Hauptattraktionen in unserem Garten. Sie wurde zuerst von Hilling's Nurseries (Großbritannien) 1959 in den Handel gebracht (vgl. Abb. Seite 31).

MARJORIE FAIR. Diese Rose ist eine Kreuzung zwischen 'Ballerina' und 'Baby Faurax'. Die Blüten erscheinen dicht an dicht in Büscheln wie bei einer Polyantha-Rose; die einzelnen Blüten sind von einem dunklen Karmin und zeigen ein weißes Auge in der Mitte. 'Marjorie Fair' bildet einen niedrigen, buschigen Strauch von 90 cm Höhe und ist verläßlich öfterblühend, winterhart und widerstandsfähig gegen Krankheiten. Mir gefällt sie aber nicht so gut wie 'Ballerina'; gezüchtet von Harkness (Großbritannien); eingeführt: 1978.

MARTIN FROBISHER. Vom Landwirtschaftlichen Forschungsinstitut in Ottawa, wo Rosen gezüchtet werden, die den kanadischen Wintern trotzen sollen, erhielt ich kürzlich einige neue Sorten. Sie sind vielversprechend, aber ich habe noch nicht genügend Erfahrung mit ihnen, um sie hier beschreiben zu können. 'Martin Frobisher' ist eine dieser Sorten, die ich zufällig schon einige Jahre früher erworben hatte. Sie ist ein Zufallssämling der Rugosa-Rose 'Schneezwerg'. Deshalb kennen wir die andere Elternsorte nicht. Um welche andere Rose es sich dabei auch handeln mag, 'Martin Frobisher' hat wenig Ähnlichkeit mit einer Rugosa-Rose. Die Blüten sehen entzückend aus – klein, gefüllt, rosettenförmig im Stil Alter Rosen und in einem weichen Rosa. Der Gesamteindruck der Rose erinnert an eine Alba-Rose, ihr Laub aber mehr an *R. pimpinellifolia*. Allerdings hat sie so gut wie keine Stacheln. Die Blätter sind klein und matt metallisch-grün. Sie ist regelmäßig öfterblühend und duftend. Ihre Höhe beträgt 1,20 m bis 1,50 m; eingeführt: 1968.

MÜNCHEN. Sie ist das Ergebnis derselben Kreuzung wie 'Erfurt' ('Eva' x 'Réveil Dijonnais') und vom selben Züchter, nämlich von Kordes; eingeführt: 1940. Ihr Wuchs von 1,50 m Höhe und Breite ist dem von 'Erfurt' sehr ähnlich. Dabei ist sie kräftig, gesund und hat glänzendes, dunkelgrünes Laub. Die Blüten erscheinen in Büscheln und sind halbgefüllt, mittelgroß und granatrot mit gelegentlichen weißen Streifen. Sie ist öfterblühend, aber kaum duftend.

NEVADA. Diese Sorte war viele Jahre lang eine der beliebtesten Strauchrosen, und das nicht ohne Grund: Sie ist das Ergebnis einer Kreuzung zwischen 'La Giralda', einer ausgesprochen kräftigen Teehybride mit großen Blüten, und einer Form von *Rosa moyesii,* vermutlich *R. moyesii* 'Fargesii'. 'Nevada' zeigt viele Merkmale des Moyesii-Elternteils. Sie bildet einen hübschen Strauch von dichtem Wuchs mit langen, überhängenden, fast stachellosen Zweigen. Diese sind über ihre ganze Länge hinweg dicht besetzt mit großen rahmweißen, halbgefüllten Blüten, die sich flach öffnen und gelbe Staubgefäße zeigen. Manchmal sind sie von einem Hauch Rosa überzogen, vor allem bei warmem, trockenem Wetter. Obwohl die Blüten „unordentlich" aussehen, in ihrer ganzen Fülle bieten sie einen Anblick, der kaum von einem anderen Blütenstrauch übertroffen wird. Im Spätsommer folgt ein zweiter Blütenflor, und auch zwischendurch erscheinen vereinzelte Blüten. Sie ist resistent gegen Mehltau, kann aber von Sternrußtau befallen werden.

'Nevada' und ihr Abkömmling 'Marguerite Hilling' (siehe Seite 37) sind fast einzigartig in ihrer Fähigkeit, öfterzublühen und dabei gleichzeitig den anmutigen, fast wildrosenartigen Wuchs zu behalten. Dies verleiht ihnen eine Sonderstellung. Die meisten der öfterblühenden Strauchrosen tun dies, indem sie nach dem ersten Blütenflor lange Triebe von der Basis her emporschicken. Auch 'Nevada' bildet solche Triebe, um sich zu erneuern, aber die Mehrzahl der späten Blüten erscheint nicht an diesen Trieben, sondern an kurzen Seitentrieben entlang der Zweige. Deshalb ist 'Nevada' besser in der Lage, einen anmutigen Wuchs zu bewahren. Leider hat das seinen Preis: Wenn der Strauch etwa acht bis zehn Jahre alt ist, fällt er oft auseinander, büßt seine schöne Form ein und verliert auch etwas von seiner Wuchskraft. Das ist der Grund für die gelegentliche Behauptung, „die Sorte habe

CERISE BOUQUET, *eine Moderne Strauchrose. Die Abbildung zeigt eine für diesen hohen und eleganten Strauch typische Anordnung der Blüten.*

nachgelassen". Man kann einem solchen Verfall gegensteuern, indem man das alte Holz regelmäßig entfernt und so die Bildung neuer Triebe anregt. Bei dieser Rose kann Sternrußtau auftreten. Wenn solch eine Verschlechterung auftritt, ist es ratsam, den Strauch fast bis zum Boden zurückzuschneiden, wobei dann gleichzeitig verrotteter Stallmist in reichlichem Maße beigefügt werden sollte. Höhe und Breite von 'Nevada' etwa 2,40 m; gezüchtet von Pedro Dot (Spanien); eingeführt: 1927 (vgl. Abb. Seite 34).

NYMPHENBURG. Als eine der besten Kordes-Züchtungen wurde sie 1954 als Ergebnis einer Kreuzung zwischen der Moschata-Hybride 'Sangerhausen' und der Floribunda-Rose 'Sunmist' eingeführt. Ihre halbgefüllten Blüten kommen eher auf eine Floribunda hinaus und treten in kleinen Büscheln auf. Sie sind an den Rändern der Blütenblätter blaßrosa und werden zur Mitte hin gelb. 'Nymphenburg' verströmt einen kräftigen, fruchtigen Duft. Die Pflanze ist sehr starkwüchsig, aufrecht, aber leicht überhängend, meist 2,40 m hoch und 1,80 m breit. Sie eignet sich auch gut für Säulen und Pfeiler. Für einen Strauch dieser Größe remontiert sie gut. Die Blätter sind groß, glänzend und dunkelgrün. Sie ist eine robuste, verläßliche Sorte.

PEARL DRIFT. Eine aus der Sicht des Züchters interessante Sorte. Seit vielen Jahren wird versucht, die besonders schöne Kletterrose 'Mermaid' für die Züchtung zu verwenden, fast immer aber erwiesen sich solche Kreuzungen als steril. Man hoffte dabei, neue Kletterrosen zu züchten, die die sehr guten Eigenschaften von 'Mermaid' aufweisen sollten – ihre vornehme Schönheit, ihre Fähigkeit zu klettern, öfterzublühen und ihre fast vollständige Widerstandskraft gegen Krankheiten. 'Pearl Drift' ist nun die erste dieser Rosen, die nach vielen Jahren auf den Markt gebracht wurde, obgleich es noch andere 'Mermaid'-Sämlinge geben soll. Sie ist eine Kreuzung mit der Modernen Kletterrose 'New Dawn'. Ohne Zweifel hatte der Züchter eine Kletterrose züchten wollen; hier aber ergab sich ein Strauch von hübschem, kompaktem, dichtem Wuchs, 90 cm Höhe und etwa 1,20 m Breite. Die Blüten sind groß, halbgefüllt, in der Knospe rosa getönt, sich weiß öffnend mit einem Hauch von Pfirsich-Rosa. Sie erscheinen in Büscheln und kommen reichlich sowie kontinuierlich über einen langen Zeitraum. Das Laub ist glänzend, hellgrün und widerstandsfähig. Man darf gespannt sein, wie sie sich weiterentwickelt; gezüchtet von Le Grice (Großbritannien); eingeführt: 1983.

PLEINE DE GRÂCE. Eine außergewöhnlich kräftige Rose; ich kenne nur wenige andere Rosen, die ihr in dieser Hinsicht gleichkommen. Man könnte sie ebensogut als Rambler-Rose bezeichnen, denn sie überwuchert, wenn man sie als solche zieht, einen großen Bereich, mindestens genauso gut wie große Rambler. Man schickte sie mir vor Zeiten, aber als Strauchrose, und sie erwies sich als solche so gut, daß ich meine, man sollte sie in erster Linie als Strauchrose ansehen. 'Pleine de Grâce' wird 2,40 m hoch und 4 m breit, vermutlich auch beträchtlich größer. Die Pflanze bildet einen wohlgerundeten Hügel überhängender Zweige, der mit riesigen Büscheln kleiner weißer Blüten überflutet ist. Nach dieser grandiosen Schau ist sie im Herbst wie mit einem Schleier kleiner, orangeroter Hagebutten überzogen. Wenn es in Ihrem Garten einen verwilderten Teil mit viel Platz geben sollte..., diese Rose ist ideal; gezüchtet von Lens (Belgien); eingeführt: 1984 (vgl. Abb. Seite 42).

ROUNDELAY. Ein 1,50 m hoher Strauch von aufrechtem Wuchs. Er blüht reich und bringt kompakte Büschel mittelgroßer, dicht gefüllter kardinalroter Blüten hervor, die sich flach öffnen und intensiv duften. Der Wuchs ist robust und gesund. 'Charlotte Armstrong' x 'Floradora'; gezüchtet von Swim (USA); eingeführt: 1953.

SALLY HOLMES Ein buschiger öfterblühender Strauch von 1,50 m Höhe mit großen, cremeweißen, halbgefüllten Blüten, die leicht duften. Die Blüten können sehr schön sein, aber die an den Haupttrieben stehen oft zu dicht gedrängt und bilden so eine etwas plump anmutende Ansammlung. Bei den Blüten an den Seitentrieben ist das ganz anders, denn hier ist die Zahl der Blüten geringer. So können sie ihre volle Schönheit zur Geltung bringen. Es ist ratsam, die Spitzen der Haupttriebe vor dem Blühen wegzuschneiden und so die Bildung von Seitentrieben anzuregen. Die Elternsorten sind 'Ivory Fashion' x 'Ballerina'; gezüchtet von Holmes (Großbritannien), einem erfolgreichen Amateurzüchter; eingeführt: 1976.

SCHARLACHGLUT. Ein hoher, starkwüchsiger Strauch von anmutigem, leicht über-hängendem Wuchs mit üppigem Laub. Die Blüten sind einfach und leuchtend scharlach-karmesinrot mit auffallenden gelben Staubgefäßen. Sie blühen zwar nur einmal im Sommer; der Blüte folgen aber im Herbst hübsche birnenförmige, orange-scharlachrote Hagebutten, die sich bis weit in den Winter hinein halten. 'Scharlachglut' ist kaum oder nicht duftend. Sie ist ein ausgezeichneter Strauch, der einen leuchtenden Farbklecks bietet, ohne dabei in irgendeiner Weise aufdringlich zu wirken. Sie ist mit den Alten Rosen verwandt, und zwar das Ergebnis einer Kreuzung zwischen 'Poinsettia' und der Gallica-Rose 'Grandiflora'; gezüchtet von Kordes (Deutschland); eingeführt: 1952.

SCINTILLATION. Eine Kreuzung zwischen *R. macrantha* und der Moschata-Hybride 'Vanity'. Sie bildet einen niedrigen, wuchernden Strauch von offenem Wuchs und ist etwa 1,20 m hoch sowie 1,80 m bis 2,40 m breit. Die Blüten sind mittelgroß bis groß, halbgefüllt, von blassem Lila-Rosa. Dabei öffnen sie sich weit, um ihre Staubgefäße zu zeigen. Diese Rosen erscheinen in großen lockeren Büscheln. 'Scintillation' ist nur einmalblühend, blüht dafür aber sehr lange. Sie wirkt insge-samt zierlich und anmutig. Wie ihre Elternsorte 'Vanity' hat sie nur wenig Laub. Zwei oder drei Pflanzen als Gruppe können wunderschön aussehen; gezüchtet von Austin (Großbritannien); eingeführt: 1968.

THE FAIRY. Diese Rose könnte man eigentlich auch zu den Polyantha-Rosen zählen, denn sie hat ebensolche Blüten. Sie ist aber mehr ein Strauch als ein Busch, breitwüchsig mit überhängenden Zweigen, etwa 60 cm hoch und 90 cm breit. Die Blüten sind klein, von zartem Rosa und werden in großer Fülle in breiten, flachen Büscheln hervorgebracht. Sie fängt sehr spät an zu blühen, steht dann aber fast ohne Unterbrechung den ganzen Sommer über in Blüte und erfreut uns noch, wenn die meisten anderen Rosen längst aufgehört haben zu blühen. Die Blätter von 'Fairy' sind winzig, fast so klein wie beim Buchsbaum. Man hielt sie lange Zeit für einen Abkömmling der Rambler-Rose 'Lady Godiva', Peter Beales meint aber, es handle sich um das Ergebnis einer Kreuzung zwischen der Polyantha-Rose 'Paul Crampel' und 'Lady Godiva'. Man möchte ihm recht geben, allerdings ist von ihrem Züchter Bentall bekannt, daß er keine Aufzeichnungen über die Elternsorten seiner Kreu-zungen machte; eingeführt: 1932.

ZIGEUNERKNABE ('Gipsy Boy'). Eine Sorte, die sich unter Alten Rosen durchaus heimisch fühlen würde. Und in der Tat wird sie manchmal zu den Bourbon-Rosen gezählt, wofür es aber kaum eine Rechtfertigung gibt. Sie ist vielmehr ein Sämling von 'Russelliana', die ihrerseits vermutlich ein Sämling von *Rosa setigera* ist. Der andere Elternteil ist nicht bekannt; es könnte eine Rugosa-Rose gewesen sein. Der Wuchs ist außergewöhnlich kräftig und buschig, mindestens 2 m hoch und fast

PLEINE DE GRÂCE. *Diese wunderschöne Moderne Strauchrose bringt eine größere Fülle an Blüten hervor als jede andere Rose, die ich kenne. Sie kann auch als Rambler verwendet werden.*

ebenso breit. Die Rose hat viele kräftige Stacheln und derbes, dunkelgrünes rugosa-ähnliches Laub. Die Blüten sind mittelgroß, zuerst schalenförmig, sich dann flach öffnend. Die Blütenfarbe ist ein dunkles Karmesin-Purpur mit etwas Weiß in der Mitte. 'Zigeunerknabe' blüht nur einmal, im Frühsommer und bringt im Herbst kleine, orangerote Hagebutten hervor. Diese Sorte ist 'Chianti' nicht unähnlich, allerdings haben ihre Blüten, die in kleinen, kompakten Büscheln auftreten, nicht die gleiche Qualität. Sie ist aber sehr robust und eignet sich ideal für schwierige Standorte in Gärten; gezüchtet von Lambert (Deutschland); eingeführt: 1909.

Bodendecker-Rosen

Die letzten Jahre zeigen einen Trend zur sogenannten „Bodendecker-Rose". Gemeint sind Rosen, die stark in die Breite wachsen, statt einen Busch oder Strauch zu bilden. Einige Rosen dieser Art kennen wir schon seit längerem – 'Max Graf' und 'Raubritter' sind dafür gute Beispiele. Inzwischen gibt es aber so viele Sorten, daß ausführlicher auf sie eingegangen werden soll. Bodendeckende Pflanzen überhaupt haben große Beliebtheit erlangt. Und so ist für diesen Markt auch ein neuer Typ von Rosen gezüchtet worden.

Die Grundidee für die Verwendung von Bodendecker-Rosen ist, daß man bei ihrer Pflege viel Arbeit spart. Das gilt vor allem, wenn sie in öffentlichen Anlagen angepflanzt werden. Dort sollen die Rosen ein undurchdringliches Dickicht bilden, das Unkraut nicht hochkommen läßt. Bodendecker-Rosen haben meist einen sehr ebenmäßigen Wuchs, ganz im Gegensatz zu anderen Strauchrosen, die einen sehr unregelmäßigen Wuchs zeigen.

RUNNING MAID, *Bodendecker-Rose. Sie bringt eine Fülle von Blüten hervor, ist allerdings nur einmalblühend.*

Wo viel Unkraut wuchert, muß man es entfernen, bevor die Rosen gepflanzt werden. Wenn das Unkraut sich festsetzen konnte, bevor die Rosen sich etabliert haben, wird das Unkraut die Rosen überwuchern! Außerdem ist es sehr schwierig, Unkraut zwischen den stacheligen Pflanzen zu entfernen. Aus diesem Grund werden Bodendecker-Rosen meist auf eigener Wurzel aus Ablegern vermehrt.

Ob wir das Pflanzen von Bodendeckern befürworten oder nicht – auf jeden Fall haben wir hier eine neue und interessante Gruppe von Rosen vor uns. Man muß Bodendecker-Rosen übrigens nicht ausschließlich zum Bodenbedecken verwenden. Sie haben einen gefälligen Wuchs und können folglich in der gleichen Weise gepflanzt werden wie jede andere Strauchrose. – Alle sind sehr winterhart und leicht zu kultivieren. Und sie haben etwas vom Charme einer Rambler-Rose. Einige Bodendecker-Rosen sind öfterblühend, aber selbst unter den einmalblühenden gibt es viele, die sich durch eine besonders lange Blütezeit auszeichnen.

BONICA ('Meidomonac'). Diese Pflanze ist eine der erfolgreichsten unter den Bodendecker-Rosen – vor allem in Nordeuropa, wo sie sehr häufig verwendet wird. Sie hat Büschel kleiner, gefüllter Blüten von weichem Rosa, das zu den Rändern hin heller wird. Der Wuchs ist breit und buschig, und sie blüht mit Unterbrechungen den ganzen Sommer über. 'Bonica' ist eine robuste und winterharte Rose mit dunklem, widerstandsfähigem Laub. Insgesamt ist sie eine der besten dieser Pflanzen-Gruppe. Sie eignet sich auch gut als Hochstamm. Ihre Höhe beträgt 75 cm, ihre Breite 1,20 m oder mehr. Elternsorten: (*R. sempervirens* x 'Mlle. Marthe Carron') x 'Picasso'); gezüchtet von Meilland (Frankreich); eingeführt: 1982.

FAIRYLAND. Die Elternsorten dieser Rose sind 'The Fairy' x 'Yesterday'. Diese Bodendecker-Rose hat sich inzwischen gut behauptet. Sie ist das Ergebnis einer vielversprechenden Kreuzung. An dicht verzweigten, in die Breite gehenden Trieben trägt sie Büschel kleiner, schalenförmiger, rosaroter, halbgefüllter Blüten. Bei einer Höhe von kaum mehr als 60 cm erreicht sie eine Breite von etwa 1,50 m. Sie hat einen kräftigen Duft und ist öfterblühend. Sie ist eine winterharte und verläßliche Rose mit großem Charme; gezüchtet von Harkness (Großbritannien): eingeführt: 1980.

FERDY. Diese Rose bildet Büschel kleiner, lachsrosa Blüten an kräftigen, kaskadenartig überhängenden Trieben von etwa 90 cm Höhe und 1,80 m Breite. Sie hat üppiges hellgrünes Laub und bringt im Frühsommer eine Vielzahl von Blüten hervor, denen im Herbst eine etwas spärlichere Nachblüte folgt; gezüchtet von Keisei (Japan); eingeführt: 1985.

HEIDEKÖNIGIN ('Pheasant'). Diese Rose ist die dritte der „Wildhühner"-Serie1. Sie hat gefüllte Blüten von dunklem Rosarot, die sie in großen Büscheln hervorbringt.

44

Sie hat den gleichen kräftigen, niedrigliegenden Wuchs von etwa 75 cm Höhe und 1,80 m bis 2,10 m Breite. Sie remontiert etwas; gezüchtet von Kordes (Deutschland); eingeführt: 1986.

IMMENSEE ('Grouse'). Die Elternsorten dieser Rose sind 'The Fairy' x ein *R. wichuraiana*-Sämling. Von der Wichuraiana-Elternsorte hat sie etwas von dem niederliegenden Wuchs geerbt. Sie bedeckt eine Fläche von etwa 3 m Durchmesser und blüht im Juli / August sehr üppig, danach allerdings nicht mehr. Die Blüten sind blaßrosa und einfach – von dem zarten Charme einer Wildrose. Sie ist duftend; gezüchtet von Kordes (Deutschland); eingeführt: 1984.

MAX GRAF. Sie ist eine Rugosa-Hybride und sozusagen die erste Bodendecker-Rose – übrigens immer noch eine der besten! Ich habe sie im Zusammenhang mit diesen in dem Buch *Alte Rosen und Englische Rosen* näher beschrieben.

NORFOLK ('Poulfolk'). Eine nützliche Bodendecker-Rose, allein schon wegen der gelben Blütenfarbe. Die Blüten sind dicht gefüllt und leuchtend gelb – der Wuchs ist hübsch und buschig. Sie ist vielleicht eher eine Strauchrose als eine Bodendecker-Rose, denn bei einer Höhe von etwa 45 cm wird sie nur etwa 60 bis 75 cm breit. Ungewöhnlich für diese Rosengruppe verströmt sie einen intensiven Duft; gezüchtet von Poulsen (Dänemark); eingeführt: 1990.

NOZOMI ('Heideröslein Nozomi'). Eine kletternde Zwergrose, die zusätzlich die Eigenschaft hat, kriechend zu wachsen und gut den Boden zu bedecken. Sie wurde von Onodera in Japan gezüchtet und 1968 eingeführt. Und in der Tat hat sie ein seltsam japanisches Aussehen. Man kann sich leicht vorstellen, wie sie in einem japanischen Garten wächst. Die Blätter sind klein und glänzend, und die winzigen, perlrosa Blüten erscheinen in Büscheln, und zwar mitten im Sommer. Bei einer Breite von 1,50 m wird sie kaum höher als 30 cm. Man findet sie manchmal zusammen mit größeren Bodendecker-Rosen. Dort wirkt sie aber fehl am Platz und wird fast erdrückt. Sie sieht auch als niedriger Trauerstamm sehr hübsch aus und ist so häufig auf der Chelsea Flower Show zu sehen. Solche Hochstämme müssen im Gewächshaus vorgetrieben werden. Dadurch erhalten die Blüten eine besondere Feinheit. Sie ist eine gut verwendbare Rose, die zwar nicht rundum überzeugt. Doch gehört sie zu den wenigen, die sich für einen Steingarten eignen. Ich habe sie über Steine wachsend in der Nähe von Wasser gesehen – ein reizender Anblick! Die Elternsorten sind: 'Fairy Princess' x 'Sweet Fairy'.

PINK BELLS. Diese Rose hat hübsche, rosettenförmig dunkel-rosarote Blüten von etwa 5 cm Durchmesser. Sie erscheinen in großen Büscheln und harmonieren gut mit dem glänzenden, dunkelgrünen Laub. Der Wuchs von 'Pink Bells' ist über-

SMARTY, *eine hübsche neuere Bodendecker-Rose, die gut remontiert.*

hängend und sich ausbreitend. Sie wird 60 cm hoch und 1,20 m breit. Ihre Blütezeit ist Ende Juli, Anfang August. Elternsorten: 'Mini Poul' x 'Temple Bells'; gezüchtet von Poulsen (Dänemark): eingeführt: 1980.

RAUBRITTER. Diese Rose, eine Kreuzung zwischen 'Daisy Hill' und der Rambler-Rose 'Solarium', bildet einen wuchernden Strauch von 90 cm Höhe und etwa 2,10 m Breite. Das ergibt einen niedrigen, sich gleichsam ausbreitenden Hügel. Die Blüten sind sehr erlesen – von reinem Rosa, klein, dabei ausgeprägt schalenförmig – und treten in Büscheln auf. Sie wirkt wie eine Alte Rose, ist aber etwas ganz Eigenständiges. Das Laub ist dunkelgrün, ähnlich dem von *R. macrantha*. Trotz ihrer leichten Anfälligkeit für Mehltau lohnt es sich wegen ihrer ausgeprägten Schönheit immer, sie zu pflanzen; gezüchtet von Kordes (Deutschland); eingeführt: 1936.

RED BELLS. Sie ist der 'Pink Bells' sehr ähnlich, hat aber karmesinrote Blüten (nur einmalblühend); gezüchtet von Poulsen (Dänemark); eingeführt: 1980.

RAUBRITTER, eine Bodendecker-Rose mit Büscheln einzigartig schön gefüllter Blütenschalen; im Hintergrund die prächtigen 'Roseraie de l'Hay' (noch nicht in voller Blüte).

RED BLANKET. Diese öfterblühende Bodendecker-Rose bildet einen Hügel von 75 cm Höhe und 1,50 m Breite. Sie trägt Büschel mittelgroßer, halbgefüllter, rosaroter Blüten; gezüchtet von Ilsink (Holland); eingeführt: 1979.

ROSY CUSHION. Sie stammt vom selben Züchter wie die zuletzt beschriebene Rose, der sie mit Ausnahme der Blüten sehr ähnlich ist. Ihre Blüten sind einfach und rosafarben mit weißer Mitte. Sie hat schönes Laub und ist öfterblühend. Die Elternsorten sind: 'Yesterday' x unbenannter Sämling; eingeführt: 1979.

RUNNING MAID. Ein niedriger Strauch, der eine regelmäßige und dicht verzweigte Halbkugelform aufbaut. Hübsche kleine dunkelrosa Blüten nach Rambler-Art werden in großen, schön angeordneten Büscheln hervorgebracht. Sie ist nur einmalblühend, aber dennoch eine in jeder Hinsicht empfehlenswerte Rose und eignet sich sowohl als Bodendecker als auch für die Rabatte; gezüchtet von Louis Lens (Belgien); eingeführt: 1985 (vgl. Abb. Seite 43).

SMARTY. Eine dritte Sorte des Züchters von 'Red Blanket' und 'Rosy Cushion' – meiner Ansicht nach die beste und schönste der drei. Es ist eine breitwüchsige Sorte von 60 bis 90 cm Höhe mit Büscheln einfacher Blüten von weichem Rosa wie bei unserer Heckenrose (*R. canina*). Sie ist ausgesprochen reizvoll, zuverlässig und öfterblühend; gezüchtet von Ilsink (Holland); eingeführt: 1979 (vgl. Abb. Seite 46).

SNOW CARPET. Eine kriechende Zwergrose, die ich in Kapitel 5 im Abschnitt „Zwergrosen" beschreibe. Sie ist zwar eine echte Bodendecker-Rose, aber viel kleiner im Wuchs als die anderen Rosen dieser Gruppe.

SURREY. Ein Strauch, der etwa 75 cm hoch und 1,20 m breit wird und den ganzen Sommer über eine Fülle von Blüten von weichem Rosa hervorbringt.

SWANY. Ein Elternteil dieser Rose ist interessanterweise *R. sempervirens.* Die andere Elternsorte ist ein Wichuraiana-Rambler namens 'Mademoiselle Marthe Carron'. Sie ist eine reizende Rose mit Büscheln kleiner, dicht gefüllter, schalen-förmiger, reinweißer Blüten, die sich flach öffnen. Der Wuchs ist ausgesprochen niedrig liegend, und sie kann eine Breite von 1,80 m oder mehr erreichen. Das Laub ist glänzend und dunkelgrün. Sie ist völlig winterhart.

TEMPLE BELLS. Eine hübsche, kleine Kriechrose mit zahlreichen kleinen, fast einfachen, weißen Blüten. Die kleinen, glänzenden grünen Blätter verstärken den Gesamteindruck. Aus einer Kreuzung zwischen *R. wichuraiana* und der Zwergrose 'Blushing Jewel' hervorgegangen, hat sie etwas vom Charakter von *R. wichuraiana;* gezüchtet von McGredy (Neuseeland); eingeführt: 1976.

WEISSE IMMENSEE ('Partridge'). Sie hat dieselbe Abstammung wie 'Immensee', mit der sie fast identisch ist. Sie blüht Ende Juli, Anfang August; gezüchtet von Kordes (Deutschland); eingeführt: 1984.

WHITE BELLS. Die vierte und vielleicht die attraktivste der „Glocken"-Serie 2. Die kleinen, weißen, rosettenförmigen Blüten treten in Büscheln auf. Wie ihre drei Namensvettern hat sie einen ausgezeichneten, dichten Wuchs und blüht Ende Juni sowie Anfang August; gezüchtet von Poulsen (Dänemark); eingeführt: 1980.

KAPITEL 2

Kletterrosen

Es ist erstaunlich, daß eine Pflanzengattung, der wir so viele Sträucher für
den Garten verdanken – allein wegen dieser Sträucher wäre sie die bedeutendste
Zierpflanze – gleichzeitig auch die wichtigste Kletterpflanze ist. Die Bedeutung der
Kletterrosen für den Garten kann kaum überschätzt werden. Kletterrosen schaffen
eine Atmosphäre des Überflusses, besonders in eher formalen Gärten und in Verbindung mit Gebäuden, wo sie eine gewisse Weichheit und das Gefühl von Leben
vermitteln können. Sie sorgen für Höhe, die sonst fehlen würde, und viele von ihnen
blühen mit Unterbrechungen den ganzen Sommer über. Es gibt keine Pflanze, die
diese Aufgabe besser erfüllen könnte als die Kletterrose.

Alle Rosen erfreuen uns, aber Kletterrosen, wenn sie gut gewachsen und in voller
Blüte sind, viel mehr als alle anderen – vielleicht nicht immer durch die einzelnen
Blüten, aber doch durch ihre Fülle; obgleich auch die einzelne Blüte oft besonders
schön ist, wenn sie uns vom Zweig einer Kletterrose herab anschaut. Vermutlich ist
es gerade der Zusammenklang von Pflanze und Gebäude, der Kletterrosen einen
gewissen Vorteil verschafft.

Bevor wir weitergehen, muß noch ausdrücklich gesagt werden, daß die kletternden Rosen in zwei Hauptgruppen eingeteilt werden: die Kletterrosen und die
„Rambler". Die Unterscheidung ist vielleicht etwas abstrakt, denn bei beiden
Gruppen handelt es sich um kletternde Pflanzen, aber die Unterscheidung hilft uns,
diese Rosen leichter zu beschreiben.

Kletterrosen haben meist größere Blüten – so wie wir sie von den Alten Rosen
oder den Teehybriden her gewöhnt sind. Die Rambler-Rosen dagegen haben in der
Regel kleinere Blüten in großen Büscheln, und ihr Wuchs ist lockerer. Auch sind sie
geneigt, von der Basis her lange, manchmal sehr lange Triebe emporzutreiben. Sie
machen genau das, was der Name vermuten läßt. Bei Kletterrosen ist der Wuchs
gewöhnlich steifer, und obwohl auch sie oftmals kräftige Triebe von der Basis her
austreiben, bauen sie sich doch eher allmählich aus dem Holz früherer Jahre auf.
Die meisten Kletterrosen sind öfterblühend, die Rambler sind es aber fast nie.

Das ist zwar eine etwas willkürliche Einteilung, und es gibt viele Überschnei-
dungen, aber wenn wir diese Rosen sehen, gibt es selten Zweifel, zu welcher
Gruppe sie gehören.

Wir behandeln in diesem Kapitel also die Kletterrosen – die zarten Noisette-
Rosen, die kletternden Teerosen, die kletternden Teehybriden mit ihren Blüten in

Desprez à Fleur Jaune, *Noisette-Rose. Sie wird manchmal auch als 'Jaune Desprez' bezeichnet.*

50

vielen Farben und die Modernen Kletterrosen mit ihrer lang andauernden Blütenfülle, außerdem einige Sorten verschiedener anderer Gruppen und einzelne, die gar keiner Gruppe angehören (aber oft sehr schön sind). Die vielleicht beste und häufigste Verwendbarkeit für diese Rosen ist, sie an Mauern zu ziehen, auch an Hauswänden. Durch die zusätzliche Wärme, die Hauswände bieten, gehören solche Kletterrosen dann oft zu den frühesten Rosen im Garten. Das macht sie besonders wertvoll. So haben sie reichlich Zeit, neue Triebe und damit neue Blüten zu bilden. Außerdem gibt es keine Kletterpflanze, die besser geeignet ist, an Bögen, Säulen, Klettergerüsten, Pergolen usw. emporzuwachsen.

Bei Kletterrosen muß man die Triebe selbstverständlich jedes Jahr zurückschneiden und anbinden. Das ist manchmal etwas mühsamer als bei den Strauchrosen, muß aber keine allzu große Mühe bereiten. Alles, was wir tun müssen, ist, einen Teil der langen Haupttriebe zu entfernen, wo diese zu üppig stehen, außerdem das alte oder verbrauchte Holz. Freilich ist das oft erst nach einigen Jahren erforderlich. Nach dem Einkürzen der Haupttriebe schneiden Sie die Seitentriebe bis auf 5 bis 8 cm Länge zurück, gleichzeitig entfernen Sie alle schwachen oder abgestorbenen Triebe.

Beim Befestigen der jungen Triebe an einer Mauer oder einem Gerüst sollte man sie, wenn immer möglich, in eine waagerechte oder wenigstens seitliche Richtung ziehen. Dadurch regt man sie an, auf ganzer Länge neue, blütentragende Seitentriebe zu bilden und dadurch viel mehr Blüten hervorzubringen. Andernfalls wird die Rose immer versuchen, steil emporzuwachsen. So bringt sie ihre Blüten nur an den Spitzen der Haupttriebe hervor, wo man sie kaum sehen kann, während der gesamte untere Teil der Pflanze dann ohne Blüten bleibt. In dieser Hinsicht bereiten Säulen ein besonderes Problem, denn bei ihnen ist die Möglichkeit doch einigermaßen begrenzt, die Triebe in die Breite zu ziehen. Man sollte in einem solchen Fall die Triebe spiralförmig um die Säule führen.

Kletterrosen wachsen anfangs bisweilen sehr zögerlich und brauchen ein wenig Nachhilfe. Eine reichliche Gabe von verrottetem Stallmist unter die Erde gemischt – das kann Wunder bewirken! Wo solcher Stallmist genügend vorhanden ist, brauchen Sie damit nicht zu geizen, die Rose wird es Ihnen in den künftigen Jahren vielfach danken.

Solchen Rosen, die an einer Mauer wachsen, muß man besondere Aufmerksamkeit schenken, denn diese Standorte sind in der Regel sehr trocken, da der Boden geschützt ist und im allgemeinen wenig oder überhaupt keinen Regen aufnehmen kann. Die Rose fängt folglich erst dann an zu wachsen, wenn sich ihre Wurzeln bis zu einem feuchteren Boden vorgearbeitet haben. Eine Schlauchleitung kann in den ersten ein, zwei Jahren übrigens ratsam sein. Wässern Sie Rosen an solchen Standorten in gewissen Abständen sehr gründlich, so daß die Feuchtigkeit bis tief in den Boden eindringt. Verhindern Sie in jedem Fall, daß eine Rose in den ersten Jahren nach dem Pflanzen regelrecht „austrocknet".

Noisette-Rosen

Noch bevor durch Kreuzung der China-Rosen mit verschiedenen Alten Rosen die ersten öfterblühenden Rosen gezüchtet wurden (ich habe sie in Kapitel 3 meines Buches *Alte Rosen und Englische Rosen* beschrieben), kamen die ersten öfterblühenden Kletterrosen, und zwar durch Kreuzung der China-Rose mit der Moschus-Rose. Das ist überraschend, denn die Züchtung solcher Kletterrosen war niemals einfach. Wir verdanken diese Neuerung John Champney, einem Reisanbauer aus Charleston in South Carolina. Champney züchtete in den ersten Jahren des 19. Jahrhunderts eine Rose, die zuerst *Rosa moschata hybrida* genannt wurde, später aber als 'Champney's Pink Cluster' bekannt wurde. Gelegentlich wird behauptet, er habe sie durch Kreuzung der damals neuen 'Parson's Pink China' mit Pollen der Moschus-Rose gezüchtet, wahrscheinlicher aber ist, daß es sich um eine Zufallskreuzung handelt.

Philippe Noisette, ein Baumschuler, ebenfalls aus Charleston, zog aus dem Samen von 'Champney's Pink Cluster' die Sorte 'Blush Noisette', die zwar nicht so groß ist wie die Elternsorte, dafür aber öfterblühend. So waren die „Noisette-Rosen" geschaffen. 'Blush Noisette' wurde später mit 'Parks' Yellow China' gekreuzt, das ergab gelbe Noisette-Rosen. Noisette-Rosen wurden außerdem häufig mit Teerosen gekreuzt, was ihr Spektrum noch erweiterte und ihre Qualität verbesserte. Selbst heute noch gehören die Noisette-Rosen zu den schönsten und besten der öfterblühenden Kletterrosen. Diese Vorzüge vereinen sie meist mit einem hohen, starken Wuchs. Solche kombinierten Eigenschaften zu erreichen, ist für die Züchter immer noch sehr schwierig. Außerdem wurde das Farbspektrum der Gartenrosen um Gelb erweitert, und selbst heute noch ist die Farbe Gelb bei Kletterrosen selten.

Die Zeit, in der Noisette-Rosen gezüchtet wurden, war nur kurz. Hier scheint eine Aufgabe noch nicht vollendet zu sein und noch ein sehr großer Spielraum für künftige Entwicklungen zu bestehen. Wie bei den Moschata-Rosen liegt das Problem darin, daß die Noisette-Rosen diploid sind, was weitere Züchtungen erschwert, da die meisten Rosen tetraploid sind.

Zur Gruppe der Noisette-Rosen gehören einige der schönsten Kletterrosen überhaupt. Ihre Feinheit und Eleganz sind kaum zu übertreffen. Ihre Blüten stehen ganz in der Tradition der Alten Rosen, die Blütenblätter haben eine seidige Beschaffenheit. Fast alle Sorten sind übrigens wohlduftend. Einige Sorten sind leider nicht völlig winterhart. Das sollte uns aber nicht davon abhalten, sie zu pflanzen, außer an wirklich kalten Standorten. Im Schutz einer wärmenden Wand sind sie ausreichend geschützt. Einige Sorten sind sogar vollkommen winterhart.

AIMÉE VIBERT ('Bouquet de la Mariée', 'Nivea'). Diese Rose, die 1828 von dem Franzosen Vibert gezüchtet wurde, ist keine typische Noisette-Rose, sondern die Kreuzung einer Noisette-Rose (vermutlich 'Blush Noisette') mit *Rosa sempervirens*, der „Immergrünen Rose". Sie hat das üppige, längliche, anmutige, sattgrüne Laub von *R. sempervirens* und bildet lockere Büschel, bestehend aus kleinen, gefüllten Blüten in reinem Weiß mit gelben Staubgefäßen. Ihr schlichter Charme läßt sich kaum mit irgendeiner anderen Kletterrose vergleichen! Sie verströmt einen leichten Moschusduft. Der Noisette-Rose verdankt sie ihre Fähigkeit öfterzublühen. Dabei fängt sie früh in der Saison an und blüht oft bis spät in den Herbst hinein. Sie ist nicht völlig winterhart, kann den britischen Wintern aber meistens trotzen. Die ersten Blütentriebe frieren gelegentlich zurück. Dann verzögert sich der Beginn der Blüte bis in den Juli hinein. An einem warmen Platz kann sie bis zu 5 m hoch werden. Man kann sie auch als großen, üppigen Strauch ziehen. Eigentlich handelt es sich bei der 'Aimée Vibert' um eine öfterblühende Rambler-Rose – etwas sehr Ungewöhnliches. Man möchte sie zu den Rambler-Rosen zählen, von der Abstammung her ist sie aber eine Noisette-Rose. Die einzige Rambler-Rose, die man mit ihr tatsächlich vergleichen könnte, ist die Sorte 'Phyllis Byde', die aber nicht so groß wird und weniger schön ist (was den Züchtern Stoff zum Nachdenken geben sollte!).

ALISTER STELLA GRAY ('Golden Rambler'). Diese von A. H. Gray, einem Liebhaber von Teerosen, gezüchtete Sorte wurde 1894 von George Paul eingeführt. Sie bringt kleine, dottergelbe, fest gerollte Knospen hervor, die sich zu hübschen geviertelten Blüten öffnen. Mit der Zeit verblassen sie zu Rahmweiß, aber in jedem Stadium sind sie wunderschön. Die Blüten haben ein seidiges Aussehen und verströmen einen köstlichen Teerosenduft. Sie erscheinen in kleinen Büscheln an den Spitzen langer, dünner Triebe; später in der Saison werden größere Büschel hervorgebracht. Man mag diese Rose als Kletterrose ziehen, dann kann sie an einer schützenden Wand bis zu 5 m hoch werden, oder als großen überhängenden Strauch. Sie ist eine ausgesprochen reizvolle Rose (vgl. Abb. Seite 54).

BLUSH NOISETTE. Sie war die erste Noisette-Rose. Sie ist winterhart, auch insgesamt sehr robust und ein „Überlebenskünstler". Man kann sie oft in alten Gärten sehen, wo sie schon vor langer Zeit gepflanzt wurde. Die Blüten sind fast gefüllt, dabei klein und in der Art der Rambler. Diese Rosen treten in kompakten Büscheln auf. Sie sind lila-rosa mit auffallenden Staubgefäßen und haben einen kräftigen Gewürznelkenduft. Die Blüten sind trotz ihres bescheidenen Aussehens sehr reizvoll und treten in großer Fülle auf. 'Blush Noisette' ist öfterblühend und neigt zu einem niedrigen, buschigen Wuchs. Diese Rose braucht eine schützende Wand, damit sie etwas größer wird. Sie kann bis zu 4 m hoch werden; gezüchtet von Noisette (Frankreich); eingeführt: vor 1817 (vgl. Abb. Seite 55).

BOUQUET D'OR. Sie ist ein Sämling von 'Gloire de Dijon' und gehört deshalb zu einer Rosen-Gruppe, die gelegentlich als „Dijon-Teerosen" bezeichnet wird. Die Blüten sind ziemlich groß, dicht gefüllt und haben einen leichten Duft. Ihre Farbe

ALISTER STELLA GRAY, *eine Noisette-Rose. Unter den Noisette-Rosen finden sich einige der schönsten Kletterrosen überhaupt.*

ist ein kupfriges Lachsrosa. Sie gilt als winterhart, ist relativ starkwüchsig und wird über 3 m hoch; gezüchtet von Ducher (Frankreich); eingeführt: 1872.

CÉLINE FORESTIER. Diese Sorte ist zwar keine besonders kräftige Rose, dafür aber ausgesprochen schön. An einer schützenden Wand und bei entsprechender Pflege gedeiht sie bestens. Die Blüten sind dicht gefüllt und wohlgeformt. Sie öffnen sich geviertelt mit einem Knopfauge, sind blaßgelb und von seidigem Aussehen. Dabei verströmen sie einen intensiven Teerosenduft. Im Lauf der Jahre kann diese Rose 2,50 m bis 3 m hoch werden. 'Céline Forestier' ist eine reizende Rose von erlesener Feinheit; gezüchtet von Trouillard (Frankreich); eingeführt: 1842.

CLAIRE JACQUIER ('Mademoiselle Claire Jacquier'). Hier haben wir es mit einer wahrhaft starkwüchsigen Noisette-Rose zu tun – sie kann in der Tat 10 m hoch werden! Aber ihre Wuchskraft geht, wie es bei Kletterrosen häufig ist, zu Lasten ihrer Fähigkeit, öfter zu blühen. Einem üppigen ersten Blütenflor folgen später in der Saison nur noch vereinzelte Blüten. Die einzelnen Blüten sind eher locker

54

BLUSH NOISETTE, *die erste Noisette, gezogen als niedrige Kletterrose oder kräftiger Strauch.*

geformt, anfangs sattgelb, mit der Zeit zu einem Zartgelb verblassend und köstlich duftend. Sie werden umrahmt von üppigem, hellgrünem Laub. 'Claire Jacquier' ist winterhart; gezüchtet von Bernaix (Frankreich); eingeführt: 1888.

CLOTH OF GOLD ('Chromatella'). Ein Zufallssämling von 'Lamarque' und (wie die Elternsorte) ziemlich frostempfindlich. An einer schützenden Wand kann sie zufriedenstellend gedeihen; am besten zieht man sie unter Glas. Die Blüten sind gefüllt und von einem weichen Schwefelgelb, das zur Mitte hin dunkler wird. Diese duftende Rose wird 4 m hoch; eingeführt: 1843 von Coquereau (Frankreich).

DESPREZ À FLEUR JAUNE ('Jaune Desprez'). Eine ausgezeichnete Kletterrose, die reich und bemerkenswert kontinuierlich blüht. Die Blüten sind ziemlich klein. Sie öffnen sich flach mit vielen seidigen Blütenblättern und einem Knopfauge. Die Blütenfarbe ist ein warmes Gelb mit einem leichten Pfirsichton, der mit der Zeit verblaßt. Diese Rosen haben einen kräftigen und angenehmen Duft. Ihr Wuchs ist kräftig, und sie können an einer wärmenden Wand 7 m Höhe erreichen. Sie ist das Ergebnis einer Kreuzung zwischen 'Blush Noisette' und 'Parks' Yellow China'; gezüchtet von Desprez (Frankreich); eingeführt: 1835 (vgl. Abb. Seite 50).

DUCHESSE D'AUERSTÄDT. Ein Abkömmling von 'Rêve d'Or' mit großen, schalenförmigen, dichtgefüllten goldgelben Blüten, deren Form den Blüten von 'Gloire de Dijon' ähnlich ist. Sie entwickelt üppiges Laub und kann bis über 3 m hoch werden; entdeckt von Bernaix (Frankreich); eingeführt: 1888.

GLOIRE DE DIJON. Diese Sorte ist eine berühmte alte Kletterrose, die früher in vielen „Cottage-Gärten" zu finden war und oft als 'Old Glory' bezeichnet wurde. Es gibt wohl nur wenige Rosen, die seit ihrer Einführung im Jahre 1853 größere Freude bereiten konnte. Angeblich ist sie das Ergebnis einer Kreuzung zwischen einer Teerose (deren Name nicht überliefert ist) und der alten Bourbon-Rose 'Souvenir de la Malmaison'. Und in der Tat deutet ihr Aussehen darauf hin, daß diese Vermutung zutrifft. Sie hat große, bernsteingelbe, kugelige Blüten, die sich später flach öffnen und eine geviertelte Form annehmen. Dabei zeigen sich rosa Schattierungen, vor allem bei heißem Wetter. Sie verströmen einen kräftigen und intensiven Duft. 'Gloire de Dijon' ist ohne Zweifel viel winterhärter als die typische Noisette-Rose – vermutlich weil sie zum Teil eine Bourbon-Rose ist. Sie ist öfterblühend. Ihre Blätter sind dick und schwer, ähnlich einer Teehybride. Leider hat sie in den vergangenen Jahren etwas von ihrer Wuchskraft eingebüßt. Es könnte sich lohnen, nach einer robusten alten Pflanze von 'Gloire de Dijon' zu suchen und diese sodann konsequent zu vermehren. Noch ist sie überall häufig anzutreffen und immerhin ist es unwahrscheinlich, daß alle Pflanzen gleichzeitig in ihrer Wuchskraft nachgelassen haben. Gezüchtet von Jacotot (Frankreich; vgl. Abb. Seite 58).

LAMARQUE. Leider, muß ich feststellen, ist sie keine Rose für England, außer vielleicht in den klimatisch wärmsten Gegenden, und selbst dort sollte man sie an einer Südwand ziehen. Unter Glas ist sie gewiß großartig. Die Blüten sind von zartestem Zitronengelb (fast weiß), geviertelt und flach und von außergewöhnlicher Feinheit. Sie kann gut 3 m hoch werden, in wärmeren Gegenden vermutlich erheblich höher. 'Blush Noisette' x 'Parks' Yellow China'. Gezüchtet von Maréchal (Frankreich), 1830.

LEY'S PERPETUAL. Diese Rose erhielt ich vor Zeiten von Mr Wyatt, der übrigens die ausgezeichnete Zeitschrift The Rose herausgab. Leider mußte deren Erscheinen eingestellt werden. 'Ley's Perpetual' ist ein Sämling von 'Gloire de Dijon' und dieser in vieler Hinsicht ähnlich: Die Blüten sind schalenförmig, mittelgroß, von einem angenehmen Blaßgelb und verströmen einen Teerosenduft. Die Pflanze wird 5 m hoch. Sie ist eine sehr schöne, sich immer lohnende Rose, die eigentlich mehr Beachtung verdient. Der Züchter ist mir nicht bekannt – ich vermute, es war ein „Ley" –, und auch das Jahr der Einführung kenne ich nicht.

MADAME ALFRED CARRIÈRE. Wer eine robuste, verläßliche, öfterblühende weiße Kletterrose wünscht, wird mit dieser Sorte hochzufrieden sein. Noch heute wird sie von keiner anderen weißen Kletterrose übertroffen. Die Blüten sind groß und schalenförmig, rahmweiß mit einem Hauch von Rosa und verströmen einen Teerosenduft. Ich kann nicht sagen, daß ihre Form besonders schön sei, auch ihr Wuchs ist eher steif und staksig (obwohl man diese Steifheit durch geschickten Rückschnitt mildern kann). Aber sie bietet uns über eine lange Zeit hinweg einen wunderschönen Anblick. Die Blätter sind groß, und das Blattwerk fällt üppig aus. Die Pflanze ist zuverlässig winterhart; gezüchtet von Schwartz (Frankreich); eingeführt: 1879.

MARÉCHAL NIEL. Bevor Pernet-Ducher etwa um die Jahrhundertwende das Erbgut von Rosa foetida in die Teehybriden einbrachte, gab es in wirklich dunklem Gelb keine andere Sorte, abgesehen von ein paar weniger entwickelten Sorten wie R. hemisphaerica und 'Persian Yellow'. 'Maréchal Niel' wurde deshalb hochgeschätzt, aber auch wegen der Formschönheit ihrer ausgeprägten, spitzen Knospen. Man begegnete ihr geradezu mit Ehrfurcht… Ihre länglichen, hängenden, intensiv duftenden Blüten von reinem Gelb waren zu ihrer Zeit einmalig. Leider verträgt sie unsere kalten Winter und feuchten Sommer nicht, weshalb sie früher fast durchweg unter Glas gezogen wurde. So manches Gewächshaus wurde um die Jahrhundertwende gebaut, um diese Rose ziehen zu können. Ob sich ein solcher Aufwand heute noch lohnen würde? Ich bezweifele das. Leider gedeiht sie nicht immer gut; auch erfordert sie sorgfältige Pflege. Graham Thomas meint, man solle sie wie einen Weinstock ziehen – die Wurzeln im Freiland und die Triebe in einem Gewächshaus, und zwar an einem Klettergerüst unterhalb der schrägen Glasfläche. So kann sie bis zu 5 m

GLOIRE DE DIJON, *eine winterharte Noisette-Rose, die früher einmal in jedem „Cottage-Garten"
zu finden war. Sie blüht gut, und zwar im Sommer und im Herbst.*

hoch werden. Sie soll ein Sämling von 'Cloth of Gold' sein; gezüchtet von Pradel
(Frankreich); eingeführt: 1864.

RÊVE D'OR ('Golden Chain'). Die Pflanze ist ein Sämling von 'Madame Schultz',
und diese ihrerseits ein Sämling von 'Lamarque'. Sie gedeiht ebenfalls nur an einer
schützenden Wand. Die Blüten sind halbgefüllt und von bernsteingelber Farbe mit
rosa Schattierungen, die mit der Zeit verblassen. Locker in der Form, erscheinen sie
reichlich und blühen auch gut nach. Das Laub ist üppig und glänzend. Dabei ist
'Rêve d'Or' kaum duftend. Sie gilt als eine erstklassige Kletterrose; gezüchtet von
Ducher (Frankreich); eingeführt: 1869.

WILLIAM ALLEN RICHARDSON. Diese früher einmal berühmte Rose ist ein Abkömmling von 'Rêve d'Or' und ist dieser sehr ähnlich. Nur die auffällige dottergelbe Schattierung in der Blütenmitte ist anders. Ihr Wuchs ist leider nur schwach
ausgeprägt, deshalb lohnt sich ihre Anschaffung eigentlich nicht, außer für den
Sammler. Sie braucht eine warme Wand und wird reichlich 3 m hoch; gezüchtet von
Ducher (Frankreich); eingeführt: 1878.

Kletternde Teerosen

Ich habe die Teerosen als Buschrosen beschrieben. Es gibt aber auch solche, die von Natur aus Kletterrosen sind. Es handelt sich dabei fast durchweg um Abkömmlinge der Buschformen. Während diese meist zu frostempfindlich sind, verdienen einige der Kletterformen sehr wohl einen Platz in unseren Gärten. Das ist teilweise darauf zurückzuführen, daß sie an einer warmen Wand gezogen werden können, wo sie die meisten Fröste aushalten. Außerdem sind viele der Sorten, die bei uns im Freiland gedeihen, zumindest entfernt mit den Teehybriden verwandt, was ihre Winterhärte erhöht. Einige der kletternden Teerosen sind ziemlich schwierig zu kultivieren, zwei oder drei davon gehören aber zu den schönsten Kletterrosen überhaupt. Die Blüten haben in der Regel seidige oder wächserne Blütenblätter, und einige weisen lange, spitze Knospen auf. In Laub und Wuchs ähneln sie den Teehybriden, vielleicht wirken sie etwas weniger schwer und sind im Aussehen darum etwas zarter. Die meisten blühen schon sehr früh und, wenn das Wetter es zuläßt, bis in den Herbst.

MRS HERBERT STEVENS, CLIMBING, *eine kletternde Teerose mit wunderschön geformten Blüten; sie ist vergleichsweise winterhart.*

Normalerweise ist es erforderlich, sie an eine warme Wand zu setzen, um Frostschäden vorzubeugen. Wie bei den Buschformen der Teerosen sollten sie wenig zurückgeschnitten werden. Im übrigen werden diese Rosen wie andere Kletterrosen behandelt.

DEVONIENSIS, CLIMBING. Diese Rose ist ein Abkömmling der Buschform. Sie wurde von Pavitt entdeckt und 1858 eingeführt (Die Buschform war von einem gewissen Mr Foster aus Devonport gezüchtet und 1838 eingeführt worden). 'Devoniensis' war in England die erste Teerose, die gezüchtet wurde. Allerdings darf es nicht überraschen, daß wegen des Klimas dort nur sehr wenige Teerosen gezüchtet wurden. An einer wärmenden Wand ist die Kletterform sogar verhältnismäßig winterhart. Die Blüten von 'Devoniensis' sind rahmweiß, in der Mitte reizvoll rosa und dabei apricotfarben getönt. Unter günstigen Bedingungen gedeihen sie prächtig, tragen einen seidigen Schimmer zur Schau und verströmen einen kräftigen Teerosenduft. Früher nannte man diese Sorte die „Magnolien-Rose". Die Elternsorten sind nicht bekannt.

FORTUNE'S YELLOW ('Beauty of Glazenwood', 'Gold of Ophir', 'San Rafael Rose'). Diese berühmte alte Rose wurde 1845 durch den bekannten Pflanzensammler Robert Fortune nach England gebracht, nachdem sie im Garten eines reichen Mandarins in Ningpo entdeckt worden war. Die Blüten erscheinen entweder einzeln oder in kleinen Büscheln und sind halbgefüllt, dabei von einem hellen, kupfrigen Gelb, das mit Weiß schattiert ist. Sie wird bis 1,60 hoch, in wärmeren Gegenden auch höher. Sie ist nicht öfterblühend und nur etwas für Sammler.

GENERAL SCHABLIKINE. Eine Rose, die man eigentlich kaum als Kletterrose bezeichnen kann. Sie hätte ebensogut unter den Buschformen mit aufgeführt werden können. An einer Wand kann sie aber 2 m hoch werden. Unter günstigen Bedingungen bringt sie kleine, vollendet gerollte Blüten in dunklem Kupferrosa hervor, die elegant von ihren Zweigen herabhängen. Unter ungünstigen Bedingungen sind die Knospen weniger schön, da die Blütenblätter dann kurz bleiben und sich schnell zu lockeren Rosetten öffnen. Am besten gedeiht sie unter Glas; gezüchtet von Nabonnand (Frankreich); eingeführt: 1878.

LADY HILLINGDON, CLIMBING. Sie ist eine der besten der heute noch verfügbaren Teerosen. Für mich gehört sie überhaupt zu den besten Kletterrosen. Sie ist für diese Gruppe erstaunlich winterhart – kaum mag man glauben, daß sie das Ergebnis einer Kreuzung zwischen den Teerosen 'Papa Gontier' und 'Madame Hoste' ist. Man könnte ohne weiteres annehmen, daß 'Lady Hillingdon' in ihrer Ahnenreihe eine Teehybride hat; aber die Aufzeichnungen lassen diesen Schluß nicht zu. Trotz aller Robustheit würde ich ihr den Schutz einer Wand geben. Die Blüten bestehen aus großen Blütenblättern, die lange, elegante Knospen von dunklem Apricot-Gelb bilden. Sie hängen anmutig von ihren Zweigen herab und verströmen einen intensiven und köstlichen Teerosenduft. Die geöffneten Blüten sind zwar nicht besonders formschön. Aber da es sich um eine Kletterrose handelt, fällt dies nicht sonderlich ins Gewicht. Denn ihre Blüten werden in der Regel aus einiger Entfernung betrachtet. 'Lady Hillingdon' hat einen üppigen Wuchs und bringt große, dunkelgrüne Blätter hervor. Ihre jungen Triebe sind rötlich getönt. Sie blüht bemerkenswert kontinuierlich und kann 5 m hoch werden. Die Buschform wurde 1910 von der englischen Firma Lowe & Shawyer gezüchtet und kam als eine der letzten Teerosen in den Handel. Der Abkömmling wurde 1917 von Hicks (Großbritannien) entdeckt.

MADAME JULES GRAVEREAUX. Diese Rose hat große, sehr dicht gefüllte Blüten von weichem Fleischrosa, das mit Pfirsich und Gelb getönt ist. Ich kenne diese Sorte nicht besonders gut; soweit ich weiß, kann sie an einer Wand bis zu 4 m hoch werden. Das Laub ist dunkel und glänzend. Sie ist nur schwach duftend, dabei keine reine Teerose, sondern eine Kreuzung zwischen 'Rêve d'Or' und der Teehybride 'Viscountess Folkstone'. Es dürfte sich lohnen, daß diese Sorte nicht in Vergessenheit gerät; gezüchtet von Soupert & Notting (Luxemburg); eingeführt: 1901.

MRS HERBERT STEVENS, CLIMBING. Sie ist das Ergebnis einer Kreuzung zwischen 'Frau Karl Druschki' (die ich im Kapitel über Remontant-Rosen meines Buches *Alte Rosen und Englische Rosen* als den Teehybriden nahestehend beschrieben habe) und der alten Teerose 'Niphetos'. Man müßte sie deshalb eigentlich als Teehybride führen. Aber sie ähnelt im Aussehen so sehr einer Teerose, daß wir sie hier nennen müssen. Die Knospen sind lang und spitz, die Blüten weiß, zur Mitte hin mit einer grünen Schattierung, und sie haben einen kräftigen, typischen Teerosenduft. Diese Rose blüht üppig und remontiert gut. Ihr Laub ist hellgrün. Sie entfaltet sich an einer Wand sehr kräftig und wird oft 6 m hoch. Leider werden die Blüten durch den Regen oft verdorben – besonders dann, wenn die Pflanze nicht durch eine Wand geschützt ist. Doch an sich braucht sie nicht unbedingt den Schutz einer Wand, da sie durchaus winterhart ist. Die Buschform wurde von McGredy (Großbritannien) gezüchtet, der kletternde Abkömmling 1922 von Pernet-Ducher (Frankreich) entdeckt (vgl. Abb. Seite 59).

NIPHETOS, CLIMBING. Sie ist keine Rose, die sich in unseren Breitengraden für das Freiland eignen würde, denn selbst wenn die Pflanze den Frost überlebt, werden die Blüten in aller Regel vom Regen verdorben. Letztere sind groß und lassen ihre Köpfe leicht hängen. Rahmweiße Knospen von vollendeter Form öffnen sich zu Reinweiß. Sie verströmen einen leichten Teerosenduft. Es lohnt sich, diese Rose unter Glas zu ziehen. Diese Kultivierung war einst bei der Buschform weit verbreitet. Entdeckt wurde sie 1889 von Keynes, Williams & Co. (Großbritannien).

SOMBREUIL, CLIMBING, *kletternde Teerose. Eine winterharte Rose mit vollendet geformten Blüten.*

PAUL LÉDÉ. Sie ist ein Abkömmling der von Pernet-Ducher gezüchteten Busch-form und wurde 1913 entdeckt. Ihre Winterhärte straft vielleicht ihrer Abstammung von einer Teerose Lügen, auf jeden Fall aber ist sie eine Rose von großer Schönheit, und sie verströmt einen köstlichen Teerosenduft. Ihre Blüten sind groß, mit auffälligen Staubgefäßen, und ziemlich locker in der Form. Sie haben eine reizende bernstein-gelbe Farbe in der Mitte, mit einem Hauch von Karminrot. Der Wuchs (bis 4 m Höhe) ist kräftig, und sie blüht gut nach. Alles in allem ist sie eine höchst gefällige und zuverlässige Kletterrose.

SOMBREUIL, CLIMBING. Eine Rose, die 1850 von dem Franzosen Robert gezüchtet wurde. Über ihre Abstammung ist wenig bekannt, außer daß sie der Sämling einer Remontant-Rose namens 'Gigantesque' ist. Die Zartheit ihrer Blüten läßt es aller-dings fast als sicher erscheinen, daß die andere Elternsorte entweder eine Teerose oder eine Noisette-Rose war. Es handelt sich darum an sich um eine Teehybride, sie aber dort aufzuführen, wäre irreführend. Eigentlich ist sie eine Sorte für sich. Die

Rechts: PAUL LÉDÉ, *eine öfter- und reichblühende kletternde Teerose mit bernsteingelben Blüten. Sie verströmt einen köstlichen Duft, ist einigermaßen winterhart. Im Hintergrund sieht man die Gallica-Rose 'Duc de Guiche'.*

Blüten haben eine große Zahl von Blütenblättern, die sich zu flachen Rosetten öffnen – ganz im Stil einer vollendeten Alten Rose. Sie sind rahmweiß mit einem ganz zarten Hauch von Rosa in der Mitte und haben einen köstlichen Teerosenduft. 'Sombreuil' ist vollkommen winterhart und läßt sich an einer Säule oder einer anderen Stütze ziehen, am besten aber eignet sich eine Wand; dann kann sie 4 m hoch werden.

SOUVENIR DE MADAME LÉONIE VIENNOT. Sie gehört zwar nicht zu den besten Teerosen, nimmt hier aber dennoch ihren Platz ein. Die Blüten haben eine lockere Teerosenform und sind blaßgelb mit einer Schattierung von Kupfer-Rosa. Sie blüht zwar nicht sehr reich, ist aber öfterblühend und winterhart. Der Wuchs ist kräftig, sie wird etwa 4 m hoch und ist duftend; gezüchtet von Bernaix (Frankreich); eingeführt: 1898.

Kletternde China- und Bourbon-Rosen

Die China-Rosen und die Bourbon-Rosen haben nur wenige kletternde Sorten hervorgebracht. Doch ich glaube, daß sie genügend andersartig sind, um ihre Zusammenfassung in einem eigenen Abschnitt zu rechtfertigen. Die Bourbon-Rosen 'Blairi No. 2' und 'Souvenir de la Malmaison' haben den Vorzug, wirklich „alte" Blüten hervorzubringen und gleichzeitig gute Kletterrosen zu sein. 'Zéphirine Drouhin' und 'Kathleen Harrop' sind erstaunlich reich- und öfterblühend. 'Pompon de Paris' ist eine niedrige, verzweigte Kletterrose, die sich nur schwer mit irgendeiner anderen Rose vergleichen läßt. Auch einige der größeren Bourbon-Rosen, die unter den Strauchrosen aufgeführt sind, könnte man in diesem Sinne als Kletterrosen bezeichnen.

BLAIRI NO. 2. Wäre diese Rose nicht lediglich einmalblühend und hätte sie nicht eine gewisse Anfälligkeit für Mehltau, würde ich sie vielleicht als meine Lieblings-rose unter den Kletterrosen bezeichnen. Die Blüten stellen in der Tat eine Alte Rose in Vollendung dar. Sie sind schalenförmig, dicht gefüllt, blaßrosa an den Rändern, dabei zur Mitte hin dunkler werdend. Der Wuchs ist ziemlich offen, sie wird etwa 4 bis 5 m hoch, und die Blüten wirken sehr elegant. Die jungen Triebe sind mahagonifarben, das ausgereifte Laub ist grob gemasert und mattgrün. Die ganze Pflanze bietet einen sehr gefälligen Anblick. 'Blairi No. 2' wurde 1845 von Mr Blair von Stamford Hill gezüchtet; die Elternsorten sollen angeblich *Rosa chinensis* x 'Tuscany' gewesen sein. Es gibt auch eine 'Blairi No. 1', die ihr sehr ähnlich ist, aber weniger zarte Blüten hat. Mir erscheint es wenig sinnvoll, beide zu pflanzen, obwohl bei letzterer die Blüten etwas gleichmäßiger im Rosa sind. Ich habe 'Blairi No. 1' nur auf Hidcote Manor in Gloucestershire gesehen (vgl. Abb. Seite 67).

CRAMOISI SUPÉRIEUR, CLIMBING. Dies ist die kletternde Form der China-Rose. Nach meiner Erfahrung wird sie gut 2 m hoch – im Schutz einer sonnigen Wand vermutlich noch sehr viel höher. Sie bringt kleine, schalenförmige, karmesinrote Blüten in Büscheln hervor. Ihr Wuchs ist verzweigt und buschig mit kleinen, dunkelgrünen Blättern. Sie blüht recht gut nach (aber nicht so gut, wie wir es von einer China-Rose erwarten dürfen). Der kletternde Abkömmling wurde 1885 von dem Franzosen Couturier entdeckt.

FELLEMBERG ('La Belle Marseillaise'). Diese Rose ist von unsicherer Herkunft. Manchmal wird sie als Noisette-Rose angesehen, aber wahrscheinlich ist sie eine China-Rose. Sie trägt kleine, halbgefüllte, schalenförmige Blüten in ziemlich offenen Büscheln, ihre Farbe ist ein Kirsch-Karmesinrot mit gelben Staubgefäßen. Diese Rose blüht reich und remontiert gut. Da ihr Wuchs bei einer Höhe von etwa 3 m eher buschig bleibt, bildet sie einen schönen breiten Strauch und kann bei entsprechendem Rückschnitt sogar als Beetrose gezogen werden. 'Fellemberg' bringt schönes, dunkelgrünes Laub hervor. Ich halte sie für eine nützliche und verläßliche, vielleicht etwas „langweilige" Rose; gezüchtet von Fellemberg (Deutschland); eingeführt: 1857 (vgl. Abb. Seite 66).

GRUSS AN AACHEN, CLIMBING. Ich habe diese kletternde Form von 'Gruß an Aachen' noch nie gesehen, kann mir aber gut vorstellen, daß ihre perlrosa, tief schalenförmigen Blüten als Kletterrose besonders hübsch aussehen. Kordes (Deutschland) brachte sie 1937 auf den Markt.

GRUSS AN TEPLITZ ('Virginia R. Coxe'). Diese Rose ist eine Mischung aus Bourbon-, China- und Teerose mit den Elternsorten ('Sir Joseph Paxton' x 'Fellemberg') x ('Papa Gontier' x 'Gloire des Rosomanes'). Die Blüten sind von einem dunklen Karmesinrot, wobei die Blütenfarbe bei starker Sonneneinstrahlung eher intensiver wird als verblaßt. Sie sind mittelgroß und verstromen einen würzigen Duft. Das Laub hat zuerst einen Purpurton, später wird es grün. Als Kletterrose kann sie 4 m hoch werden; gezüchtet von Geschwind (Ungarn); eingeführt 1897 von Lambert (Deutschland).

KATHLEEN HARROP. Ein Abkömmling von 'Zéphirine Drouhin' in warmem Rosa mit einem dunkleren Rosa auf der Rückseite der Blütenblätter, ansonsten mit dieser völlig identisch, außer daß ihr Wuchs etwas schwächer ist. Vielleicht hat sie von beiden die gefälligere Farbe; entdeckt 1919 von Dickson (Großbritannien); siehe auch 'Zéphirine Drouhin', Seite 66.

MARTHA. Wie 'Kathleen Harrop' ein Abkömmling von 'Zéphirine Drouhin'. Ihre Blüten sind von einem blasseren Rosa, in der Mitte mit einer rahmweißen Schattierung; entdeckt von Zeiner (Frankreich); eingeführt: 1912.

Links oben: FELLEMBERG, *eine kletternde China-Rose von buschigem Wuchs.*

Rechts oben: ZÉPHIRINE DROUHIN, *eine ausgesprochen verläßliche und öfterblühende Bourbon-Kletterrose; besonders geeignet für eine Nordwand.*

POMPON DE PARIS, CLIMBING ('Climbing Rouletii'). Sie ist ein Abkömmling der Zwergform und wächst dichtverzweigt bis auf 2 m Höhe. Im Juni treibt sie einen hübschen Flor kleiner, rosaroter, pomponförmiger Blüten hervor. Überraschenderweise folgen spätere Blüten nur noch vereinzelt. Die Blätter sind klein, passend zur Größe der Blüten, und graugrün. Sie erfreut sich sehr großer Beliebtheit, vielleicht mehr als sie es verdient, obwohl sie in kleineren Gärten durchaus gut verwendbar ist. Sie kann bis 2 m hoch werden.

SOUVENIR DE LA MALMAISON, CLIMBING. Die Kletterform dieser berühmten alten Bourbon-Rose ist starkwüchsig und kann 4 m erreichen. Ihre schönen, zarten, fleischrosa Blüten sind nicht ganz so fein wie bei der Buschform, dafür gewinnen sie an einer Kletterrose (im Vergleich zu dem etwas gedrungenen Wuchs der Buschform). Leider ist die Kletterform nicht ganz verläßlich öfterblühend. Der kletternde Abkömmling wurde 1893 von Bennett (Großbritannien) entdeckt.

ZÉPHIRINE DROUHIN. Diese Sorte ist eine Bourbon Rose. Obwohl sie bereits 1868 eingeführt wurde, gehört sie noch heute zu den beliebtesten Kletterrosen überhaupt. Sie ist in fast allen Katalogen enthalten und sogar in Supermärkten erhältlich. Nach den Gründen braucht man nicht lange zu suchen, denn keine Moderne Strauchrose hat sie bisher an Reichtum und Kontinuität der Blüte übertreffen können. Die

Rechte Seite: BLAIRI NO. 2, *eine wunderschöne alte Bourbon-Kletterrose mit Blüten ganz im Stil Alter Rosen.*

Blüten sind von einem leuchtenden Kirsch-Karmesinrot – dabei halbgefüllt und von etwas unbestimmter Form, aber mit einem herrlichen Duft. Ein gewisser Nachteil von 'Zéphirine Drouhin' ist ihre Anfälligkeit für Mehltau. Man kann dem aber vorbeugen, indem man sie an eine Nordwand setzt. In der Tat kenne ich keine andere Rose, die an einem solchen Standort so gut gedeiht. Schon aus diesem Grund lohnt es sich, sie zu pflanzen. Manchmal wird sie auch als Strauchrose empfohlen. Ich finde sie als solche aber nicht besonders gut, denn ihr Wuchs ist dann etwas zu locker und offen. Vielleicht wirkt sie besser, wenn mehrere Pflanzen in einer Gruppe dicht zusammenstehen. Sie soll sich auch trefflich als Hecke eignen. Ihre Elternsorten sind unbekannt; gezüchtet 1868 von Bizot (Frankreich).

Kletternde Teehybriden

Es wurden nur sehr wenige kletternde Teehybriden gezüchtet. Vielleicht ist das insgesamt zu schwierig, vielleicht aber erschien es im Vergleich zur Züchtung von Buschformen auch weniger gewinnversprechend. Trotzdem gibt es eine schier überwältigend große Auswahl an kletternden Teehybriden. Dieser scheinbare Widerspruch erklärt sich daraus, daß die Buschformen der Teehybriden sehr häufig kletternde Abkömmlinge bilden, und um solche handelt es sich bei den meisten der kletternden Teehybriden. Sie bereichern das Angebot an Kletterrosen ungemein, nicht zuletzt, weil sie das Farbspektrum beträchtlich ausweiten.

Wer Alte Rosen bevorzugt und Modernen Rosen etwas reserviert gegenübersteht, sollte kletternde Teehybriden in Erwägung ziehen. Denn selbst solche Sorten, deren Blüten an einem kompakten Busch ziemlich unscheinbar aussehen, wirken gefälliger, wenn sich die Blüten an den Zweigen einer Kletterrose befinden. Das macht besser als alles andere den Vorteil einer Strauchrose gegenüber einer Buschrose deutlich und auch den einer Kletterrose gegenüber einer Buschrose.

Ohne Zweifel haben die älteren Teehybriden bessere Abkömmlinge hervorgebracht als neuere Züchtungen. Die frühen Teehybriden waren eher schwachwüchsig, aber merkwürdigerweise haben solche Rosen oft starkwüchsige Kletterformen hervorgebracht. Ein weiterer Vorteil ist, daß sie von ihrer Elternsorte (ein Abkömmling hat nur eine Elternsorte) einen lockereren und eleganteren Wuchs geerbt haben, so daß die Blüten, statt himmelwärts gerichtet zu sein, gleichsam zu uns herabschauen, damit wir sie bewundern können. Zusätzlich zeichnen sie sich oft durch zartere Farben und eine anmutigere Form aus. Glücklicherweise haben die frühen Teehybriden die größte Anzahl Abkömmlinge hervorgebracht. Das mag daran liegen, daß sie das Ergebnis einer Kreuzung sehr unterschiedlicher Elternsorten waren und ihr Erbgut darum noch nicht ganz gefestigt war. Die heutigen Teehybriden haben einen viel kräftigeren Wuchs, bei ihren kletternden Abkömmlingen gehen der starke Wuchs und das Laub oft zu Lasten der Blüte, und zumeist streben ihre Blüten steif wie an Stöcken nach oben. Man kann dem übrigens durchaus entgegenwirken, indem man nämlich die Zweige waagerecht und nicht zu hoch festbindet.

Die Kletterformen der frühen Teehybriden sind deshalb als gute Kletterrosen anzusehen, und sie remontieren oft gut. In der Tat, wenn es darum geht, diese frühen Sorten zu bewahren, sollte man dies am besten mit ihrer Kletterform tun. Das kann aber nicht heißen, daß moderne Sorten nicht auch gelegentlich gute Abkömmlinge hervorbringen, und solche sollten wir dann auch nicht übersehen.

ALLEN CHANDLER. Sie ist eine starkwüchsige Kletterrose mit sehr großen, halb-gefüllten Blüten von leuchtendem Karmesinrot, die auffällige gelbe Staubgefäße hervorbringen. Sie blüht sehr üppig, und zwar früh in der Saison. Dabei remontiert sie regelmäßig. Schöne rote Kletterrosen sind eher selten, und sie ist eine der besten, wird manchmal über 5 m hoch, ist duftend und trägt üppiges großes Laub. Sie ist aus einer Kreuzung zwischen 'Hugh Dickson' und einem unbenannten Sämling hervorgegangen; gezüchtet von Chandler (USA).

ALTISSIMO. Diese Rose hat große, einfache Blüten von einem Blutrot, das nicht verblaßt – jede von etwa 15 cm Durchmesser. Sie öffnen sich flach und hübsch gerundet mit einem dicken Büschel dunkel-goldfarbener Staubgefäße. Die Blüten sind nicht duftend, erscheinen aber reichlich, sowohl im Frühsommer als auch regelmäßig später. Der Wuchs von 'Altissimo' ist kräftig, sie wird mindestens 3 m hoch und bringt große, dunkel mattgrüne Blätter hervor. Ich halte sie für eine sehr gute Kletterrose, die aber vielleicht etwas künstlich wirken kann. Ihre Farbe verträgt sich nicht gut mit rotem Ziegelstein, sie paßt besser vor einen hellgrünen Hinter-grund oder wenn die Rose andere Sträucher erklimmt. Man kann 'Altissimo' auch als Strauchrose ziehen, wenn man sie entsprechend zurückschneidet. Gezüchtet wurde sie von dem Franzosen Delbard-Chabert und eingeführt im Jahre 1966.

BETTINA, CLIMBING. Die Blüten dieser Rose sind geradezu formvollendet. Viel-leicht hat 'Bettina' die schönsten Teehybridenblüten überhaupt. Die Knospen sind dicht gerollt und von einem Orangeton, der an der Basis goldfarben schattiert ist, außerdem mit reizvoller kräftiger Aderung in Rot und Bronze. An einer Wand wird sie 3 bis 4 m hoch. Der kletternde Abkömmling wurde 1958 von Meilland (Frank-reich) entdeckt, der auch die Buschform gezüchtet hat.

CAPTAIN CHRISTY, CLIMBING. Als Abkömmling einer frühen Teehybride trägt sie große, halbkugelige, stark gefüllte Blüten in einem blassen, fleischfarbenen Rosa, das zur Mitte hin dunkler wird. 'Captain Christy' ist eine entzückende Alte Rose, die allerdings nur einen leichten Duft verströmt. Ihr Wuchs ist kräftig – sie wird 3 bis 4 m hoch. Ihre Blütezeit liegt im Frühsommer, gelegentlich bringt sie auch später noch Blüten hervor. Entdeckt wurde sie 1881 von dem Franzosen Ducher.

Links: EASLEA'S GOLDEN RAMBLER, *eine starkwüchsige kletternde Teehybride mit großen Blüten.*

Rechts: CUPID, *eine kletternde Teehybride. Sie hat große, schön geformte Blüten, ist aber nur einmalblühend.*

CHÂTEAU DE CLOS VOUGEOT, CLIMBING. Diese Pflanze ist eine der dunkelsten aller Rosensorten. Sie zeigt ein sattes, samtiges Karmesinrot mit granatroter Schattierung, die rein ist und nicht verblaßt. Die Blüten haben nicht die typische Teehybridenform; dabei bringen sie zahlreiche, eher kurze Blütenblätter hervor, die sich weit öffnen. Ihr Duft ist kräftig und intensiv. Nach meiner Erfahrung ist diese Rose nicht besonders starkwüchsig, obwohl ihr Wuchs bei guter Pflege als durchaus zufriedenstellend gilt. An einer Wand kann sie bis zu 5 m hoch werden. Der kletternde Abkömmling wurde 1920 von Morse (Großbritannien) entdeckt, die ursprüngliche Teehybride wurde von Pernet-Ducher (Frankreich) gezüchtet.

CHRISTINE, CLIMBING. Sie ist eine bemerkenswert schöne kletternde Teehybride. Ihre Blüten sind duftend und ziemlich klein; sie haben lange, elegant gerollte Knospen von reinem Goldgelb. Einem schönen ersten Blütenflor folgt später eine gelegentliche Nachblüte. 'Christine' trägt schönes, glänzendes Laub. Dabei kann sie bis zu 5 m hoch werden. Entdeckt wurde sie 1920 von Willink an der Buschform. Diese ist 1918 von McGredy (Großbritannien) gezüchtet worden.

COMTESSE VANDAL, CLIMBING. Diese Rose ist der kletternde Abkömmling einer wunderschönen Teehybride. Kupfrig-orangefarbene Knospen öffnen sich lachsrosa. Auf der Rückseite sind sie kupfrig-rosa. Die Blüten erscheinen an ziemlich aufrechten Trieben und sind leicht duftend. Die Pflanze trägt hübsches, gesundes Laub, ihr Wuchs beträgt etwa 3 bis 4 m. Entdeckt wurde sie 1932 von Jackson & Perkins (USA), und zwar an der Buschform, die Leenders (Holland) gezüchtet hatte.

CRIMSON GLORY, CLIMBING. Eine Teehybride, die als Kletterrose besonders schön ist. Die Blüten beginnen zunächst als typische Teehybridenknospen im dunkelsten samtigen Karmesinrot. Sie öffnen sich zu einer lockeren Schalenform und nehmen schließlich einen angenehmen Purpurton an. Sie duften intensiv und erscheinen entlang der Zweige in gleichmäßigen Abständen, wo sie sich anmutig präsentieren. Im Sommer ist die Pflanze über und über mit Blüten bedeckt, später folgen noch vereinzelte Blüten. Ihre Höhe beträgt 3 bis 4 m. Nach unserer Erfahrung macht sie sich besonders gut an einer hohen Säule. Die Buschform wurde von Kordes (Deutschland) gezüchtet; eingeführt: 1935. Der kletternde Abkömmling wurde von Jackson & Perkins (USA) 1946 entdeckt.

CUPID. Sie hat sehr große, einfach zarte Blüten in einem fleischrosa, mit Apricot schattierten Farbton. Sie können 15 cm Durchmesser erreichen und haben reizvoll gewellte sowie gekräuselte Blütenblätter und viele Staubgefäße. 'Cupid' ist zwar nur einmalblühend, bringt aber im Herbst große orangerote Hagebutten hervor. Sie kann 5 m und mehr hoch werden. Graham Thomas empfiehlt, sie über Sträucher wachsen zu lassen. Sie ist duftend; gezüchtet von Cant (Großbritannien); eingeführt: 1915 (vgl. Abb. Seite 71).

DAINTY BESS, CLIMBING. Sie ist der kletternde Abkömmling einer frühen, einfach blühenden Teehybride. Ihre rosa Blüten haben ausgefranste Ränder, eine dunklere Rückseite und rote sowie braune Staubgefäße. Wenn sie als Kletterrose gezogen wird, wirken diese Blüten eher noch zierlich. Der Wuchs ist anmutig mit dünnen Trieben. All das harmonisiert aber gut zu den Blüten. In einem nährstoffreichen Boden erreicht sie eine Höhe von gut 2 m; entdeckt von van Bernaveld (USA); eingeführt: 1935.

EASLEA'S GOLDEN RAMBLER. Diese Rose ist, obwohl sie als „Rambler" bezeichnet wird, eine Kletterrose. Die Knospen zeigen rote Spitzen und öffnen sich zu locker gefüllten Blüten von dunklem Gelb. Sie verströmt einen kräftigen Duft. Entweder tritt sie einzeln auf oder in kleinen Büscheln. Ihr Wuchs ist schwer und robust. Dabei trägt sie dicke, olivgrün glänzende Blätter. Sie ist eine verläßliche Rose, die 5 m hoch wachsen kann; gezüchtet von Easlea (Großbritannien); eingeführt: 1932 (vgl. Abb. Seite 70).

ELEGANCE. Trotz der Abstammung von *Rosa wichuraiana* hat diese Kletterrose viel vom Aussehen einer kletternden Teehybride. Wie ihr Name schon vermuten läßt, hat sie wahrlich elegante Blüten, die als lange, formschöne Knospen von klarem Gelb beginnen und sich zu sehr großen, dicht gefüllten Blüten von blassem Zitronengelb öffnen. Das Laub ist dunkelgrün und glänzend. Die Pflanze bringt einen üppigen Blütenflor hervor; später folgen nur noch vereinzelte Blüten. 'Elegance' ist eine wunderschöne Rose, die eine beträchtliche Höhe erreicht, nämlich 5 bis 6 m. Die Elternsorten sind 'Glenn Dale' x ('Mary Wallace' x 'Miss Lolita Armour').

ENA HARKNESS, CLIMBING. Sie ist ein hübscher kletternder Abkömmling der Buschform – mit spitzen Knospen von leuchtendem Karmesin-Scharlachrot. Die Buschform, die in den vierziger und fünfziger Jahren sehr beliebt war, hat den Nachteil, daß ihre Blüten dazu neigen, die Köpfe hängen zu lassen. Bei der kletternden Form erweist sich dies als Vorzug, da wir die Blüten von unten betrachten können. Ihr Wuchs ist beträchtlich. Sie erreicht eine Mindesthöhe von 6 m.

ÉTOILE DE HOLLANDE, CLIMBING. Ein kletternder Abkömmling der früher sehr beliebten Buschform und auch heute noch eine der besten und verläßlichsten karmesinroten Kletterrosen überhaupt. Sie trägt lange Knospen in sehr dunklem Karmesinrot, und sie hat den intensiven, schweren Duft, den wir bei einer solchen Rose auch erwarten. Die Knospen öffnen sich zu einer eher formlosen Blüte. Dieser Nachteil wird aber durch die Fülle der Blüten ausgeglichen, die sowohl zu Beginn der Saison erscheinen als auch am Ende. Angeblich verträgt 'Climbing Étoile de Hollande' keinen Frost; ich habe diese Erfahrung nicht machen können. Sie wird 6 m hoch. 1931 wurde sie von Leenders (Holland) entdeckt, und zwar an der Buschform, die von Verschuren (ebenfalls Holland) gezüchtet wurde (vgl. Abb. Seite 81).

GENERAL MACARTHUR, CLIMBING. Eine Rose mit Blüten von sehr lockerer Form, deren Farbe von Karmesin-Scharlachrot bis zu dunklem Rosarot variiert. Die Blüten haben einen intensiven Duft. Die Pflanze ist sowohl reich- als auch öfterblühend, dabei starkwüchsig, und sie wird 4 m hoch; entdeckt 1923 von Dickson (Großbritannien) an der Buschform, die im Jahre 1905 von Hill (Vereinigte Staaten) gezüchtet worden war.

GOLDEN DAWN, CLIMBING. Die Buschform dieser Sorte wurde gelegentlich als Teerose angesehen. Wegen der Elternsorten ('Élégante' x 'Ethel Somerset') muß sie als Teehybride gelten; sie hat aber in der Tat etwas von einer Teerose. 'Golden Dawn'verströmt einen köstlichen Teerosenduft, und die Zweige sind, was für die Kletterform sehr vorteilhaft ist, ziemlich biegsam. Die Knospen sind groß, hübsch geformt, dicht gefüllt und schwer – von einem blassen Zitronengelb, das auf der

Rückseite der Blütenblätter in zartem Rosa angehaucht ist. Im Herbst folgt ein nicht ganz so reicher zweiter Blütenflor, bei dem die einzelnen Blüten allerdings oft besonders schön ausfallen. 'Golden Dawn' hat große, dunkelgrüne Blätter und wird 4 m hoch. Der kletternde Abkömmling wurde erstmals 1947 entdeckt (von Le Grice, Großbritannien).

GUINÉE. Das Ergebnis einer Kreuzung zwischen 'Souvenir de Claudius Denoyel' x 'Ami Quinard', von der erstere 'Château de Clos Vougeot' als eine Elternsorte hat. Deren außergewöhnlich dunkle Farbe hat sich auf diese Sorte in gleicher Intensität vererbt. 'Guinée' hat spitze Knospen, die sich zu reizvollen flachen, hübsch geformten Blüten öffnen. Ihre Farbe ist so dunkel, daß die Blüten im Schatten fast schwarz aussehen. Die Blüten zeigen einzelne auffällige Staubgefäße und haben einen sehr intensiven Duft. Obwohl es ihr vielleicht etwas an Wuchskraft fehlt, kann sie bei reicher Nährstoffzufuhr 5 m hoch werden. Leider ist sie nicht völlig winterhart; gezüchtet von Mallerin (Frankreich); eingeführt: 1938.

HOME SWEET HOME, CLIMBING. Als Buschform hat sie so reizvolle Blüten, daß ich es für gerechtfertigt halte, sie hier zu erwähnen. Die Blüten erscheinen etwas zu aufrecht, als daß sie in großer Höhe noch von besonderem Wert wären. Wenn man die Rose aber in geringer Höhe zieht, kann sie sehr wirkungsvoll aussehen. Sie ist duftend und hat schalenförmige Blüten in reinstem Rosa. Ihre Höhe beträgt 3,30 m. Die Buschform wurde von Wood & Ingram (Großbritannien) gezüchtet.

IRISH FIREFLAME, CLIMBING. Sie ist die kletternde Form der zierlichen, einfach blühenden Teehybride. Die Blütenfarbe ist eine Mischung aus Orange und Gold, und die Blütenblätter haben eine karmesinrote Aderung. Sie zeigen einen Büschel hellbrauner Staubgefäße. Sie ist von schlankem Wuchs, aber recht gesund und verläßlich. Die Höhe beträgt etwa 3 m; entdeckt 1916 von A. Dickson (Großbritannien) an der von ihm gezüchteten Buschform.

JOSEPHINE BRUCE, CLIMBING. Die Buschform dieser Sorte bringt schön geformte und intensiv duftende Blüten von einem satten und reinen Karmesinrot hervor. Die kletternde Form ist vielleicht sogar noch etwas schöner, sie wird 5 m hoch, blüht sehr schön und entfaltet im Spätsommer einen zweiten Blütenflor; entdeckt 1954 von Bees (Großbritannien) an der Buschform desselben Züchters.

LADY FORTEVIOT, CLIMBING. Sie hat große Blüten mit hoher Mitte in Goldgelb und Apricot. Dabei duftet sie intensiv. Ihr Wuchs ist kräftig, ein bißchen steif, das Laub ist bronzefarben und glänzend. Ihre Höhe beträgt 4 m. Sie bringt einen üppigen Blütenflor hervor, später nur noch vereinzelte Blüten; entdeckt 1935 von der Howard Rose Company (USA) an der Buschform von Cant.

Lady Sylvia Climbing, *ein kletternder Abkömmling der frühen Teehybride mit formschönen Blüten von zarter Farbe.*

LADY SYLVIA, CLIMBING. 'Ophelia' und ihre beiden Abkömmlinge 'Lady Sylvia' und 'Madame Butterfly' beschreibe ich in Kapitel 4 im Rahmen der frühen Teehybriden. 'Lady Sylvia' hat alle Vorzüge der Buschform mit ihren außergewöhnlich schön geformten Knospen von einem Fleischrosa, das an der Basis der Blütenblätter gelb schattiert ist. Die Kletterform von 'Lady Sylvia' ist erstklassig, sie wird über 7 m hoch und remontiert gut. Diese Sorte ebenso wie 'Ophelia' und 'Madame Butterfly' gedeihen besonders gut im Gewächshaus; entdeckt von Stevens (Großbritannien); eingeführt: 1933.

LADY WATERLOW. Die großen Knospen öffnen sich bei ihr zu locker geformten, fast halbgefüllten Blüten von einem Lachsrosa, das an den Rändern karmesinrot und zudem reizvoll geädert ist. Sie ist starkwüchsig bei einer Höhe von 4 m. Sie wird oft als Rose für Säulen empfohlen, eignet sich aber ebensogut für eine Wand. Sie verströmt einen köstlichen Teerosenduft; gezüchtet 1903 von dem Franzosen Nabonnand (vgl. Abb. Seite 78).

LA FRANCE, CLIMBING. Die Blüten dieser Rose sind silbrig-rosa, schalenförmig und im Stil Alter Rosen. Dabei haben sie einen kräftigen Duft. Ihre Höhe beträgt etwa 4 m; entdeckt 1893 von Henderson (Großbritannien) an der Buschform.

MADAME ABEL CHATENAY, CLIMBING. Ich habe bereits erwähnt, daß die Buschform dieser Sorte zu den schönsten Teehybriden überhaupt gehört. Die Kletterform ist ebenfalls sehr reizvoll. Unter günstigen Bedingungen wird sie 5 m hoch, mit einem gefälligen, nicht zu steifen Wuchs und leicht hängenden Blüten. Diese sind blaßrosa, zur Mitte hin dunkler werdend und mit dunklerer Rückseite. Sie verströmen einen herrlichen Duft; entdeckt von Page (Großbritannien); eingeführt: 1917; die Buschform wurde 1895 von Pernet-Ducher (Frankreich) gezüchtet.

MADAME BUTTERFLY, CLIMBING. Sie ist die Kletterform der wunderschönen Teehybride, die in Kapitel 4 bei den frühen Teehybriden beschrieben wird. Sie hat die gleichen formvollendeten Knospen und die zartrosa Farbe. 'Madame Butterfly' ist eine ausgezeichnete, intensiv duftende Rose, die fast 7 m hoch wird und gut remontiert; entdeckt von E. P. Smith (Großbritannien); eingeführt: 1926.

MADAME CAROLINE TESTOUT, CLIMBING. Die Buschform von 'Madame Caroline Testout' war zu ihrer Zeit fast so beliebt wie heute 'Gloria Dei'. Wie diese ist sie extrem robust, die Kletterform ist es ebenso. Fotos von unserem Haus aus dem Jahr 1919 zeigen sie schon damals als ausgewachsene Kletterrose, und sie steht heute noch da, wächst dabei kräftig und blüht wunderschön. Die Blüten sind groß, kugelig und von einem gleichmäßigen silbrigen Rosa. Die Blütenblätter rollen sich an den Rändern zurück. Der Wuchs der Pflanze ist kräftig und etwas steif, die Blüten stehen aufrecht, obwohl das bei einer Blüte dieser Form keine Rolle zu spielen scheint. Sie wird mindestens 7 m hoch und ist nur schwach duftend; entdeckt 1901 von Chauvry (Frankreich) an der Buschform.

MADAME EDOUARD HERRIOT ('Daily Mail Rose'). Sie ist eine Rose von einmaliger Farbkombination. Diese sind so vielfältig, daß die Beschreibungen so unterschiedlich sind wie die zahlreichen Farben. Die einzelnen Blüten sind nicht außergewöhnlich, aber es gibt im Frühsommer einen üppigen Blütenflor, dem später noch vereinzelte Blüten folgen. Das Laub ist glänzend grün. Dabei hat die Pflanze nur wenige Stacheln. Sie wird etwa 5 m hoch und ist duftend. Die Buschform wurde von Pernet-Ducher (Frankreich) gezüchtet; den kletternden Abkömmling entdeckte Ketten (Luxemburg) 1921.

MADAME GRÉGOIRE STAECHELIN. Eine hübsche Kletterrose, die von Pedro Dot aus Spanien gezüchtet wurde. Ihm verdanken wir auch die Strauchrose 'Nevada'. 'Madame Grégoire Staechelin' ist eine der schönsten Kletterrosen überhaupt. Die Blüten beginnen zunächst als schlanke Knospen von dunklem Rosa. Sie öffnen sich aber bald zu sehr großen halbgefüllten Blüten von frischem strahlenden Rosa. Die Rückseite der Blütenblätter ist etwas dunkler. Die Staubgefäße sind sichtbar und sie verströmt einen köstlichen Duft. Sie blüht einmal üppig im Frühsommer, danach nicht mehr. Dabei ist sie starkwüchsig und wird um die 5 m hoch – an einer Wand meistens sogar mehr. Das Laub ist dunkel, glänzend und üppig. Sie eignet sich gut für eine Nordwand. Diese Rose ist das Ergebnis einer Kreuzung zwischen 'Frau Karl Druschki' und 'Château de Clos Vougeot' (einer fast reinweißen Sorte und der Rose mit dem wohl dunkelsten Rot überhaupt); eingeführt: 1927 (vgl. Abb. Seite 79).

MADAME HENRI GUILLOT, CLIMBING. Interessanterweise gilt die Buschform dieses kletternden Abkömmlings als Kreuzung zwischen der Teehybride 'Rochefort' und einem Sämling von *Rosa foetida bicolor* (bei der es sich vermutlich selbst um eine Kreuzung handelt). Sie bringt lange, spitze Knospen hervor, die sich zu flachen, rundlichen, fast kamelienähnlichen Blüten öffnen. Deren dunkles Lachsrosa ist mit Orange schattiert. Sie ist leicht duftend. Von kräftigem Wuchs, wird sie bis zu 4 m hoch; das Laub ist glänzend und grün; entdeckt 1942 von Meilland (Frankreich) an der Buschform, die von Mallerin (ebenfalls Frankreich) 1938 gezüchtet wurde.

MEG. Diese Kletterrose gilt als Ergebnis einer Kreuzung zwischen 'Paul's Lemon Pillar' und 'Madame Butterfly'. Nach ihrem Aussehen zu schließen, stimmt diese Vermutung auch. Ihre Blüten sind sehr groß, einfach oder halbgefüllt und von blassem Apricot-Rosa, und zwar mit einem großen Büschel dunkler Staubgefäße. Die Blüten duften und erscheinen in kleinen Büscheln. Sie gilt als eine sehr schöne

Oben: MADAME GRÉGOIRE STAECHELIN, *eine der schönsten kletternden Teehybriden. Sie hat große Blüten und wird sehr hoch.*

Rose, die man gut an einer Säule oder einer Wand ziehen kann – am besten aber läßt man sie über andere Sträucher oder über Hecken wachsen. Dann präsentieren sich ihre großen Blüten mit den elegant gewellten Blütenblättern am wirkungsvollsten. Nach dem ersten Blütenflor folgt nur noch eine gelegentliche Nachblüte. Ihre Höhe beträgt 3 m; gezüchtet von A. C. V. Gosset (Großbritannien); eingeführt: 1954.

MICHÈLE MEILLAND, CLIMBING. Die Buschform dieser modernen Teehybride beschreibe ich in Kapitel 4 mit einiger Begeisterung, aber auch die Kletterform ist sehr schön. In weichem Rosa hat sie dieselben vollendet geformten Blüten. Sie wird 4 m hoch und ist duftend; entdeckt 1951 von Meilland (Frankreich).

Links: LADY WATERLOW, *eine kletternde Teehybride mit einem wunderschönen Farbenspiel.*

MRS AARON WARD, CLIMBING. Diese Sorte ist der kletternde Abkömmling einer frühen Teehybride, die 1907 von Pernet-Ducher gezüchtet wurde. Sie bringt hübsche Blüten mit hoher Mitte hervor – in leuchtendem Gelb, das lachsfarben durchzogen ist. Die Farbe ändert sich mit der Jahreszeit beträchtlich. Mit der Zeit verblassen die Farben. Sie ist kräftig duftend und erreicht eine Höhe von etwa 4 m; entdeckt von Dickson (Großbritannien); eingeführt: 1922.

MRS G. A. VAN ROSSEM, CLIMBING. Eine kletternde Teehybride von ungewöhnlich schöner Farbe. Diese besteht aus einer Mischung von Goldgelb und Orange, geädert mit einem feinen Bronzeton. Die Blüten sind groß und erscheinen an langen, etwas zu steifen Trieben. Sie duften kräftig, sind starkwüchsig und erreichen eine Höhe von etwa 4 m. 'Mrs G. A. Van Rossem' bringt dunkles, bronzegrünes Laub hervor. Die Buschform wurde von Van Rossem (Holland) gezüchtet; der kletternde Abkömmling wurde 1937 von dem Franzosen Gaujard entdeckt.

MRS SAM MCGREDY, CLIMBING. Ein gutes Beispiel für eine frühe Teehybride, die als Kletterrose viel schöner ist. Die Buschform ist schwachwüchsig, die Kletterform hat dieses Merkmal nicht – sie wird mühelos 5 m hoch. Die Pflanze hat feste Knospen. Die Blüten sind kupfrig-orange mit einem Hauch von Scharlachrot und harmonieren gut mit dem glänzenden, bronzefarbenen Laub. Der Wuchs ist nicht zu steif, und die Blütenstengel sind genügend biegsam. Sie remontiert gut. Die Buschform hat McGredy (Großbritannien) gezüchtet. Kletternde Abkömmlinge wurden mehrfach entdeckt, zum erstenmal im Jahre 1937 von Buisman aus Holland (vgl. auch Kapitel 4).

OPHELIA, CLIMBING. Eine schöne Kletterrose, die mindestens 7 m hoch wird. Sie hat schön geformte zartrosa Blüten, die gut remontieren und intensiv duften; entdeckt wurde sie von A. Dickson (Großbritannien); eingeführt: 1920 (vgl. auch Kapitel 4).

PAUL'S LEMON PILLAR. Diese Sorte ist eine Kreuzung zwischen 'Frau Karl Druschki' und 'Maréchal Niel', zwei Sorten mit Blüten im Stil Alter Rosen. Wie wir erwarten dürfen, sind die Blüten dieser Rose gleichermaßen formschön. Die Farbe ist ein Rahmweiß, das an der Basis der Blütenblätter leicht grün schattiert ist. Die Blüten sind sehr groß, durch ihr Gewicht leicht überhängend, die Blütenblätter rollen sich an den Rändern leicht ein, wenn sich die Knospe entfaltet. Sie kann eine beträchtliche Höhe erreichen – an einer geschützten Wand mindestens 7 m. Das Attribut „Pillar" im Namen (pillar = Säule) überrascht etwas, denn sie ist für eine

ÉTOILE DE HOLLANDE. *Die Kletterform dieser alten Teehybride ist sehr verläßlich.*

Säule nicht besonders gut geeignet. 'Paul's Lemon Pillar' blüht nicht nach. Sie bringt eine majestätische Blüte mit wundervollem Duft hervor; gezüchtet von William Paul (Großbritannien); eingeführt: 1915.

PAUL'S SCARLET CLIMBER. Sie ist eine früher sehr beliebte Kletterrose mit kleinen Büscheln halbgefüllter scharlachroter Blüten, die Ende Juni kommen. Heute lohnt sie sich vielleicht nicht mehr ganz so, da sie nur einmalblühend ist und die Blüten nicht außergewöhnlich sind – gleich gute Kletterrosen finden sich auch unter den „Modernen", die öfterblühend sind. Und dennoch gilt es zu bedenken: Sie ist reichblühend, sehr verläßlich, winterhart und schwach duftend. 'Paul's Scarlet Climber' ist gut für eine Säule geeignet. Ihre Höhe beträgt etwa 3 m. Die Elternsorten sind vermutlich 'Paul's Carmine Pillar' x 'Rêve d'Or'; gezüchtet von William Paul; eingeführt: 1916.

PICTURE, CLIMBING. Die Buschform dieser Teehybride wird in Kapitel 4 dieses Buches beschrieben. Der kletternde Abkömmling bringt an einer Pflanze, die 5 m hoch wird, die gleichen reizenden rosa „Knopflochknospen" hervor. Sie blüht sowohl im Sommer als auch im Herbst; entdeckt von Swim (USA); eingeführt: 1942.

REINE MARIE HENRIETTE. Eine Kreuzung zwischen der Teerose 'Madame Berard' (die 'Gloire de Dijon' als einen Elternteil hat) und der Remontant-Rose 'Général Jacqueminot'. Bei ihr öffnen sich große, dichtgefüllte, kirschrote Blüten so weit wie bei einer Alten Rose. Sie ist starkwüchsig, duftend, reichblühend und remontierend. Sie erreicht eine Höhe von 4 m; gezüchtet von Levet (Frankreich); eingeführt: 1878.

RÉVEIL DIJONNAIS. Als Ergebnis einer Kreuzung zwischen der Remontant-Rose 'Eugène Fürst' und der Teehybride 'Constance' ist diese Rose verwandt mit *Rosa foetida* – und das zeigt sich in ihrem Aussehen: Sie ist eine niedrigwachsende Kletterrose mit glänzenden, dunkelgrünen Blättern. Ihre typische Teehybriden-knospen öffnen sich zu großen, halbgefüllten Blüten von leuchtendem Scharlach-karmesinrot (mit gelber Mitte und gelber Schattierung auf der Rückseite der Blüten-blätter, was ihr einen ausgeprägten zweifarbigen Charakter verleiht). Sie blüht Ende Juni und auch später, dann aber in etwas geringerem Umfang. Sie ist leicht duftend. Ihre Höhe beträgt etwa 3 m. 'Réveil Dijonnais' ist etwas anfällig für Sternrußtau; gezüchtet von Buatois (Frankreich); eingeführt: 1931.

RICHMOND, CLIMBING. Die Buschform der Teehybride 'Richmond' war in der ersten Hälfte unseres Jahrhunderts sehr beliebt, und 'Richmond Climbing' ist die Kletterform davon. Sie hat lange, schlanke Knospen von leuchtendem Scharlachrot, das sich mit der Zeit zu Karminrot verändert und im Verlaufe der Saison erheblich variiert. Die geöffneten Blüten neigen dazu, bei starker Sonneneinstrahlung zu verbrennen. Deshalb pflanzt man sie lieber nicht entlang einer Südwand. Sie wächst gut 3 m hoch. Die Buschform ist 1905 aus den Elternsorten 'Lady Battersea' x 'Liberty' gezüchtet worden; die Kletterform wurde 1912 von A. Dickson (Großbritannien) entdeckt.

SHOT SILK, CLIMBING. Diese Rose ist ein gut kletternder Abkömmling der wohlbekannten frühen Teehybride: Sie ist starkwüchsig, trägt hübsches, glänzend grünes Laub und entfaltet im Früh- und im Spätsommer je einen üppigen Blütenflor. Die Blüten sind kirsch-rosa, dabei mit Orange-Scharlachrot durchsetzt und mit einer gelben Schattierung an der Basis der Blütenblätter. Sie ist duftend und kann 6 m hoch werden; entdeckt von Knight (Australien); eingeführt: 1931.

SOUVENIR DE CLAUDIUS DENOYEL. Die Elternsorten dieser Rose sind 'Château de Clos Vougeot' x 'Commandeur Jules Gravereaux'. Sie hat das seltene, nicht verblassende Karmesinrot des ersteren Elternteils, allerdings in einem leuchtenderen Farbton. Die Blüten sind groß, sie öffnen sich zu einer ziemlich lockeren, halbgefüllten Schale, und sie haben einen kräftigen, intensiven Duft. Im Frühsommer ist die Pflanze über und über mit Blüten übersät; später gibt es noch einmal einen Blütenflor, dann allerdings etwas bescheidener. Sie kann über 4 m hoch werden; gezüchtet von Chambard (Frankreich); eingeführt: 1920.

SUPER STAR, CLIMBING. Ich habe kein ausgewachsenes Exemplar dieser Sorte gesehen. Soviel ich weiß, ist diese Rose ziemlich starkwüchsig (bis knapp 3 m Höhe). Ich kann mir gut vorstellen, daß sie als Kletterrose sogar noch gewinnt, wenn man sie vor einen geeigneten Hintergrund pflanzt. Die leuchtende zinnoberrote Farbe ist unter Kletterrosen einmalig; entdeckt 1965 von Blaby Rose Gardens (Großbritannien).

SUTTER'S GOLD, CLIMBING. Diese Rose ist die Kletterform einer der schönsten Teehybriden. Ihre Blüten haben die gleichen formschönen Knospen von einem Orange-Gelb, das mit Rosa überhaucht und rot geädert ist; auch haben sie einen köstlichen Duft. Ihre Höhe beträgt etwa 4 m; entdeckt von Armstrong Nurseries (USA); eingeführt: 1950.

VICOMTESSE PIERRE DU FOU. Sie ist das Ergebnis einer Kreuzung der Noisette-Rose 'L'Idéal' mit der Teehybride 'Joseph Hill'. Die Blüten sind von einem kupfrigen Rosa, das zuerst etwas dunkler ist, später etwas blasser wird. Sie öffnen sich geviertelt und hängen ausgesprochen hübsch an den Zweigen. 'Vicomtesse Pierre du Fou' ist starkwüchsig (bis etwa 7 m Höhe); die Blätter sind groß und bronzegrün. Sie verströmen einen Teerosenduft; gezüchtet von Sauvageot (Frankreich); eingeführt: 1923.

SCHOOLGIRL.　　　　　　　　　　SCHWANENSEE.

GOLDEN SHOWERS.

Drei Moderne Kletterrosen, alle drei sehr verläßlich, mit etwas niedrigem
Wuchs und remontierend.

BREATH OF LIFE, *eine verläßliche Moderne Kletterrose.*

Moderne Kletterrosen

Wenn wir nochmals auf das letzte Kapitel zurückblicken, wird deutlich, daß es kaum bewußte Züchtungen von Kletterrosen gab. Mit Ausnahme der Noisette-Rosen waren die meisten entweder Abkömmlinge oder Zufallsergebnisse der Kreuzung von Buschformen. Erst nachdem die Rambler-Rose 'Dr. W. Van Fleet' 1930 den Abkömmling 'New Dawn' hervorbrachte, begannen zielgerichtete Versuche zur Züchtung von Kletterrosen. Aber selbst dann geschah lange nichts bis in die fünfziger Jahre hinein. 'New Dawn' hatte viele Merkmale einer öfterblühenden Kletterrose, ihre Blüten haben fast die Größe einer Teehybridenblute und die Form der Elternsorte. Ihre Kreuzung mit verschiedenen Teehybriden ergab schließlich einige gute Sorten öfterblühender Kletterrosen. Parallel wurden weitere durch Kreuzungen von Busch-Rosen mit Ramblern erzielt – manchmal auch mit starkwüchsigen Teehybriden. Alle diese Rosen heißen heute „Moderne Kletterrosen".

Eine öfterblühende Kletterrose zu ziehen ist nicht einfach. Viele erreichen nur eine geringe Höhe – einige sind sogar kaum mehr als Sträucher. An einer Säule oder einem offenen Klettergerüst bleiben sie niedrig, im Schutz einer Wand erreichen sie aber oft eine beträchtliche Höhe. Dann können sie über 3 m hoch werden. Natürlich gibt es Standorte, an denen eine niedrige Kletterrose genau richtig ist, dort sind Moderne Kletterrosen in ihrem Element. Die meisten haben ein modernes Aussehen, mit kräftigen Farben und den Merkmalen einer Teehybride.

ALOHA. Ich empfehle diese Rose als Strauchrose zu behandeln. Sie eignet sich aber auch gut als niedrige Kletterrose (vgl. auch S. 27 f.).

BREATH OF LIFE. Eine niedrige Kletterrose von gut 2 m Höhe mit großen, gefüllten, schön geformten Blüten von der Form einer Teehybride und in einem erlesenen Apricot-Farbton. Sie ist duftend; gezüchtet von Harkness (Großbritannien); eingeführt: 1982 (vgl. Abb. Seite 85).

CASINO. Diese Rose bringt Büschel großer, halbkugeliger, zartgelber Blüten hervor, und zwar an dunkelgrünen Stielen mit hellgrünem, glänzendem Laub. Sie ist eine Kreuzung zwischen 'Coral Dawn' und der hohen Teehybride 'Buccaneer'. Ihre Höhe beträgt gut 3 m; gezüchtet von McGredy (Großbritannien); eingeführt: 1963.

COMPASSION. Eine schön geformte Teehybridenblüte von lieblichem Duft. Die Farbe ist ein Lachs-Rosa, das mit Apricot-Orange schattiert ist. Der Wuchs ist ziemlich steif und buschig, und sie hat üppiges, dunkelgrünes Laub (Höhe: gut 3 m). Man kann sie auch als Strauchrose ziehen; Elternsorten: 'White Cockade' x 'Prima Ballerina'; gezüchtet von Harkness (Großbritannien); eingeführt: 1973.

COPENHAGEN. Sie bringt mittelgroße, stark duftende Blüten mit schöner Teehybridenform und dunkel scharlachroter Farbe hervor. Ihr Wuchs ist aufrecht und sie wird etwas über 2 m hoch; Elternsorten: Ein Sämling x 'Ena Harkness'; gezüchtet von Poulsen (Dänemark); eingeführt: 1964.

CORAL DAWN. Diese Rose hat ziemlich große, korallenrosa Blüten und üppiges, dunkelgrünes Laub. Sie ist duftend und wird etwa 3 bis 4 m hoch. ('New Dawn' x eine gelbe Teehybride) x eine orangerote Polyantha-Rose; gezüchtet von Boerner (USA); eingeführt: 1952 (vgl. Abb. Seite 89).

DANSE DU FEU. Sie hat mittelgroße, schwach duftende Blüten von leuchtendem Orange-Scharlachrot, das mit der Zeit dunkler wird. Die Knospen sind ziemlich kurz, aber durchaus schön; sie öffnen sich flach (Höhe: knapp 3 m); Elternsorten: 'Paul's Scarlet' x unbenannter Multiflora-Sämling; gezüchtet von Mallerin (Frankreich); eingeführt: 1953.

GALWAY BAY. Große, gefüllte lachsrosa Blüten im Stil von Teehybriden. Eine starkwüchsige Pflanze mit üppigem dunkelgrünen Laub. Ihre Höhe beträgt gut 3 m; gezüchtet von McGredy (Großbritannien); eingeführt: 1966.

GOLDEN SHOWERS. Eine niedrige Kletterrose mit vielen Vorzügen. Sie hat große, offene, goldgelbe Blüten, die später zu hellem Gelb verblassen. Die Pflanze eignet sich außergewöhnlich gut für eine Nordwand, mehr als jede andere Rose, ausgenommen 'Zéphirine Drouhin'. Sie eignet sich auch gut als Strauchrose; gezüchtet von Lammerts (USA); eingeführt: 1956 (vgl. Abb. Seite 84).

HÄNDEL. Ziemlich kleine, halbgefüllte Blüten, die mehr einer Floribunda-Rose als einer Teehybride ähneln. Die Farbe ist ungewöhnlich: Rahmweiß und an den Rändern Rosa. Sie hat einen hohen Wuchs (etwa 4 m) und remontiert gut. 'Händel' ist etwas anfällig für Sternrußtau. Elternsorten: 'Columbine' x 'Gruß an Heidelberg'; gezüchtet von McGredy (Großbritannien); eingeführt: 1956.

HIGHFIELD. Sie ist ein Abkömmling von 'Compassion' mit allen Vorzügen dieser Sorte. Die ausgeprägt duftenden Blüten sind hellgelb mit vereinzelten pfirsichfarbenen Schattierungen; gezüchtet von Harkness (Großbritannien); eingeführt: 1981.

NEW DAWN. Diese Rose ist ein öfterblühender Abkömmling der einmalblühenden Rambler-Rose 'Dr. W. Van Fleet'. Sie hat hübsche, ziemlich spitze Knospen, die sich zu mittelgroßen, perlrosa Blüten öffnen. Diese erscheinen in großen Büscheln und duften lieblich. Der Wuchs (Höhe: gut 3 m) ist kräftig, und das Laub ist üppig. 'New Dawn' gehört zu den Rosen, die am widerstandsfähigsten gegen Krankheiten sind; entdeckt von der Somerset Rose Nursery (USA); eingeführt: 1930 (vgl. Abb. Seite 88).

NORWICH GOLD. Es gibt drei 'Norwich'-Sorten – alle drei sind kräftige und verläßliche Kletterrosen. Diese Sorte bringt Büschel dicht gefüllter Blüten hervor, die sich flach öffnen in einem Gelb, das mit Orange schattiert ist (Höhe: gut 3 m); gezüchtet von Kordes (Deutschland); eingeführt: 1962.

NORWICH PINK. Sie hat große, halbgefüllte Blüten in leuchtendem Kirsch-Rosa und schönes glänzendes Laub (Höhe: gut 3 m); gezüchtet von Kordes (Deutschland); eingeführt: 1962.

NORWICH SALMON. Dicht gefüllte Blüten von zartem Lachs-Rosa erscheinen in großen Büscheln. Sie hat einen starken, buschigen Wuchs mit dunkelgrünem Laub. Ihre Höhe beträgt gut 3 m; gezüchtet von Kordes (Deutschland); eingeführt: 1962.

PARADE. Diese Rose verdient stärkere Beachtung. Wie bei 'Aloha' ist der Wuchs niedrig, die Blüten sind groß, stark duftend, dicht gefüllt und von dunklem Kirsch-Rosa. Sie erinnern fast an eine „Alte Rose". 'Parade' blüht außergewöhnlich reich und anhaltend. Dabei ist sie starkwüchsig, gesund und erreicht eine Höhe von etwa 2,50 m. Sie läßt sich aber auch gut als lockerer Strauch ziehen; gezüchtet von Boerner (USA); eingeführt: 1953.

NEW DAWN, *eine Moderne Kletterrose. Auf dieser Abbildung wächst sie über ein Dach – eine sehr gefällige Art, eine Kletterrose zu ziehen.*

PINK PERPÉTUE. Diese Sorte wird etwa 4 m hoch. Damit ist sie etwas höher als die meisten anderen dieser Gruppe. Die Blütenfarbe ist grell rosa, die Blüten sind mittelgroß, gefüllt, leicht schalenförmig und erscheinen in Büscheln. Der Wuchs ist kräftig. 'Pink Perpétue' remontiert gut. Elternsorten: 'Danse du Feu' x 'New Dawn'; gezüchtet von Gregory (Großbritannien); eingeführt: 1965.

ROYAL GOLD. Die Blüten dieser Kletterrose sind von dunkelstem Gelb, eine Eigenschaft, die sie von der Elternsorte 'Lydia' geerbt hat. Sie sind groß und von einer typischen Teehybridenform. Das Laub ist dunkelgrün und glänzend. Sie wird knapp 3 m hoch, gezüchtet von Morey (USA); eingeführt: 1957.

SCHOOLGIRL. Diese duftende Kletterrose war eine Zeitlang sehr beliebt. Unter günstigen Bedingungen kann sie jeden Rosenfreund erfreuen. Sie hat schön geformte Knospen in einem gefälligen Kupfer-Orange, aber sie ist nicht verläßlich – das Laub ist anfällig für Sternrußtau. Ihre Höhe beträgt gut 3 m. Elternsorten: 'Coral Dawn' x 'Belle Blonde'; gezüchtet von McGredy (Großbritannien); eingeführt: 1964 (vgl. Abb. Seite 84).

CORAL DAWN, *Moderne Kletterrose.*   PINK PERPÉTUE, *Moderne Kletterrose.*

SCHWANENSEE. Sie ist eine der schönsten Modernen Kletterrosen mit edel geformten weißen Teehybridenblüten – in der Mitte zart mit einem Hauch von blassem Rosa. Sie bringt dunkelgrünes Laub hervor und ist leicht duftend (Höhe: knapp 3 m); gezüchtet von McGredy (Großbritannien); eingeführt: 1968 (vgl. Abb. Seite 84).

SYMPATHIE. Sie hat schön geformte, leuchtend blutrote Blüten mit hoher Mitte. Dabei ist sie starkwüchsig und trägt großes, glänzendes Laub (Höhe: gut 3 bis 4 m). Sie ist eine gute, öfterblühende Sorte; gezüchtet von Kordes (Deutschland); eingeführt: 1964.

WARM WELCOME ('Chewizz'). Eine hervorragende Miniatur-Kletterrose. Sie bringt eine Fülle kleiner, orangefarbener Blüten hervor, die die Pflanze von unten bis oben bedecken. Wenige andere Kletterrosen blühen so anhaltend. Sie ist hervorragend geeignet für Säulen. Ihre Höhe beträgt gut 2 m; gezüchtet von Warner (Großbritannien); eingeführt: 1991.

WHITE COCKADE. Sie gehört zu den Rosen mit den schönsten Blüten dieser Gruppe. Diese sind reinweiß und heben sich vor den großen, grünen Blättern wunderschön ab. Leider wird sie nicht besonders hoch und eignet sich deshalb besser als Strauchrose. Sie duftet angenehm und ist als Schnittblume gut geeignet; gezüchtet von Cocker (Großbritannien); eingeführt: 1969.

Weitere Kletterrosen

Nachdem wir eine Reihe sehr unterschiedlicher Gruppen von Kletterrosen beschrieben haben, bleiben immer noch einige Sorten anzusprechen, die in keine der Gruppen so richtig hineinpassen. Es handelt sich dabei zumeist um die Kreuzung der Gartenform einer Kletterrose mit einer kletternden Wildrose.

BELLE PORTUGAISE. Diese Rose ist eine Kreuzung zwischen *Rosa gigantea* und der frühen kletternden Teehybride 'Reine Marie Henriette'. *Rosa gigantea* hat von allen kletternden Wildrosen die größten Blüten und ist, wie wir gesehen haben, an der Entwicklung unserer heutigen Rosen wesentlich beteiligt. Es war deshalb sehr vernünftig, einige unserer modernen Rosen mit dieser Wildrose zurückzukreuzen. Leider sind solche Hybriden nicht winterhart für unsere Breiten, diese Sorte allerdings übersteht die Winter an einem geschützten Standort in aller Regel. 'Belle Portugaise' kann fast 7 m hoch werden. Sie hat spitze, seidige Knospen, die ihre Köpfe in höchst eleganter Form hängen lassen. Die Blütenfarbe ist ein zartes Lachs-Rosa, die Blütenblätter sind wunderschön gerollt und öffnen sich schließlich zu einer lockeren Blüte. Sie blüht nur Mitte Juni, dann aber sehr üppig. Sie hat hübsche, länglich spitze Blätter und verströmt einen intensiven Teerosenduft. Im Jahre 1903 ist sie im Botanischen Garten von Lissabon gezüchtet worden.

CÉCILE BRUNNER, CLIMBING. Die Buschform dieser Sorte wird in Kapitel 5 dieses Buches beschrieben. Die Blüten sind winzige, blaßrosa Teehybridenblüten mit Knospen, die in vollendeter Form gerollt sind. Es darf als Überraschung angesehen werden, daß die Kletterform ausgesprochen starkwüchsig ist – mit hübschem, sehr üppigem Laub. Sie wuchert und wird tatsächlich über 8 m hoch. Die Blüten sind denen der Buschform genau gleich, vielleicht sind sie eine Idee größer, ebenso die Blätter. Im Gegensatz zur Buschform remontiert sie aber nur wenig oder gar nicht. 'Cécile Brunner' ist eine sehr reizvolle und verläßliche Kletterrose, zudem widerstandsfähig gegen Krankheiten. Sie eignet sich gut, um sie in Bäume wachsen zu lassen; entdeckt 1894 von Hosp (USA).

DORTMUND. In den vierziger Jahren brachte die Rose 'Max Graf' (sie ist eine Kreuzung zwischen *Rosa rugosa* und *R. wichuraiana*) einen Zufallssämling hervor, den Wilhelm Kordes *Rosa x kordesii* nannte. Es stellte sich heraus, daß diese Sorte tetraploid ist; vermutlich handelte es sich dabei um die Zufallskreuzung mit einer anderen Rose. Die Rose erwies sich als sehr winterhart, und Kordes kreuzte sie danach mit anderen Gartenrosen. Damit züchtete er eine Gruppe winterharter Kletterrosen, von denen die meisten öfterblühend sind. Ich gehe hier auf 'Dortmund', 'Leverkusen' und 'Parkdirektor Riggers' ein.

'Dortmund' ist eine starkwüchsige Kletterrose, mit glänzenden, tief dunkelgrünen Blättern. Die Blüten sind groß, einfach und karmesinrot mit einem weißen Auge in der Mitte und gelben Staubgefäßen. Wenn man die verwelkten Blüten abschneidet, remontiert sie, sonst bringt sie zahlreiche Hagebutten hervor. Eine sehr verläßliche Rose, die widerstandsfähig gegen Krankheiten und winterhart ist, aber vielleicht etwas plump. Ihre Höhe beträgt etwa 3 m; Elternsorten: ein Sämling x R. x *kordesii*; gezüchtet von Kordes (Deutschland); eingeführt: 1955.

DREAM GIRL. Eine Kreuzung zwischen dem Wichuraiana-Rambler 'Dr. W. Van Fleet' und der Teehybride 'Senora Gari'. Die Blütenfarbe von 'Dream Girl' ist ein zartes Korallen-Rosa. Die Pflanze hat die typische Rosettenform der Alten Rosen mit zahlreichen kleinen Blütenblättern. Ihr Wuchs und ihr Laub sind dem von 'Dr. W. Van Fleet' sehr ähnlich; sie wird aber nicht höher als reichlich 3 m. Sie verströmt einen kräftigen, würzigen Duft. 'Dream Girl' blüht sehr spät, dann aber kontinuierlich über eine lange Zeit hinweg. Man kann aber nicht ohne weiteres sagen, daß sie remontiert. Diese Rose ist sehr reizvoll und eignet sich besonders gut für eine Säule; gezüchtet von Bobbink (USA); eingeführt: 1944.

ICEBERG, CLIMBING. Siehe 'Schneewittchen, Climbing'.

LA FOLLETTE. Wie 'Belle Portugaise' ist sie eine *Rosa gigantea*-Hybride. Sie ist ersterer in vieler Hinsicht ähnlich – mit schlanken, spitzen Knospen und lockeren Blüten. Die Blütenfarbe ist Rosa-Rot, auf der Rückseite mit einer kupfrig-lachsfarbenen Schattierung. Sie ist eine wunderschöne Rose, eignet sich in Mitteleuropa aber nur für die klimatisch günstigsten Regionen und braucht jedenfalls einen geschützten Standort. Dann allerdings kann sie über 7 m hoch werden. 'La Follette' ist stark duftend und nur einmalblühend. Die andere Elternsorte ist nicht bekannt; gezüchtet von Busby, einem Gärtner von Lord Brougham in Cannes (Frankreich).

LAWRENCE JOHNSTON (war zunächst als 'Hidcote Yellow' bekannt). Die Rose ist eine Kreuzung zwischen der Remontant-Rose 'Madame Eugène Verdier' und *Rosa foetida* 'Persiana'. Erstaunlicherweise hat diese Kreuzung eine ausgesprochen starkwüchsige Kletterrose ergeben. Sie wird ohne Mühe 7, oft sogar 10 m hoch. Wie bei den Kreuzungen mit *R. foetida* üblich, dominiert der Einfluß des Wildrosen-Elternteils. Die Blüten sind groß, locker schalenförmig und von einem leuchtend klaren Gelb, das sich vor dem glänzenden, dunkelgrünen Laub sehr schön abhebt. Die Pflanzen entwickeln einen kräftigen Duft und zeigen gleich zu Beginn der Saison ihren einmaligen Blütenflor. Manchmal folgen später noch vereinzelte Blüten. Ihr einziger Fehler dürfte eine gewisse Anfälligkeit für Sternrußtau sein, was bei einer *R. foetida*-Hybride nicht überraschen kann. Lassen Sie sich aber dadurch nicht davon abhalten, sie zu pflanzen, denn sie ist eine unserer schönsten Kletterrosen

SCHNEEWITTCHEN (ICEBERG), *eine Floribunda-Rose, die in ihrer Kletterform noch schöner ist.*

LAWRENCE JOHNSTON, *eine sehr hohe Kletterrose. Nur wenige Kletterer sind schöner.*

überhaupt. Gezüchtet wurde sie 1923 von Pernet-Ducher (Frankreich), die sie überraschenderweise nicht einführten. Lawrence Johnston, bekannt durch Hidcote Manor, rettete sie bei einem Besuch der Baumschule in Frankreich. Schließlich wurde sie durch Graham Thomas in den Handel gebracht (vgl. Abb. Seite 93).

LE RÊVE. Ein Sämling aus der gleichen Kreuzung von 'Madame Eugène Verdier' und *Rosa foetida* 'Persiana' wie 'Lawrence Johnston'. Sie wurde von Pernet-Ducher als der 'Lawrence Johnston' überlegen angesehen, erwies sich aber als die weniger gute Sorte. Wir sollten uns darüber nicht sonderlich wundern, denn es ist schon einigermaßen schwierig, eine neue Strauchrose zu beurteilen, ehe sie nicht einige Jahre lang in Gärten gezogen wurde. Bei einer Kletterrose, die Jahre braucht, bis sie ausgewachsen ist, ist das noch schwieriger. Trotzdem verdient es diese Sorte nicht, durch ihre berühmtere Schwester völlig in den Schatten gestellt zu werden, denn 'Le Rêve' hat durchaus einen eigenen Charme. Sie ist 'Lawrence Johnston' sehr ähnlich, aber nicht ganz so robust wie diese. Die Blüten sind einfach und von einem zarteren Gelb, und sie sind köstlich duftend. Sie hat hübsches, glänzend grünes Laub. Ihre Höhe beträgt etwa 7 m; eingeführt: 1923.

LEVERKUSEN. Sie dürfte die reizvollste der Kordesii-Hybriden sein und ist das Ergebnis einer Kreuzung zwischen *Rosa x kordesii* und der kletternden Teehybride 'Golden Glow'. Die Blüten sind ziemlich groß, gefüllt und rosettenförmig, fast wie bei einer Alten Rose, und von einem Cremegelb, das zur Mitte hin dunkler wird. Sie verströmen einen angenehmen, fruchtigen Duft. Der Wuchs ist kräftig und ziemlich buschig; ihre Höhe beträgt etwa 3 m. Das Laub ist dunkelgrün und glänzend mit ziemlich kleinen Blättern. Diese Rose blüht im Sommer sehr üppig und hat eine etwas geringere Nachblüte; gezüchtet von Kordes (Deutschland); eingeführt: 1954.

MAIGOLD. Als Kreuzung zwischen 'Poulsen's Pink' und 'Frühlingstag' hat diese Rose drei Generationen Abstand von *Rosa pimpinellifolia hispida* und zeigt gleichwohl noch viele Merkmale dieser Wildrose – vor allem ihre besondere Robustheit und Winterhärte. Sie gedeiht auch noch unter sehr widrigen Bedingungen. Mir fällt es schwer, eine andere mittelgroße Kletterrose zu nennen, die ihr in dieser Hinsicht gleichkommt. Kurze, rötliche Knospen öffnen sich bei ihr zu ziemlich großen, kräftig duftenden, halbgefüllten Blüten von bronzenem Gelb mit goldfarbenen Staubgefäßen. Sie bringt früh in der Saison einen sehr üppigen Blütenflor hervor, später nur noch vereinzelte Blüten. Sie ist ausgesprochen starkwüchsig und hat kräftige, sehr stachelige Triebe. Sie erreicht 4 m Höhe und zeigt sich in üppigem, glänzendgrünem Laub. Sie wird oft auch als Strauchrose empfohlen; für mein Empfinden ist ihr Wuchs dafür aber zu unregelmäßig. Sie ist wenig oder gar nicht anfällig für Krankheiten; gezüchtet von Kordes (Deutschland); eingeführt: 1953 (vgl. Abb. Seite 96).

MASQUERADE, CLIMBING. Sie ist der kletternde Abkömmling der gleichnamigen Floribunda-Rose, wird 6 m hoch und blüht üppig, aber nur einmal. Die ungewöhnliche Farbmischung aus Gelb, Rosa, und Dunkelrot macht sie für jede Gartengestaltung interessant; entdeckt von Gregory (Großbritannien); eingeführt: 1958.

MERMAID. Diese Rose ist ein echter Klassiker – eine der schönsten Kletterrosen überhaupt. Ihre Blüten sind groß – der Durchmesser kann 15 cm und mehr betragen. Und sie sind einfach, dabei von zartem Kanariengelb mit einem Büschel langer, schwefelgelber Staubgefäße, die eine Zeitlang noch attraktiv aussehen, wenn ihre Blütenblätter schon abgefallen sind. Die Blüten haben einen feinen Duft und einen weichen Glanz. Die leicht gewellten Blütenblätter verleihen ihnen eine plastische Wirkung. 'Mermaid' bringt ihre Blüten den ganzen Sommer über hervor; nur wenige Kletterrosen kommen ihr in dieser Hinsicht gleich. Sie ist das Ergebnis einer Kreuzung von *Rosa bracteata* und einer unbekannten gelben Teehybride. Man kann nur spekulieren, welche Sorte es wohl gewesen sein mag, die ihr diesen herrlichen gelben Farbton mitgegeben hat. Das Laub ähnelt dem von *R. bracteata*, ist aber größer, fast immergrün und hat eine glatte, glänzende Oberfläche. Ihre außergewöhnliche Widerstandsfähigkeit gegen Krankheiten verdankt 'Mermaid' ohne Zweifel der Elternsorte *R. bracteata*. Natürlich ist auch ein „Haken" dabei: Sie ist nicht ganz winterhart; trotzdem lohnt es sich, sie zu pflanzen. Erstaunlicherweise hat sich 'Mermaid' auch an einer Nordwand bewährt, sofern sie dort vor kalten Winden geschützt ist. Sie wächst anfangs oft nur langsam, vor allem in den ersten zwei bis drei Jahren. Wenn sie aber erst einmal „loslegt", kann sie sehr schnell emporschießen und mühelos eine Höhe von über 8 m erreichen. Ein Rückschnitt ist bei ihr kaum nötig bzw. erwünscht – gerade so viel, um sie noch unter Kontrolle halten zu können. Man kann sie auch als wuchernden Strauch ziehen; dann braucht sie aber eine geschützte Ecke, sonst bleibt sie niedrig und wirkt ärmlich. Wir verdanken diese herrliche Rose William Paul (Großbritannien), der sie 1918 einführte. Sie gilt als die gelungenste Sorte dieses berühmten Züchters (vgl. Abb. Seite 97).

PARKDIREKTOR RIGGERS. Sie ist eine Rose, die der Sorte 'Dortmund' sehr ähnlich ist, aber große Büschel mit halbgefüllten Blüten von dunklem, samtigem Blutrot hat. Sie trägt ebenfalls glänzend, dunkelgrünes Laub, ist öfterblühend und verströmt einen leichten Duft. Ihre Höhe beträgt 4 m; Elternsorten: *Rosa x kordesii* x 'Our Princess'; gezüchtet von Kordes (Deutschland); eingeführt: 1957.

SCHNEEWITTCHEN, CLIMBING. Im Gegensatz zu den Teehybriden haben Floribunda-Rosen nur selten kletternde Abkömmlinge hervorgebracht. Ich kenne nur zwei Sorten, die sich wirklich lohnen: diese hier und 'Masquerade'. 'Climbing Schneewittchen' erfüllt die hohen Erwartungen, die man aufgrund der Elternsorte hegt, voll und präsentiert sich durch die längeren Triebe sogar mit größerer Eleganz. Ihr

Oben: MAIGOLD, *eine winterharte Kletterrose, ideal für einen exponierten Standort.*

Nachteil ist, daß sie nach dem Auspflanzen gern in die Buschform zurückfällt. Ihre Höhe beträgt gut 3 m; entdeckt von Cant (Großbritannien); eingeführt: 1968 (vgl. Abb. Seite 92).

SÉNATEUR AMIC. Eine weitere *Rosa gigantea*-Hybride (neben 'Belle Portugaise' und 'La Follette'). Diese Rose ist im Vergleich zu den beiden anderen etwas winterhärter, braucht aber immer noch eine schützende Wand. Die Blüten erscheinen einzeln oder zu zweit oder dritt, und sie verströmen einen kräftigen Duft. Ihre Farbe ist ein sattes Rosa. Schlanke Knospen öffnen sich bei ihr zu großen, halbgefüllten Blüten mit auffälligen Staubgefäßen. Sie ist starkwüchsig und hat hübsches Laub. In der Regel wird sie etwa 7 m hoch. Die andere Elternsorte ist die Teehybride 'General MacArthur'; gezüchtet von Nabonnand (Frankreich); eingeführt: 1924.

Rechts: MERMAID, *eine Aristokratin unter den Kletterrosen. Sie hat große Blüten vom frühen Sommer an bis in den Herbst hinein.*

KAPITEL 3

Rambler-Rosen

Die typische Rambler-Rose hat lange, biegsame Triebe und bringt große Büschel meist kleiner Blüten hervor, die in ihrer Fülle wie ein schöner Baldachin wirken. Sie blühen nur im Sommer, einzelne Sorten bringen allerdings häufig auch später noch vereinzelte Blüten hervor. Man assoziiert die Rambler gern mit der Vergangenheit, und in der Tat hatten sie den Höhepunkt ihrer Beliebtheit um die Jahrhundertwende sowie kurze Zeit danach. Sie stammen allerdings nicht aus einer allzu fernen Vergangenheit, die Mehrzahl von ihnen wurde erst im ersten Viertel unseres Jahrhunderts eingeführt. Davor gab es nur sehr wenige Sorten. Sie waren aus *Rosa arvensis* (der Feld-Rose), *Rosa sempervirens* (der Immergrünen Rose) oder *Rosa moschata* (der Moschus-Rose) gezüchtet worden. Die Mehrzahl der Sorten, an denen wir uns heute erfreuen, entstand erst nach der Einführung gewisser Rambler-Wildrosen aus dem Fernen Osten, besonders von *Rosa multiflora* und *Rosa wichuraiana*. Diese beiden Wildrosen wurden mit den Gartenrosen der damaligen Zeit gekreuzt – den Teerosen, Remontant-Rosen und Teehybriden. Das Ergebnis war ein viel breiteres Spektrum an Farben und Blütenformen.

Nach dem Zweiten Weltkrieg ging die Beliebtheit der Rambler-Rosen zugunsten der öfterblühenden Modernen Kletterrosen zurück. Aus den meisten Gärten verschwand sie mehr und mehr. In den Katalogen und Gartencentern werden heutzutage üblicherweise nur noch wenige Sorten angeboten. Das ist eigentlich sehr schade, denn Rambler-Rosen sind für jeden Garten eine Zierde. Ihre Schönheit ist kaum zu übertreffen. Sie strahlen eine natürliche Anmut aus – mehr als die allermeisten Kletterrosen. Ihre Zweige und die Blütenbüschel präsentieren sich ausgesprochen apart. Darüber hinaus sind sie oft sehr starkwüchsig und können große Höhen erklimmen. Diese Entwicklung der letzten fünfzig Jahre läßt sich aber nun nicht mehr rückgängig machen...

Die Breite der Verwendungsmöglichkeiten ist bei Rambler-Rosen wahrscheinlich größer als bei jeder anderen Gruppe von Rosen. Sie eignen sich zwar nicht besonders für eine Wand – denn an einem solchen Standort sind sie schwer zu bändigen. Auch sind sie dort anfällig für Mehltau. Aber sonst sind sie für viele Zwecke geradezu ideal: für Klettergerüste, Bögen, Pergolen, Säulen und Dreifußgestelle, zum Überwachsen häßlicher Gebäude, Schuppen und anderer Objekte – auch um sie in Bäume oder über Sträucher und Hecken wachsen zu lassen.

Die Möglichkeiten der Rambler-Rosen sind fast unbegrenzt, was unserem Einfallsreichtum einen weiten Spielraum bietet. Erstaunlicherweise lassen sich einige Sorten sogar ohne Stütze als große Sträucher ziehen. Wenn genügend Platz ist, kann man sie auch frei wachsen lassen. Mit ihren überhängenden Zweigen bilden sie dann Ballen, die wie kleine Hügel aussehen. Ein paar Sorten mit besonders biegsamen Trieben wachsen auch am Boden, wo sie diesen abdecken und dergestalt vorzügliche Bodendecker sind.

Die meisten der Rambler sind duftend, und da die Rambler von vielen verschiedenen Wildrosen abstammen, bieten sie eine breite Palette ganz unterschiedlicher Düfte. Häufig erfüllen sie die Luft mit ihrem Duft – eine Eigenschaft, die bei dieser Pflanzengattung bekanntlich sehr geschätzt ist. Einige haben den frischen, herben, fruchtigen Duft von *R. wichuraiana*, andere einen Moschusduft. Man kann aber bei Ramblern fast alle der überhaupt bei Rosen vorkommenden Düfte feststellen, selbst Düfte anderer Blumen. Den Duft der gefüllten weißen Banks-Rose (*R. banksiae banksiae*) beispielsweise bezeichnet man als „Veilchenduft". Ich habe mich mit den verschiedenen Rosendüften nicht genügend intensiv beschäftigt, um sie exakt zuordnen zu können (die Wahrnehmung von Düften halte ich im übrigen für so subjektiv, daß ich das auch nicht beabsichtige!).

Wegen des Rückschnitts und der Pflege von Ramblern brauchen wir uns keine großen Gedanken zu machen. Man überläßt Rambler am besten sich selbst – abgesehen von einigen Ausnahmen bei den Multiflora-Ramblern. Sie sollten so wenig wie möglich zurückgeschnitten werden, damit die Pflanzen in natürlicher Weise wachsen und ihren eigenen Charme entwickeln können. Gelegentliches Nachhelfen, falls sie zu unförmig wachsen, und das Entfernen von altem Holz reichen aus. Man muß sie allerdings festbinden, manchmal auch die Triebe behutsam in eine gewünschte Richtung lenken. Nach einiger Zeit werden aber neue und alte Triebe durcheinanderwachsen, und sich zu einem gewissen Grad gegenseitig stützen. Die Rambler gehören in der Regel zu den widerstandsfähigsten Rosen überhaupt. Einige Sorten sind lediglich etwas anfällig für Mehltau. Das stört uns aber nicht so sehr wie bei anderen Rosen, denn wir betrachten Rambler gewöhnlich aus größerer Entfernung.

Ayrshire-Hybriden

Rosa arvensis ist die kriechende Wildrose unserer Zäune, sie blüht etwas später als die Hunds-Rose. Die Ayrshire-Hybriden stammen von dieser Wildrose ab, und es scheint, daß die Sempervirens-Hybriden auch mit ihr verwandt sind. Leider gibt es keine exakten Aufzeichnungen, aber vermutlich stammen die Ayrshire-Hybriden aus Schottland. Man kann nicht gerade behaupten, daß sie unter den Ramblern zu den beliebtesten gehören; aber alle sind sehr winterhart, und im Halbschatten von Bäumen gedeihen sie besser als jede andere kletternde Rose. Schon allein aus diesem Grund sind sie wertvoll. Außerdem strahlen sie, wie fast alle älteren Rosen, ihren ganz eigenen dezenten Charme aus. Von den Ayrshire-Hybriden, die uns erhalten geblieben sind, sind die folgenden vier Sorten besonders empfehlenswert:

BENNETT'S SEEDLING ('Thoresbyana'). Sie wurde 1840 von Bennett, dem Gärtner von Lord Manners auf Thoresby, gezüchtet oder entdeckt. Vermutlich ist sie eine gefüllte Form von *Rosa arvensis* – mit duftenden weißen Blüten. Sie ist sehr winterhart und eignet sich besonders gut für halbschattige Standorte. Ihre Höhe beträgt ca. 7 m.

DUNDEE RAMBLER. Diese Sorte hat kleine, dicht gefüllte weiße Blüten, deren Ränder rosa schattiert sind (Höhe: etwa 7 m). Vermutlich ist sie eine Kreuzung zwischen *R. arvensis* und einer Noisette-Hybride; gezüchtet um 1850 von Martin (Schottland).

RUGA. Sie ist eine Hybride von *Rosa chinensis* mit zartrosa, halbgefüllten Blüten, die in großen, lockeren Büscheln erscheinen. Sie ist starkwüchsig, ihre Höhe beträgt oft mehr als 7 m; gezüchtet in Italien (vor 1830).

SPLENDENS ('Ayrshire Splendens', 'Myrrh-scented Rose'). Eine der besten der Ayrshire-Hybriden. Die Blüten sind zartrosa-weiß, mit Rahmweiß schattiert, anfangs schalenförmig; sie öffnen sich zu einer halbgefüllten Blüte. Sie haben einen angenehmen Myrrhe-Duft, der damals bei Rosen nahezu einmalig war, obwohl wir diesen Duft auch bei den Sempervirens-Hybriden finden und heute auch bei den Englischen Rosen. Sie ist starkwüchsig und wird über 7 m hoch. Weder die Elternsorten noch der Züchter sind bekannt.

Sempervirens-Hybriden

Rosa sempervirens, die 'Immergrüne Rose', ist in Südeuropa und Nordafrika heimisch. Sie ist eine kletternde oder kriechende Wildrose, die ihr Laub, wie der Name schon zu erkennen gibt, bis weit in den Winter hinein behält. Sie hat auf ihre Nachkommen etwas von dieser Eigenschaft vererbt. Anfang des 19. Jahrhunderts verwendete der französische Züchter Jacques, Gärtner des Herzogs von Orléans (des späteren Königs Louis-Philippe) *R. sempervirens*, um eine kleine Gruppe sehr schöner Rosen zu züchten, die wir „Sempervirens-Hybriden" nennen. Die Sempervirens-Hybriden sind so gut wie ausschließlich sein Werk, später sind kaum noch

ADÉLAIDE D'ORLÉANS, *Sempervirens-Hybride. Ein Rambler mit zierlichen, elegant hängenden*

neue Sorten hinzugekommen. Das ist schade, denn wenige der seitdem gezüchteten Rambler-Rosen kommen ihnen in der Anmut des Wuchses und dem Charme ihrer Blüten gleich. Die Blüten sind klein – typisch für Rambler – und erscheinen in gefälligen Büscheln.

Obwohl *R. sempervirens* nicht völlig winterhart ist, scheinen ihre Abkömmlinge diese Eigenschaft durchaus zu haben. Sie haben lange, biegsame Triebe und eignen sich deshalb ganz ausgezeichnet für jede Verwendungsmöglichkeit der Rambler – auch für Säulen und Trauerhochstämme. Man kann sie auch als niedrige, wuchernde Sträucher wachsen lassen. Das Laub ist klein und hübsch, und die Blüten sind in der Regel duftend. Sie sind nur einmalblühend.

ADÉLAIDE D'ORLÉANS. Diese Sorte ist eine der schönsten Rambler, und zwar nicht nur wegen ihrer rahmweißen, halbgefüllten Blüten, sondern auch wegen der Eleganz, mit der ihre Blüten an den Zweigen hängen – wie bei einer Japanischen Kirsche. Jede Blüte erscheint mit einem gewissen Abstand zur nächsten in kleinen, zierlichen Büscheln, was sehr reizvoll aussieht. Sie eignet sich deshalb besonders gut für einen Bogen oder eine Pergola. Wenn die Bedingungen nicht zu ungünstig sind, kann sie trotz ihres vergleichsweise schwachen Wuchses 5 m hoch werden. 'Adélaide d'Orléans' hat einen angenehmen Myrrhe-Duft; gezüchtet von Jacques (Frankreich); eingeführt: 1826.

FÉLICITÉ ET PERPÉTUE. Eine wunderschöne Rose, eine der verläßlichsten und vielseitigsten der Rambler-Rosen überhaupt. Sie blüht in großer Fülle, die einzelnen Blüten sind kleine, niedliche, dicht gefüllte Pomponblüten. Sie erscheinen in großen, leicht hängenden Büscheln. Die Blätter sind hübsch, klein sowie dunkelgrün und halten bis weit in den Winter hinein. Die ganze Pflanze erweckt den Eindruck von Makellosigkeit und Ausgewogenheit. Sie ist winterhart und oft in alten Gärten zu finden, wo sie vermutlich seit langer Zeit wächst und gedeiht. Diese Rose sollte nur so viel zurückgeschnitten werden, wie es unbedingt erforderlich ist, um sie in Schach zu halten. Denn Rückschnitt regt nur zusätzliches Wachstum an und führt zu weniger Blüten. Sie blüht spät in der Saison und gedeiht auch gut an einer Nordwand. Ihre Höhe beträgt 5 m; gezüchtet von Jacques (Frankreich); eingeführt: 1827.

FLORA. Ein reichblühender Rambler mit reizvollen schalenförmigen Blüten, die sich flach und dicht gefüllt öffnen. Ihre Farbe ist ein Lila-Rosa mit dunkelrosa Mitte; sie haben einen feinen Duft. 'Flora' hat einen kräftigen, aber anmutigen Wuchs bis in etwa 4 m Höhe; gezüchtet von Jacques (Frankreich); eingeführt: 1829.

PRINCESSE LOUISE. Sie ist der oben beschriebenen 'Félicité et Perpétue' sehr ähnlich, und vieles, was ich über jene Rose gesagt habe, trifft auch für diese zu. Sie unterscheidet sich durch den zartrosa Farbton der Knospen, der sich bald zu Creme-Rosa verändert und zu fast Weiß verblaßt. Die Blüten erscheinen in großen Büscheln von typischer Sempervirens-Eleganz und bereiten dem Gartenfreund in jeder Hinsicht viel Freude. Die Triebe sind lang und biegsam und haben kleine, dunkelgrüne Blätter. Ihre Höhe beträgt 4 m; gezüchtet wurde sie von Jacques (Frankreich); eingeführt: 1828.

SPECTABILIS. Eine im Vergleich zu den anderen Sempervirens-Hybriden niedrigere Rose von gut 2 m Höhe. Die Blüten öffnen sich aus hübschen rundlichen schalenförmigen Knospen zu formvollendeten Rosetten in zartem Rosa, die dicht mit Blütenblättern gefüllt sind und lieblich duften. Sie blüht spät und bringt im Herbst noch vereinzelte Blüten hervor. Sie ist eine reizende kleine Rose und ist es wert, daß man ihr besondere Aufmerksamkeit schenkt. Es handelt sich um eine Noisette-Hybride; ihr Züchter ist unbekannt; eingeführt: 1848.

Multiflora-Hybriden

Die Mehrzahl der Rambler, an denen wir uns in unseren heutigen Gärten erfreuen, sind Hybriden entweder von *Rosa multiflora* oder von *Rosa wichuraiana*. Nachfolgend wollen wir zunächst die erste dieser beiden wichtigen Gruppen, die Multiflora-Hybriden, etwas ausführlicher beschreiben.

Die Heimat von *R. multiflora* ist Korea und Japan. Nach Großbritannien kam sie 1862. Sie ist eine Kletterrose oder ein Strauch mit ziemlich steifen Trieben, aber sehr robust und winterhart. In Kontinentaleuropa wird sie viel als Unterlage verwendet, denn sie bildet kräftige Pflanzen und nur wenige Wildtriebe. Vor der Einführung der Wildform war 1804 eine Gartenform nach England gebracht worden. Es handelte sich dabei um *R. multiflora* 'Carnea', die Thomas Evans von der Ostindiengesellschaft von Japan nach England mitbrachte.

Sie bringt Büschel kleiner, gefüllter, zartrosa Blüten hervor. 1817 kam aus Japan die 'Seven Sisters' Rose' (*R. multiflora* 'Platyphylla'), später, 1878, ein weiterer Rambler namens 'Crimson Rambler'. Durch die Kreuzung dieser drei Rosen mit anderen Gartenrosen entstanden unsere heutigen Multiflora-Hybriden.

Die Multiflora-Hybriden kann man in der Regel recht gut von den Wichuraiana-Hybriden unterscheiden. Sie bilden nämlich von der Basis her viele kräftige Triebe, die, wie bei der Wildform, ziemlich steif sind. Das Laub ist gewöhnlich matt dunkelgrün. Im Gegensatz dazu haben Wichuraiana-Hybriden biegsamere Triebe, die lang und dünn sind. Die Blätter sind etwas glänzend dunkelgrün.

Fast alle Multiflora-Hybriden bringen kleine Blüten in großen, kompakten Büscheln hervor. Viele Sorten haben den Vorzug, früher zu blühen als die Wichuraiana-Hybriden, was die Dauer der Blühsaison verlängert. *R. multiflora* verströmt einen angenehmen, lange wahrnehmbaren Duft, und diese Eigenschaft haben auch die meisten Gartenformen. Die Blüten der Multiflora-Hybriden haben das typische Rambler-Aussehen, im Gegensatz zu denen der Wichuraiana-Hybriden, die den Blüten der Kletterrose ähneln.

Bedingt durch ihren Wuchs sind viele Sorten dieser Gruppe – wie viele andere Rambler – zugleich ausgezeichnete Sträucher. Es ist erstaunlich, daß sie in dieser Form in den naturbelasseneren Teilen größerer Gärten nicht öfters zu sehen sind. Sie eignen sich auch gut für öffentliche Anlagen, für Böschungen, öffentliche Plätze – kurz, immer dann, wenn größere Flächen zu bepflanzen sind. Ich kann mir keine preiswertere und befriedigendere Bepflanzung vorstellen als diese.

Es empfiehlt sich bei Ramblern generell nicht, allzu verbindliche Vorschriften für den Rückschnitt geben zu wollen. Im Hinblick auf die Multiflora-Hybriden läßt sich aber sagen, daß alles alte Holz an der Basis entfernt werden sollte, um das Wachstum junger Triebe anzuregen. Das liegt darin begründet, daß die Multiflora-Hybriden dazu neigen, so viele Triebe von der Basis her zu bilden, daß die Pflanze leicht erdrückt wird. Selbstverständlich ist dabei behutsam vorzugehen – mit klarem Blick für die angestrebte Form der Pflanze und unter Berücksichtigung ihres jeweiligen Zustands. Der beste Zeitpunkt für den Rückschnitt ist unmittelbar nach der Blüte.

BLEU MAGENTA. Die Multiflora-Hybriden sind unter anderem dafür bekannt, daß sie die einzige Gruppe unter den Kletterrosen und Ramblern sind, die eine Sorte mit wirklich purpurfarbenen Blüten hervorgebracht haben. Und später, bei den Polyantha-

Rosen, wurden durch ihren Einfluß Purpurtöne erzielt (beispielsweise bei der Polyantha-Rose 'Baby Faurax'). Daß die Multiflora-Hybriden diese Eigenschaft besitzen, muß als ziemliche Überraschung angesehen werden; aber es gibt solche Geheimnisse der Vererbung! Weitere Multiflora-Hybriden mit ähnlich purpurner Farbe sind 'Rose Marie Viaud', 'Veilchenblau' und 'Violette'. Sie alle sind – jede auf ihre Weise – schön, wegen der Seltenheit ihrer Farbe wertvoll und als Ergänzung zu andersfarbigen Rosen, vor allem solchen mit Rosatönen, besonders gesucht. 'Bleu Magenta' blüht von diesen vier Sorten als letzte. Die Blütenfarbe ist ein Kirsch-Violett, das zu einem zarten Violett verblaßt. Die Blüten sind klein und erscheinen in dichten Büscheln. Ihre Höhe beträgt etwa 5 m.

BLUSH RAMBLER. Diese 1903 von B. R. Cant als Ergebnis einer Kreuzung zwischen 'Crimson Rambler' und 'The Garland' gezüchtete Rose war früher einmal sehr

Links: BLUSH RAMBLER, *eine starkwüchsige und duftende Multiflora-Hybride.*

Gegenüber: BOBBIE JAMES, *ein sehr robuster Multiflora-Rambler.*

beliebt. Es handelt sich bei ihr also zu einem Viertel um eine Moschus-Rose; ihr Aussehen ähnelt aber mehr einer Multiflora-Hybride. Die Blüten sind zartrosa, klein und schalenförmig. Wenn sie geöffnet sind, zeigen sie ihre Staubgefäße. Sie erscheinen in ziemlich großen, dichtgefüllten, fast konischen Büscheln. Dabei sind sie sehr reich blühend, köstlich duftend, starkwüchsig, und sie bringen üppiges, hellgrünes Laub hervor. Es handelt sich bei 'Blush Rambler' um eine treffliche Rose, die mehr Beachtung verdient.

BOBBIE JAMES. Die Elternsorten dieser Rose sind nicht bekannt, ihr Aussehen aber läßt vermuten, daß sie zumindest eine gewisse Verwandtschaft mit den Multiflora-Hybriden hat. Sie bildet lange, dicke Triebe mit glänzenden, blaßgrünen Blättern. Die Blüten sind klein, halbgefüllt, schalenförmig, perlweiß mit gelben Staubgefäßen und treten in riesigen Büscheln auf, die durch ihr Gewicht von den Zweigen herabhängen. Jedes dieser großen Büschel bietet einen Anblick, den ich nur mit schimmernden Perlen vergleichen kann. 'Bobbie James' ist eine sehr mächtige Rose, die eine Fülle von Blüten hervorbringt; sie erfordert deshalb ein stabiles Klettergerüst. Dabei verströmt sie einen außergewöhnlichen Duft und bringt kleine, ovale Hagebutten hervor. Ihre Höhe beträgt 8 m und mehr; eingeführt von den Sunningdale Nurseries (Großbritannien) 1961 (vgl. Abb. Seite 105).

CRIMSON RAMBLER ('Turner's Crimson Rambler', 'Engineer's Rose'). Sie ist eine der ursprünglichen Rambler, die aus Japan nach England gebracht wurden – diese hier 1878. In China wurde sie 'Die Zehn Schwestern' genannt. Prof. R. Smith, ein Ingenieur, sandte sie aus Japan an einen gewissen Mr Jenner in England. Dieser nannte sie Smith zu Ehren 'Engineer's Rose'. Charles Turner, ein Baumschuler, erwarb den ganzen Bestand dieser Sorte und brachte sie im Jahre 1893 als 'Turner's Crimson Rambler' in den Handel. Schnell wurde sie sehr beliebt, aber obwohl es nicht viele karmesinrote Rambler gibt, wird sie heute kaum besonders geschätzt. Ihre Blüten sind klein – von einem Karmesinrot, das bald zu einem ins Bläuliche gehenden Karmesinrot verblaßt. Sie ist ziemlich anfällig für Mehltau und duftet nur wenig oder gar nicht (Höhe: 5 m).

GOLDFINCH. Ein starkwüchsiger Rambler von typischem Multiflora-Wuchs mit kompakten Büscheln kleiner, knopfähnlicher Blüten von einem Bernstein-Apricot, das zu fast Weiß verblaßt. 'Goldfinch' hat gelbe Staubgefäße und verströmt einen kräftig, fruchtigen Duft. Es gibt nicht viele gelbe Multiflora-Sorten, und diese hier gehört zu den besten. Ihr Wuchs ist dicht mit vielen von der Basis ausgehenden Trieben; sie muß deshalb häufig ausgedünnt werden. Dabei bildet sie einen ausgesprochen schönen, überhängenden Strauch von etwa 2,30 m Höhe. Sie hat kaum Stacheln; eine Kreuzung zwischen 'Hélène' und einer unbekannten Sorte; gezüchtet von George Paul (Großbritannien); eingeführt: 1907 (vgl. Abb. Seite 108).

HIAWATHA. Diese Rose hat kleine karmesinrote Blüten mit weißer Mitte, ist starkwüchsig, kann bis 5 m hoch werden und bringt hellgrünes Laub hervor. 'Hiawatha' ist nicht unbedingt eine der schönsten Rambler – das Ergebnis einer Kreuzung zwischen 'Crimson Rambler' und 'Paul's Carmine Pillar'; gezüchtet von Walsh (USA); eingeführt: 1904.

PHYLLIS BIDE. Das Besondere an dieser Rose ist, daß sie wie ein typischer Rambler aussieht – mit kleinen Blüten in Büscheln – und gleichzeitig verläßlich öfterblühend ist. Die Farbe ist ein mit Rosa schattiertes blasses Gelb, ihr Duft ist angenehm. 'Phyllis Bide' ist eine zierliche Rose von bescheidener Schönheit, die auch in Rücksicht auf diese Merkmale verwendet werden sollte, damit sie voll zur Wirkung kommt. Ihre Höhe beträgt gut 3 m; gezüchtet 1923 von S. Bide aus Farnham in Surrey, der die Elternsorten mit 'Perle d'Or' x 'Gloire de Dijon' angab; es bestehen jedoch einige Zweifel an der Richtigkeit dieser Angabe.

RAMBLING RECTOR. Niemand erwartet, daß die Namen von Rosen zur Erheiterung beitragen. Der Name dieser Rose tut es aber. Er weckt gleich verschiedene Vorstellungen („rambling" heißt nämlich auch „drauflosredend" und „rector" so viel wie „Pfarrer" oder „Rektor"). Die Rose selbst bringt große Stände kleiner, halbgefüllter Blüten hervor, die zuerst rahmweiß sind, später zu weiß verblassen – mit gelben Staubgefäßen und dabei gut duftend. Diese Blüten erscheinen in großer Fülle, und zwar an einer kräftigen, ungewöhnlich dichten und buschigen Pflanze von 7 m Höhe und mehr. Ihr Wuchs eignet sich ideal für einen Strauch, aber sie wächst ebensogut in Bäume hinein oder über Sträucher. Sie sieht wirklich wunderschön aus, wenn sie im Sommer in voller Blüte steht – mit ihren unzähligen Hagebutten aber auch im Herbst. Ihre Herkunft ist nicht bekannt (vgl. Abb. Seite 109).

ROSE MARIE VIAUD. Sie ist die zweite unserer purpurfarbenen Rambler. Die Farbe ist zunächst ein sattes Violett, das allmählich zu einem zarten Lila verblaßt, was eine reizvolle Mischung ergibt. Die Blüten sind klein, rosettenförmig und erscheinen spät in der Saison in großen Büscheln. 'Rose Marie Viaud' ist starkwüchsig, gering oder nicht duftend, und erreicht eine Höhe von etwa 5 m. Sie ist ein Sämling von 'Veilchenblau' und wie diese etwas anfällig für Mehltau. Da es sich aber um einen Rambler handelt, braucht uns das nicht allzusehr zu stören; gezüchtet von Igoult (Frankreich); eingeführt: 1924.

RUSSELLIANA. Bei dieser Rose handelt es sich vermutlich um eine Multiflora-/ Rugosa-Kreuzung. Das Ergebnis ist erwartungsgemäß plump, aber ebenso erwartungsgemäß ist die Pflanze robust und winterhart, so daß sie für ungünstige Standorte durchaus wertvoll bleibt. Die Blüten sind klein, halbgefüllt, purpur-karmesinrot und haben den Duft Alter Rosen. Sie treten in kleinen Büscheln auf.

GOLDFINCH, *ein Multiflora-Rambler, hier als Strauch gezogen.*

RAMBLING RECTOR, *eine Multiflora-Hybride. Die Abbildung zeigt einen sehr reich blühenden Rambler von buschigem Wuchs. Er bringt enorme Mengen gut duftender Blüten hervor.*

SEAGULL. Ein starkwüchsiger Rambler von 5 m Höhe, der eine Fülle großer Büschel halbgefüllter weißer Blüten hervorbringt. 'Seagull' ähnelt im Aussehen sehr *Rosa multiflora* und hat einen besonders kräftigen Duft. Sie eignet sich ausgezeichnet, um sie in kleinere Bäume wachsen zu lassen und bietet eine überwältigende Symphonie in wogendem Weiß. Die Elternsorten sind nicht bekannt; gezüchtet von Pritchard; eingeführt: 1907 (vgl. Abb. Seite 112).

SEVEN SISTERS' ROSE (*Rosa multiflora* 'Platyphylla', 'Grevillei'). Diese Rose wurde 1817 durch Sir Charles Greville aus Japan nach England gebracht. In viktorianischer Zeit war sie sehr beliebt. Ihren Namen („Sieben Schwestern") erhielt sie, weil an ihren Blüten sieben verschiedene Farbtöne gleichzeitig vorkommen. Die Blüten sind gefüllt, für eine Multiflora-Sorte recht groß und erscheinen in großen Büscheln. Ihre Farbskala reicht von Kirschrot bis zu einem zarten Mauve und schließlich zu fast Weiß. Sie blüht reich und ist starkwüchsig (Höhe: ca. 6 m).

THALIA ('White Rambler'). Sie ist eine Kreuzung zwischen *Rosa multiflora* und 'Paquerette', einer der beiden ersten Zwerg-Polyantha-Rosen (und selbst der Sämling einer Multiflora-Hybride). 'Thalia' bringt große Büschel gefüllter weißer Blüten hervor. Sie ist kräftig duftend, von starkem Wuchs und erreicht eine Höhe von ca. 4 m; gezüchtet von Schmitt (Frankreich); eingeführt: 1895.

THE GARLAND ('Wood's Garland'). Sie ist ein früher Rambler und gilt als das Ergebnis einer Kreuzung zwischen *Rosa moschata* und *Rosa multiflora*. Die Blüten sind klein und halbgefüllt, mit gerollten Blütenblättern, was die Blüten fast wie Gänseblümchen aussehen läßt. Die Knospen sind rahmweiß mit einer zartrosa Schattierung. Sie öffnen sich zu weißen Blüten mit gelben Staubgefäßen. Die Büschel sind klein bis mittelgroß und stehen aufrecht. 'The Garland' ist von starkem Wuchs, erreicht bis zu 5 m und hat kleine, dunkelgrüne Blätter. Dabei verströmt sie einen angenehmen Duft, der die Luft lange erfüllen kann, und bringt kleine, ovale Hagebutten hervor. Sie wurde 1835 von einem gewissen Wells gezüchtet (oder auch entdeckt).

VEILCHENBLAU. Sie ist die dritte der purpurfarbenen Multiflora-Rambler, dabei starkwüchsig, 4 bis 5 m hoch und mit typischem Multiflora-Aussehen. 'Veilchenblau' trägt große, dichte Büschel kleiner purpurvioletter Blüten. Die Blüten sind in der Mitte weiß mit gelben Staubgefäßen, gelegentlich zeigen die Blütenblätter weiße Streifen. Die Farbe verändert sich zu dunklem Violett und schließlich zu Lila-Grau, was ein reizvolles Farbspektrum ergibt. Besonders schön werden die Farben an einem schattigen Standort. Dort sind die Pflanzen, die etwas Anfälligkeit für Mehltau zeigen, auch relativ geschützt. Die Blüten haben einen frischen Duft. Das Laub ist hellgrün, die Triebe sind fast stachellos. 'Veilchenblau' ist eine

Kreuzung zwischen 'Crimson Rambler' und 'Erinnerung an Brod'; gezüchtet von Schmidt (Deutschland), eingeführt: 1909.

VIOLETTE. Diese Rose ist die vierte unserer purpurfarbenen Sorten. Die Blüten erscheinen in großen Büscheln. Sie sind klein, schalenförmig und von einem Purpur-Karmesinrot, das sich mit der Zeit zu Kastanien-Purpur verändert und gelegentliche weiße Streifen aufweist. Die gelben Staubgefäße heben sich gut ab. 'Violette' duftet leicht fruchtig, ist starkwüchsig und wird bis 5 m hoch. Die Elternsorten sind unbekannt; gezüchtet von Turbat (Frankreich), eingeführt: 1921.

Wichuraiana-Hybriden

Die Wichuraiana-Hybriden sind die größte und bedeutendste Gruppe unter den Ramblern. Die Wildform, *Rosa wichuraiana*, kommt aus Japan, aus dem Osten Chinas, aus Korea und Taiwan. Im Gegensatz zu *R. multiflora* wächst sie von Natur aus breit, kriechend und kletternd. Deshalb kann sie ebensogut als Kletterrose gezogen werden, und es besteht kein Zweifel, daß sie in dieser Form auch häufig in der freien Natur vorkommt. Die Blüten erscheinen in großen Büscheln. Sie sind ziemlich klein (allerdings etwas größer als die von *R. multiflora*); etwa 4 bis 6 cm im Durchmesser. Sie kam 1891 nach England. Die Züchter verloren in jenen Jahren keine Zeit, sie für die Züchtung neuer Rambler-Sorten zu verwenden. Während *R. multiflora* einen ziemlich steif-aufrechten Wuchs hat – etwas zu strauchähnlich im Vergleich zu unserer Idealvorstellung von einem Rambler –, kann man darüber bei *R. wichuraiana* nicht klagen. Ihre langen, kriechenden Triebe, ihre Wuchskraft und ihr glänzendes Laub, das widerstandsfähig gegen Krankheiten ist, machten sie zur idealen Elternsorte für Rambler.

Während die Multiflora-Hybriden in der Regel kleine, typische Rambler-Blüten hervorbringen, unterscheiden sich die Blüten der Wichuraiana-Hybriden von Sorte zu Sorte beträchtlich. Sie verfügen über ein breiteres Spektrum sowohl an Farben als auch an Formen. Ihre Blüten kommen oft denen von Kletterrosen nahe. Die Blütenfarbe weicht von der Alter Rosen oft ab und ähnelt mehr der Moderner Rosen, aber sie ist niemals grell oder zu auffallend. Die meisten Sorten sind duftend – oft mit dem köstlich fruchtigen Duft frischer Äpfel. Interessanterweise sind viele Wichuraiana-Hybriden Kreuzungen mit Teerosen, andere mit China-Rosen, wiederum andere mit frühen Teehybriden (die ihrerseits den Teerosen nahestanden). Hierin liegt ein Vorzug der Wichuraiana-Hybriden, denn dies ermöglichte es ihnen, sich etwas von der Feinheit dieser Rosen zu bewahren. In den Fällen, in denen Wichuraiana-Sorten durch Kreuzungen mit Remontant-Rosen oder mit Multiflora-Hybriden entstanden, ähnelt die Rose im Aussehen meist mehr einer Multiflora-Hybride. Solche Sorten sind oft weniger schön. Die Wichuraiana-Hybriden werden

SEAGULL, *ein Multiflora-Rambler mit großen Büscheln kleiner Blüten und einem herrlichen Duft.*

oft höher als die Multiflora-Sorten, häufig 7 bis 8 m hoch, und ihr Wuchs ist meist sehr verzweigt und attraktiver. Die Wichuraiana-Rambler sind grundsätzlich einmalblühend, einige wenige allerdings – beispielsweise 'Albéric Barbier' und 'Paul Transon' – bringen im Herbst häufig noch eine Nachblüte hervor.

Solche Hybriden dürfen ruhig lange Zeit sich selbst überlassen werden, ohne daß sie zurückgeschnitten werden müssen. Dadurch sind sie für viele Möglichkeiten ideal zu verwenden, z. B. um in Bäume, Bögen oder Pergolen zu wachsen. Einige Sorten eignen sich besonders gut als Trauerstämme, wieder andere, beispielsweise 'Albéric Barbier', wachsen gern kriechend wie die Wildform und eignen sich deshalb gut als Bodendecker.

Beim Zurückschneiden von Wichuraiana-Ramblern darf man ihnen viel Freiheit lassen, je nach den Bedingungen am Standort und je nach dem persönlichen Geschmack. Ich selbst sehe sie gern wuchern, so daß ihre Triebe ein dicht verzweigtes Pflanzengewirr aufbauen. Wir dürfen sie jahrelang sich selbst überlassen. Natürlich kommt irgendwann einmal der Zeitpunkt, wo das alte Holz entfernt werden muß.

ALBÉRIC BARBIER. Ein sehr starkwüchsiger Rambler, der unter entsprechenden Bedingungen mühelos 8 m hoch wird. Die Elternsorten waren *Rosa wichuraiana* x 'Shirley Hibberd'. Letztere ist eine gelbe Teerose. Hübsche gelbe Knospen öffnen sich bei dieser Rose zu ziemlich großen, dichtgefüllten rahmweißen Blüten, die einen kräftig fruchtigen Duft entfalten. Sie erscheinen in einer Vielzahl kleiner Büschel. Die langen, dünnen, biegsamen Triebe haben glänzendes, dunkelgrünes Laub, das sich bis weit in den Winter hinein hält. Ich besaß einmal ein besonders schönes Exemplar, das an der Wand einer alten Kornkammer wuchs. Im Laufe der Jahre erklomm sie ohne jede Hilfe das Dach, das sie später – herrlich anzusehen – fast völlig überdeckte . Leider erfror sie in dem extrem kalten Winter 1981/82. Trotz solcher Erfahrung sollte man 'Albéric Barbier' bei uns nicht als frostempfindlich einstufen. Hoffen wir lediglich, daß wir sobald nicht wieder einen so kalten Winter haben. Dieser Rambler bringt später im Jahr nochmals vereinzelte Blüten hervor, was ohne Zweifel auf den Einfluß des Teerosen-Elternteils zurückzuführen ist. 'Albéric Barbier' ist eine der schönsten und verläßlichsten Sorten dieser Gruppe; gezüchtet von Barbier (Frankreich), eingeführt: 1900.

ALBERTINE. Diese Rose ist eine der beliebtesten Rambler überhaupt. Sie wird deshalb von den meisten Gartencentern geführt, und dies nicht ohne Grund, denn sie ist eine sehr verläßliche und sehr blühwillige Rose. Hervorgegangen ist sie aus einer Kreuzung zwischen *Rosa wichuraiana* und der Teehybride 'Mrs Arthur Robert Waddell'. Ihre Blüten haben – trotz ihrer lockeren, offenen Form – einiges vom Charakter einer Teehybride. Bei 'Albertine' öffnen sich lachsrote Knospen zu großen, rosa Blüten. Diese entfalten einen ausgesprochen intensiven Duft. Die Rose neigt zu einem verzweigten und buschigen Wuchs, weshalb man mit ihr sehr gut einen Zaun bedecken kann. Die Blätter sind klein, dick, dunkelgrün und erinnern an eine Teehybride. Wenn man sie klettern läßt, kann sie gut 8 m hoch werden. Sie kann aber auch einen dichten Strauch von etwa 1,70 m Höhe bilden, der stark in die Breite wächst; gezüchtet von Barbier (Frankreich); eingeführt: 1921.

ALEXANDRE GIRAULT. Diese Rose ist ein sehr gut verwendbarer Rambler, der in einer Klasse von Rosen, in der kräftige Farbtöne an sich selten sind, eine intensive Farbe hat. Rötliche Knospen öffnen sich bei ihr zu dunkel kupfrig-karminroten Blüten mit zahlreichen, leicht gebogenen Blütenblättern. Sie haben ein grünes Auge und gelbe Staubgefäße. 'Alexandre Girault' wächst bis etwa 7 m hoch, trägt dunkles, glänzendes Laub und hat nur wenige Stacheln. Sie bietet einen prächtigen Anblick; Elternsorten: *Rosa wichuraiana* x die Teerose 'Papa Gontier'; gezüchtet von Barbier (Frankreich); eingeführt: 1909 (vgl. Abb. Seite 122).

ALIDA LOVETT. Große gefüllte Blüten in weichem Muschelrosa, das an der Basis gelb schattiert ist. Sie öffnen sich flach und sind gut duftend. Der Wuchs ist

EINE PRÄCHTIGE *Gruppe von Ramblern an Säulen im Roseraie de l'Hay (Paris).*

CRIMSON SHOWER. *Wichuraiana-Hybride. Der beste karmesinrote Rambler.*

ziemlich stark, das Laub dunkelgrün und glänzend (Höhe 4 m); Elternsorten: 'Souvenir du Président Carnot' x *Rosa wichuraiana;* gezüchtet von Van Fleet (USA); eingeführt: 1905.

AMERICAN PILLAR. Nach einer langen Zeit großer Beliebtheit gehört diese Rose heute zu den am wenigsten bevorzugten Ramblern, wahrscheinlich wegen ihrer grellen Farbe und ihrer Steifheit – das betrifft sowohl die Blüten als auch die Triebe. Trotz allem wird bei mir nach dieser Sorte immer wieder nachgefragt. Die einfachen Blüten erscheinen in großen Büscheln; sie sind leuchtend karmin-rosa mit einer weißen Mitte. 'American Pillar' ist ausgesprochen robust, allerdings etwas anfällig für Mehltau; Elternsorten: (*Rosa wichuraiana* x *R. setigera*) x eine rote Remontant-Rose; gezüchtet von W. Van Fleet (USA); eingeführt: 1902.

AUGUSTE GERVAIS. Für meinen Geschmack eine der schönsten der Wichuraiana-Rambler. Sie bringt aber nicht die Fülle an Blüten hervor, die wir von einem erst-klassigen Rambler erwarten. Diese Blüten freilich haben die Feinheit einer Teerose und präsentieren sich wunderschön an ihren eleganten Trieben. Die Blüten sind halbgefüllt, die großen Blütenblätter in reizvoller, plastischer Ungezwungenheit hübsch angeordnet. Die Blütenfarbe ist eine feine Mischung aus Creme-Apricot und Zartgelb. Die Blüten duften köstlich und erfreuen uns über einen langen Zeitraum hinweg; später folgt eine geringe Nachblüte. Ihre Höhe beträgt 6 m. 'Auguste Gervais' ist gut geeignet für eine Säule; Elternsorten: *Rosa wichuraiana* x die gelbe Teehybride 'Le Progrès'; gezüchtet von Barbier (Frankreich); eingeführt: 1918.

AVIATEUR BLÉRIOT. Ein starkwüchsiger Rambler von ziemlich aufrechtem Wuchs mit großen Büscheln gefüllter Blüten in einem Apricot-Gelb, das später zu Rahmweiß verblaßt. Sie hat dunkelgrünes Laub, ist duftend und wird 4 m hoch; Elternsorten: *Rosa wichuraiana* x 'William Allen Richardson'; gezüchtet von Fauque (Frankreich); eingeführt: 1910.

BLUSHING LUCY. Ich erhielt diese Rose kürzlich von Graham Thomas und habe mit ihr noch nicht viel Erfahrung. Sie hat den unter Ramblern seltenen Vorzug, verläßlich öfterzublühen – eine Eigenschaft, die sie nur mit 'Phyllis Bide' und 'New Dawn' teilt, wobei letztere eigentlich eine Kletterrose ist.

BREEZE HILL. Die Sorte hat große, sehr dicht gefüllte, schalenförmige Blüten in einem Fleischrosa, das mit Apricot schattiert ist. Sie erscheinen in kleinen Büscheln. Ihr Wuchs ist hoch, massig und buschig, bis etwa 7 m Höhe; Elternsorten: *Rosa wichuraiana* x Remontant-Rose 'Beauté de Lyon'; gezüchtet von Van Fleet (USA); eingeführt: 1926.

CRIMSON SHOWER. Eine vergleichsweise neue Sorte mit zwei besonders nützlichen Eigenschaften: Das Karmesinrot der Blütenfarbe ist intensiver als bei jedem anderen Rambler, und sie fängt erst im Hochsommer an zu blühen, und blüht dafür aber bis in den September hinein. Die Blüten sind klein, rosettenförmig und erscheinen in großen Büscheln. 'Crimson Shower' ist schwach duftend, wird etwa 4 m hoch und hat kleine, stark glänzende Blätter. Durch ihre langen, biegsamen Triebe ist sie vorzüglich geeignet als Trauerstamm. Sie ist ein Sämling von 'Excelsa' und wurde von dem erfolgreichen Hobby-Gärtner A. Norman (Großbritannien) gezüchtet; eingeführt: 1951 (vgl. Abb. Seite 115).

DÉBUTANTE. Diese ausgezeichnete, reizende Rose bringt kleine, schalenförmige Blüten in frischem Rosarot hervor; die Blütenblätter biegen sich allmählich zurück und verblassen zu Zartrosa. Sie erscheinen in recht kleinen, zierlichen Büscheln und haben einen feinen und angenehmen Duft. Ihr Wuchs ist gesund und kräftig, bis etwa 5 m Höhe. 'Débutante' hat dunkelgrünes Laub. Alles in allem bietet sie uns einen höchst erfreulichen Anblick. Überraschenderweise gibt es nur wenige Rambler in zartem Rosa, und dieser ist einer der schönsten. Sie war das Ergebnis einer

Kreuzung zwischen *Rosa wichuraiana* und der Remontant-Rose 'Baroness Rothschild'. Sie hat uns kürzlich einen gleichermaßen guten, wenn auch ganz andersartigen Sämling namens 'Weetwood' geschenkt; gezüchtet von Walsh (USA), eingeführt: 1902.

DOROTHY PERKINS. Um die Jahrhundertwende wurde sie der beliebteste Rambler, in letzter Zeit hat ihre Beliebtheit aber nachgelassen. Das überrascht nicht, denn sie ist bei weitem nicht eine der besten und zudem stark anfällig für Mehltau. Wir sollten jedoch nicht zu kritisch sein, denn ihre großen Büschel kleiner, gefüllter oder halbgefüllter Blüten an biegsamen Trieben sehen durchaus reizvoll aus. Die Farbe ist ein kräftiges, fast mattes Rosa, anders als bei jedem anderen Rambler. Sie braucht anscheinend einen guten, feuchten Boden und gedeiht nicht gut an einem Standort, der starker Sonneneinstrahlung ausgesetzt ist – jedenfalls nicht an einer Wand (wo sie mit Sicherheit Mehltau bekommt). Ihre Höhe beträgt etwa 4 m. Elternsorten: *Rosa wichuraiana* x Remontant-Rose 'Madame Gabriel Luizet'; gezüchtet wurde 'Dorothy Perkins' im Jahre 1901 von Jackson & Perkins (USA), die in den USA als Rosenspezialisten immer noch führend sind.

DR. W. VAN FLEET. Diese Rose wurde weitgehend von ihrem eigenen Abkömmling, 'New Dawn' verdrängt, einer öfterblühenden Sorte, die großen Einfluß auf die Entwicklung unserer heutigen Modernen Kletterrosen hatte. Beide Sorten sind an sich identisch – mit der Ausnahme, daß 'New Dawn' erheblich niedriger im Wuchs bleibt. Dieser Tatbestand ist ohne Zweifel darauf zurückzuführen, daß die lange Blütezeit letzterer mehr Energie verlangt. Aus diesem Grund lohnt es sich, die Elternsorte zu bewahren, denn diese wird mindestens 7 m hoch. Die Blüten sind gefüllt, mittelgroß, mit schlanken Knospen und von einem weichen, gleichmäßigen, zarten Perlrosa. Die Blüten ergeben in ihrer Fülle eine ausgezeichnete Gesamtwirkung. Elternsorten: (*Rosa wichuraiana* x Teerose 'Safrano') x Teehybride 'Souvenir du Président Carnot'; gezüchtet von W. Van Fleet (USA); eingeführt: 1910.

EMILY GRAY. Mittelgroße Büschel halbgefüllter, bernsteingelber Blüten heben sich gut gegen glänzendes, dunkelgrünes Laub ab, das anfangs satt braun getönt ist. Die Wuchseigenschaften variieren leider etwas, und sie ist nicht völlig winterhart, vermutlich weil diese Rose zu drei Vierteln China- und Teerosen-Erbgut aufweist. Die Elternsorten sind 'Jersey Beauty' x 'Comtesse du Cayla'. An einem geschützten Standort kann sie 7 m hoch werden. Unter weniger günstigen Bedingungen erreicht sie lediglich 3 m. Unter günstigen Bedingungen ist sie eine sehr reizvolle Rose; gezüchtet von Williams (Großbritannien); eingeführt: 1918.

EVANGELINE. Büschel kleiner, einfacher, zartrosa Blüten wirken sehr zierlich vor dunkelgrünem Laub. Die Blüten sind duftend und erscheinen spät in der Saison. Es

Links: WEETWOOD, *Wichuraiana-Hybride. Dieser Rambler hat mittelgroße bis kleine Blüten – fast im Stil Alter Rosen.*

Rechts: MAY QUEEN, *Wichuraiana-Hybride; ein Rambler mit Blüten im Stil Alter Rosen*

ist schön, daß wir in ihr einen einfach blühenden Rambler haben. Ihre Höhe beträgt im allgemeinen 6 m. Die Elternsorten von 'Evangeline' sind: *Rosa wichuraiana* x 'Crimson Rambler'; gezüchtet von Walsh (USA); eingeführt: 1906.

EXCELSA ('Red Dorothy Perkins'). Diese Rose hat große Büschel kleiner, karmesin-roter Blüten mit weißer Mitte. Sie ist starkwüchsig, erreicht eine Höhe von 6 m und bringt glänzendes, hellgrünes Laub hervor. Wegen ihrer biegsamen Triebe eignet sie sich gut als Trauerstamm oder um in die Breite zu wachsen. 'Excelsa' ist etwas anfällig für Mehltau; gezüchtet von Walsh (USA); eingeführt: 1909.

FRANÇOIS JURANVILLE. Ein ausgezeichneter, hoher und starkwüchsiger Rambler von über 8 m Höhe, mit Blüten in sattem Korallen-Rosa, welches zur Mitte hin dunkler wird und mit einem Hauch von Gelb an der Basis, mit der Zeit verblassend. Die Blüten sind mittelgroß, sie öffnen sich flach und gefüllt, mit leicht gefältelten Blütenblättern und mit einem frischen, fruchtigen Duft. Sie erscheinen in kleinen Büscheln an anmutig lockeren, purpurroten Stengeln und glänzend grünem, an-

FRANÇOIS JURANVILLE, *Wichuraiana-Hybride; ein anmutiger Rambler von über 8 m Höhe.*

118

fangs bronzegetöntem Laub. Eine Rose, die sich gut für eine Pergola eignet, nicht aber für eine Wand, wo sie Mehltau bekommen kann; gezüchtet von Barbier (Frankreich); eingeführt: 1906.

GARDENIA. Kleine Büschel hübscher, schlanker Knospen öffnen sich bei dieser Rose zu rahmweißen Blüten, die zur Mitte hin gelb werden. Die Blüten sind mittelgroß, dicht gefüllt, leicht geviertelt und frisch nach Äpfeln duftend. Der Wuchs von 'Gardenia' ist kräftig – mit anmutigen, biegsamen Trieben und dunkelgrünen Blättern (Höhe ca. 7 m); eine Kreuzung zwischen *Rosa wichuraiana* und der Teerose 'Perle des Jardins'; gezüchtet von Manda (USA); eingeführt: 1899.

GERBE ROSE. Diese Sorte hat große, schalenförmig, geviertelte Blüten in zartem Rosa. Sie verströmt einen lieblichen Duft. Der Wuchs ist zwar robust, aber nicht typisch für eine Wichuraiana-Hybride, niedrig und ziemlich steif mit großen, glänzenden, dunkelgrünen Blättern. Sie ist eine Kreuzung zwischen *Rosa wichuraiana* und 'Baroness Rothschild'. Offensichtlich ist der Einfluß von letzterer besonders stark. Sie eignet sich aber gut für eine Säule und bringt eine geringe Nachblüte hervor. Ihre Höhe beträgt 4 m; gezüchtet von Fauque (Frankreich); eingeführt: 1904.

JERSEY BEAUTY. Diese Sorte ist das Ergebnis der Kreuzung von *Rosa wichuraiana* mit der Teerose 'Perle des Jardins'. Sie trägt lockere Büschel ziemlich großer, einfacher Blüten in Rahmgelb mit dunkelgelben Staubgefäßen. Der Wuchs ist kräftig, über 5 m hoch. Das prächtige dunkelglänzende Laub bildet für ihre Blüten einen ausgezeichneten Hintergrund. Sie ist kräftig duftend; gezüchtet von Manda (USA); eingeführt: 1899.

LADY GAY. Diese Kreuzung zwischen *Rosa wichuraiana* und der Remontant-Rose 'Bardou Job' ergab eine Rose, die 'Dorothy Perkins' nicht unähnlich ist, dieser gegenüber aber den Vorzug hat, weniger mehltauanfällig zu sein. Die Farbe der kleinen Blüten ist ein intensiveres Rosa als das von 'Dorothy Perkins'. Ihre Blüten erscheinen in hübschen lockeren Büscheln. 'Lady Gays'' Wuchs ist kräftig. Sie erreicht etwa 5 m Höhe; gezüchtet von Walsh (USA); eingeführt: 1905.

LADY GODIVA. Ein Sport von 'Dorothy Perkins', mit der sie identisch ist – mit Ausnahme der Blütenfarbe. Diese besteht aus einem rosa überhauchten Weiß, das sich später fast in ein Reinweiß verändert. Dieser Farbton prägt die Gesamtwirkung der Rose besonders stark. 'Lady Godiva' ist duftend. Ihre Höhe beträgt 4 m; entdeckt von G. Paul (Großbritannien); eingeführt: 1908.

LA PERLE. Ein hoher und starkwüchsiger Rambler (Höhe bis zu 10 m). Er ist das Ergebnis einer Kreuzung zwischen *Rosa wichuraiana* und der zartgelben Teerose

'Madame Hoste'. Anscheinend führen Kreuzungen mit Teerosen wegen deren Verwandtschaft mit *R. gigantea* häufig zu sehr großen Ramblern, und diese zeichnen sich dann oft durch Blüten von erlesener Feinheit aus. In diesem Fall sind die Blüten rahmweiß und werden zur Mitte hin gelb. Sie sind zunächst schalenförmig, öffnen sich dann flach und haben gerollte Blütenblätter. Dabei verströmen sie einen kräftigen, frischen Duft. Die jungen Blätter sind bräunlich getönt und werden später glänzend grün. 'La Perle' wurde von Fauque (Frankreich) gezüchtet; eingeführt: 1905.

LÉONTINE GERVAIS. Für meinen Geschmack ist sie eine der reizvollsten Wichuraiana-Rambler. Sie ist aus einer Kreuzung zwischen *Rosa wichuraiana* und der zierlichen Teerose 'Souvenir de Cathérine Guillot' hervorgegangen. Die Blütenfarbe ist eine reizvolle Mischung aus Rosa, Kupfer und Orange. Die Blüten haben große, reizvolle, plastische Blütenblätter und präsentieren sich an ihren ziemlich verzweigten Trieben ausgesprochen gefällig. 'Léontine Gervais' wirkt luftig und sehr leicht. Sie ist duftend und kann eine Höhe bis über 8 m erreichen. Man kann sie aber auch sehr gut an einer Säule ziehen; gezüchtet von Barbier (Frankreich); eingeführt: 1903 (vgl. Abb. Seite 123).

MARY WALLACE. Eine Kreuzung zwischen *Rosa wichuraiana* und einer unbenannten Teehybride. Die Blüten verraten den Einfluß letzterer. Sie sind groß, locker aufgebaut, halbgefüllt und zartrosa. 'Mary Wallace' ist eine gut duftende Rose. Der Wuchs ist kräftig und ziemlich aufrecht (Höhe: bis über 8 m), dabei trägt sie ziemlich spärliches Laub; gezüchtet von Van Fleet (USA); eingeführt: 1924.

MAY QUEEN. Von Graham Thomas wissen wir, daß es zwei Rambler dieses Namens gibt. Beide stammen aus den USA und sind im selben Jahr, 1898, eingeführt worden. Die eine wurde von Manda aus den Elternsorten *Rosa wichuraiana* x 'Champion of the World' gezüchtet, die andere von Van Fleet aus *R. wichuraiana* x 'Madame de Graw'. In beiden Fällen ist die männliche Elternsorte eine Bourbon-Rose. Möglicherweise war keiner der beiden Züchter bereit, zurückzustecken und den Namen zu ändern. Wahrscheinlicher aber ist, daß der Händler die Namen zweier Rosen durcheinanderbrachte und folglich beide mit demselben Namen in den Handel brachte. Solche Verwechslungen sind keineswegs selten. Unsere Sorte zeigt deutlich die Abstammung von einer Alten Rose. Die Blüten sind anfangs wie flache Schalen geformt und gut mit Blütenblättern gefüllt. Später werden diese flach, und schließlich biegen sie sich zurück. Die Blüten sind mittelgroß, denen der Bourbon-Rose 'Louise Odier' nicht unähnlich. Die Farbe ist ein klares Rosarot, und sie haben einen frischen, fruchtigen Duft. Jede einzelne Blüte ist sehr schön, ebenso schön ist aber auch die Gesamtwirkung dieser Rose. Die Pflanze bringt zahlreiche lange Triebe hervor, die durcheinander wachsen und ein üppiges Geflecht ergeben. 'May Queen' wird etwa 5 m hoch, bildet aber auch einen stattlichen Strauch (vgl. Abb. S. 118).

ALEXANDRE GIRAULT, *Wichuraiana-Hybride; ein Rambler, der vor allem wegen seiner dunklen Blütenfarbe geschätzt wird.*

PAUL TRANSON, *Wichuraiana-Hybride; ein guter Rambler, der im Herbst sodann eine etwas schwächere Nachblüte hervorbringt.*

122

LÉONTINE GERVAIS, *Wichuraiana-Hybride; eine der schönsten der großblütigen Rambler.*

MINNEHAHA. Diese Rose hat große Büschel kleiner, gefüllter, rosa Blüten, die mit der Zeit zu einem Weiß verblassen. Sie war einmal sehr beliebt, vielleicht mehr als sie es verdiente. Allerdings eignet sie sich gut als Trauerstamm. Ihre Höhe beträgt 5 m; gezüchtet von Walsh (USA); eingeführt: 1905.

PAUL TRANSON. Kleine, kupfrig-orangefarbene Knospen erscheinen bei dieser Rose in kleinen, lockeren Büscheln und öffnen sich flach zu mittelgroßen, gefüllten Blüten. Diese sind von einem kupfrigen Bernstein-Gelb, das mit der Zeit verblaßt. Ihr Wuchs ist kräftig und buschig. 'Paul Transon' bringt glänzend dunkelgrünes Laub hervor. Die jungen Triebe sind bronzegetönt. Die Pflanze ist ein ausgezeichneter reichblühender Rambler mit kräftiger Blütenfarbe. Mit großer Regelmäßigkeit bringt sie im Spätsommer nochmals weitere Blüten hervor – nur wenige Rambler kommen ihr in dieser Hinsicht gleich. Sie verströmt einen kräftigen, fruchtigen Duft. Ihre Höhe beträgt 5 m; Elternsorten: *Rosa wichuraiana* x die dunkel rosarote Teerose 'L' Idéal'; Züchter: Barbier (Frankreich); eingeführt: 1900.

RÉNÉ ANDRÉ. Anmutig herabhängende lockere Büschel kleiner, halbgefüllter Blüten in weichem Apricot-Gelb, das später rosa überhaucht ist. Die Triebe sind kräftig und

123

lang und haben schlanke, biegsame Stämme mit reichlich glänzendem, dunkelgrünem Laub. Sie verströmen einen frischen, fruchtigen Duft und sind gelegentlich nachblühend (Höhe: ca. 5 m); gezüchtet von Barbier (Frankreich); eingeführt: 1901.

SANDERS' WHITE ('Sanders' White Rambler'). Sie ist ein sehr schöner weißer Rambler mit großen Büscheln kleiner, halbgefüllter Blüten. Diese haben goldfarbene Staubgefäße. Der Duft von 'Sanders' White' ist wundervoll – diese Rose hat den intensivsten aller Rambler dieser Gruppe. Der Wuchs ist kräftig, die Triebe sind lang, geschmeidig und bis 6 oder 7 m lang. Sie bringen glänzendes Laub hervor. 'Sanders' White' eignet sich auch sehr gut als Bodendecker; gezüchtet von Sanders & Sons (Großbritannien); eingeführt: 1912.

THELMA. Sie hat kleine bis mittelgroße Büschel ziemlich großer, halbgefüllter Blüten, und zwar in einer feinen Mischung aus Korallenrosa und Karmin, in der Mitte mit einem Anflug von Gelb. Diese Sorte ist nicht immer besonders starkwüchsig, blüht bei richtiger Pflege aber reich. Ihre Höhe beträgt 4 m. Elternsorten: *Rosa wichuraiana* x 'Paul's Scarlet Climber'; gezüchtet von Easlea (Großbritannien); eingeführt: 1927.

WEETWOOD. Mrs H. E. Bawden aus Devon bot uns diese Rose mit der Bitte an, sie in den Handel zu bringen. Es handelt sich hierbei um einen Zufallssämling, der in ihrem Garten entdeckt wurde. Er ist ein Abkömmling von 'Débutante' – die ihrerseits eine Kreuzung zwischen *Rosa wichuraiana* und der Remontant-Rose 'Baroness Rothschild' ist. 'Weetwood' nun ist eine weitere Auslese aus dieser Kreuzung. Sie hat etwas größere, aber immer noch kleine Blüten, die eine hübsche flache Rosettenform bilden; jede einzelne Blüte ergibt eine vollendete Alte Rose en miniature. Die Blütenfarbe ist ein reizendes weiches Rosarot. Dabei hängen die Blüten in kleinen Büscheln von den Zweigen herab. Der Wuchs von 'Weetwood' ist außergewöhnlich stark, und wie man mir sagte, wächst der ursprüngliche Sämling hoch in einen Baum hinauf. Sein einziger Fehler ist eine gewisse Anfälligkeit für Mehltau. Höhe: ca. 7 bis 8 m (vgl. Abb. Seite 118).

Weitere Rambler-Rosen

Wie bei den Kletterrosen gibt es auch eine Anzahl Rambler, darunter übrigens sogar besonders schöne, die keiner der beschriebenen vier Gruppen zugeordnet werden können. Einige gehören zu kleineren Gruppen, wie die Banks-Rosen und die Boursault-Rosen, andere sind einmalige Hybriden verschiedener Wildrosen.

BALTIMORE BELLE. Eine Kreuzung zwischen *Rosa setigera* und einer Gallica-Rose. Sie wurde 1843 von einem amerikanischen Baumschuler namens Feast gezüchtet. Sie trägt lockere, hängende Büschel dichtgefüllter, schalenförmiger Blüten in zartem Rosa, das zu Elfenbeinweiß verblaßt. Die Blüten haben eine reizvolle Strenge, ein Hinweis auf die Gallica-Elternsorte. Sie treiben reichlich aus, und zwar an einer kräftigen, aber anmutigen Pflanze mit hübschem, mittelgrünem Laub. 'Baltimore Belle' blüht spät in der Saison, nachdem die meisten anderen Rambler schon verblüht sind. Sie kann bis 4 m hoch wachsen.

PINK BOUQUET. Kreuzungen mit *Rosa filipes* 'Kiftsgate' werden heutzutage immer zahlreicher. Das ist sehr erfreulich, denn ich kenne nur wenige Wildrosen, die besser als *R. filipes* als Elternsorten für besonders starkwüchsige Rambler geeignet sind. 'Pink Bouquet' gehört zu den recht vielversprechenden Züchtungen. Bei ihr erscheinen kleine, muschelrosa Blüten mit dunklerer Rückseite, die im Verblühen weiß werden. Sie treten in großen duftigen Blütenständen auf. Die Blüten haben eine ausgeprägte Schalenform, sind dicht gefüllt, dabei stark duftend. Die Pflanze ist ausgesprochen starkwüchsig und das Laub sehr widerstandsfähig gegen Krankheiten. Ich schätze, daß die Pflanze mindestens 7 m hoch wird – möglicherweise noch viel höher; Elternsorten: *R. filipes* 'Kiftsgate' x eine Chinarose.

BANKS-ROSEN:
Die Banks-Rosen sind eine kleine Gruppe sehr eigenständiger Rambler. Die Heimat der Wildform ist der Westen Chinas. Dort wächst sie in etwa 1700 m Höhe in den Provinzen Hunan, Shensi und Hupeh. Sowohl die Wildform als auch die Gartenformen haben einen ganz besonderen Charakter, deshalb gehören sie zu den begehrenswertesten von allen kletternden Rosen. Die Blüten sind klein, stark duftend und erscheinen Ende Mai oder Anfang Juni in lockeren, hängenden Büscheln – lange vor den meisten anderen Ramblern. Die Zweige haben fast keine Stacheln, das Laub ist blaßgrün mit länglichen, spitzen, glänzenden Fiederblättchen, die wie poliert aussehen. Leider sind diese Rosen bei uns nicht völlig winterhart, doch stellen sie etwas so Erlesenes dar, daß sie es wert sein sollten, den besten und geschütztesten Platz zu bekommen. Ihr Holz braucht die Wärme der Sonne, damit es richtig ausreifen und dem Frost widerstehen kann. Die Blüten erscheinen am vorjährigen und vorvorjährigen Holz, weshalb man beim Zurückschneiden sehr behutsam vorgehen muß und nur das alte Holz entfernen darf – bzw. soviel, wie unbedingt nötig ist, um sie in Schach zu halten. An einem günstigen Standort kann eine Banks-Rose bis zum Dach klettern. Man vermehrt die Banks-Rosen am besten durch Stecklinge oder durch Pfropfen, denn sie lassen sich nicht gut durch Veredeln von Augen auf einer der üblichen Unterlagen vermehren.

ROSA BANKSIAE BANKSIAE. Diese Sorte, die häufig auch *R. banksiae* 'Alba Plena' genannt wird, kam 1807 durch William Kerr im Auftrag der Royal Society nach England. Sie erhielt ihren Namen zu Ehren von Lady Banks, der Frau des

ROSA BANKSIAE LUTEA, *Banks-Rose. Sie ist eine der schönsten Rambler überhaupt. Diese Aufnahme wurde in Italien gemacht. In Mitteleuropa braucht diese Rose den Schutz einer Wand.*

berühmten damaligen Direktors von Kew Gardens. Dieser hatte die Rose in einem Garten in Kanton entdeckt. Die Blüten sind weiß, klein und dicht gefüllt. Sie bilden eine fast knopfähnliche Rosette. Ihr Duft erinnert an Veilchen und ist intensiver als bei jeder anderen Sorte dieser Gruppe.

ROSA BANKSIAE LUTEA. Sie ist die am weitesten verbreitete Banks-Rose, noch reichblühender als die weiße Sorte. Vielleicht ist sie auch etwas weniger frostempfindlich. Jedenfalls ist sie nicht ganz so starkwüchsig. Die Blüten sind klein, schalenförmig und gefüllt, von einer reizvollen dunkelgelben Farbe. Aber sie verströmen nur einen schwachen Duft. Eingeführt worden ist sie aus China, und zwar im Auftrag der Horticultural Society in London. Sie blühte in England zum erstenmal 1824. 'Rosa Banksiae Lutea' ist eine der großen klassischen Rosen (vgl. Abb. auf dieser Seite).

ROSA BANKSIAE LUTESCENS. Die Blüten dieser Sorte sind klein, einfach, kanariengelb und erscheinen in lockeren Büscheln. Angeblich kam sie 1870 aus La Mortola nach England, dem berühmten Garten an der italienischen Riviera. Sie ist stark duftend (vgl. Abb. Seite 127).

ROSA BANKSIAE LUTESCENS,
Banks-Rose. Aus dieser Gruppe
wunderschöner Rambler hier
eine Sorte mit einfachen Blüten.

ROSA BANKSIAE NORMALIS. Sie ist die Wildform aus dem Westen Chinas. Diese Rose bringt lockere Büschel weißer, intensiv duftender Blüten hervor. Wahrscheinlich wurde sie 1877 nach England eingeführt.

BELVEDERE. Bis vor nicht langer Zeit hieß diese Sorte noch 'Princess Marie' und wurde der Sempervirens-Gruppe zugerechnet. Es ist dabei durchaus möglich, daß mit dieser Gruppe eine Verwandtschaft besteht, doch kann das aber bestenfalls eine sehr entfernte sein. Auf jeden Fall ist es schwierig, ihre Herkunft zu bestimmen. Graham Thomas schlug vor, sie 'Belvedere' zu nennen, nach dem Haus in Irland, wo sie von Lady Ross erworben wurde. Sie ist ein sehr robuster Rambler von 7 m Höhe – unter günstigen Bedingungen häufig noch viel größer. Sie trägt große, kompakte Büschel kleiner Blüten, die eine ausgeprägte Schalenform haben und diese bis zu ihrem Verblühen behalten. Die Blütenfarbe ist ein kräftiges, klares Rosa. Es wird im Verblühen etwas blasser. Diese Rosen haben einen angenehmen Duft. 'Belvedere' ist ein ausgesprochen reizvoller Rambler; leider hat sie einen großen Fehler: Bei Regen kann sie wirklich ziemlich schäbig aussehen. Anscheinend benötigt sie einen nährstoffreichen Boden und ein kühles Klima. An einem trockeneren Standort bleiben die Blüten oft schmutzigweiß. Im nährstoffreichen Boden gedeiht sie prachtvoll und klettert in die Bäume. Wenn Sie ihr einen entsprechenden Standort bieten können, kann ich diese Rose nur empfehlen. Sie eignet sich auch sehr gut für einen großen Strauch.

BOURSAULT-ROSEN

Die Boursault-Rosen sind eine kleine Gruppe fast stacheloser Rambler, die früher als Kreuzung zwischen *Rosa pendulina* und *R. chinensis* galten. Neuere Forschungen führten jedoch zu der Erkenntnis, daß die Zahl der Chromosomen eine solche

Abstammung ausschließt. Wir stehen deshalb vor einem Rätsel. Die Boursault-Rosen haben nie eine besondere Bedeutung gespielt, aber sie haben den Charakter Alter Rosen, was uns immer noch anspricht.

AMADIS ('Crimson Boursault'). Kleine, halbgefüllte, schalenförmige Blüten in dunklem Karmesin-Purpurrot, hin und wieder mit weißen Streifen. Die Blüten erscheinen reichlich, sowohl in kleinen als auch in großen Büscheln. 'Amadis' ist eine kräftige, ziemlich buschige Pflanze von etwa 5 m Höhe. Das Laub ist dunkel, und sie hat keine Stacheln. Sie ist wegen der Fülle der Blüten ein reizvoller Rambler, der für einen kräftigen Farbtupfer in Ihrem Garten sorgt; gezüchtet von Laffay (Frankreich); eingeführt: 1829.

BLUSH BOURSAULT ('Calypso', 'Rose de l'Ile', 'Florida'). Gefüllte Blüten in zartestem Rosa, die sich flach öffnen und ziemlich zerfleddert aussehen. Die Pflanze bringt lange, überhängende, stachellose Triebe mit üppigem dunkelgrünen Laub hervor. Höhe: 5 m; eingeführt: 1848 (vgl. Abb. Seite 130).

MADAME SANCY DE PARABÉRE. Sie ist eine einzigartige Rose, die schönste dieser Gruppe. Sie hat bis zu 15 cm Durchmesser große Blüten, die gefüllt sind, sich flach öffnen und in weichem Rosa zeigen. Das Außergewöhnliche an ihr ist, daß die inneren Blütenblätter häufig, aber nicht immer, viel kleiner sind als die äußeren. Das sieht aus, als wäre innerhalb jeder einzelnen Blüte nochmals eine Rosette. Die Blüten sind schwach duftend und erscheinen früh in der Saison. Die Rose wird etwa 5 m hoch; sie hat dabei hübsches, dunkelgrünes Laub und keine Stacheln; gezüchtet von Bonnet (Frankreich); eingeführt: 1874.

FRANCIS E. LESTER. Sie ist eine der verläßlichsten Rambler-Rosen überhaupt – ein Sämling der Moschata-Hybride 'Kathleen', also von sehr gemischter Abstammung. Die Blüten sind einfach und erinnern mit ihrem zarten Rosa an den Rändern, das aber schon bald zu einem Weiß verblaßt, etwas an eine Apfelblüte. Sie erscheinen hübsch angeordnet in großen, kompakten Büscheln und haben einen besonders intensiven und sehr angenehmen Duft. Diese Rose blüht in außergewöhnlicher Fülle, im Herbst kommen viele kleine, ovale, orange-rote Hagebutten. Der Wuchs ist kräftig und buschig (Höhe: bis 5 m). 'Francis E. Lester' hat elegantes, glänzend dunkelgrünes Laub mit spitzen, weit auseinanderstehenden Fiederblättchen; gezüchtet von Francis E. Lester, dem Gründer der Baumschule in Kalifornien, die heute „Roses of Yesterday and Today" heißt; eingeführt: 1946.

KEW RAMBLER. Als Kreuzung zwischen *Rosa soulieana* und 'Hiawatha' hätte diese Rose auch den Multiflora-Hybriden zugeordnet werden können. Aber *R. soulieana* hat ihr einen so starken Stempel aufgedrückt, daß sie ganz andersartig ist. Das Laub ist reizvoll grau-grün, wie das von *R. soulieana*, der Wuchs ist kräftig, buschig und ziemlich steif. Die Blüten haben etwas vom Charme einer Wildrose, sind einfach, zartrosa mit weißer Mitte und gelben Staubgefäßen. Sie erscheinen in dichten, aber nicht allzu kompakten Büscheln. Ihr Duft ist kräftig – ein typischer Multiflora-Duft. Im Herbst folgen kleine, orange-rote Hagebutten. Sie wird etwa 6 m hoch; gezüchtet in Kew; eingeführt: 1912 (vgl. Abb. Seite 130).

LYKKEFUND. Sie ist ein Sämling von *Rosa helenae;* als männlicher Elternteil wird 'Zéphirine Drouhin' vermutet. Sollte das zutreffen, wäre sie eine sehr interessante Kreuzung, denn ich kenne keine andere Rose, die von der ausgezeichneten 'Zéphirine Drouhin' abstammt. Eines haben beide Rosen gemeinsam: Sie sind völlig stachellos. Die Blüten von 'Lykkefund' sind mittelgroß, halbgefüllt, blaß cremegelb, in der Mitte etwas dunkler, und mit einem Hauch von Rosa. Sie erscheinen in mittelgroßen Büscheln und verblassen bei starker Sonneneinstrahlung schnell zu Weiß. Der Wuchs ist kräftig und buschig, das Laub glänzend, dunkelgrün, mit ziemlich kleinen Fiederblättchen; gezüchtet von Olsen (Dänemark); eingeführt: 1930.

MOUNTAIN SNOW. Der Wuchs dieser Rose ist besonders robust. Sie bringt üppiges, dunkelgrünes Laub hervor. Die Blüten sind halbgefüllt, mittelgroß und erscheinen in großen, lockeren, schön geformten Büscheln. Sie sehen aus wie eine Kaskade in reinem Weiß. 'Mountain Snow' ist ein guter Rambler von 4 bis 5 m Höhe, aber auch geeignet für einen überhängenden Strauch von etwa 2 m Höhe; eingeführt: 1985.

PAUL'S HIMALAYAN MUSK. Dies ist ein reizvoller, vielleicht etwas wunderlicher Name für einen wunderschönen Rambler – für meinen Geschmack einer der schönsten Rambler überhaupt. Die Triebe können 10 m lang werden, wenn man sie über eine Pergola wachsen oder in einen Baum klettern läßt, sie sind dünn und geschmeidig, anmutig kriechend und von ihrer Stütze herabhängend. Die Blüten bleiben klein und zierlich, sind dicht gefüllt, von weichem Rosa, rosettenförmig und erscheinen in großen, lockeren Büscheln. Jede Blüte steht einzeln und in einem gewissen Abstand zur nächsten Blüte, und zwar an langen, dünnen Stengeln, was übrigens eine feine, sehr transparente Gesamtwirkung ergibt. Die Pflanze insgesamt ist in der Blütezeit eine Schönheit. Die hellen, grau-grünen Blätter sind länglich und spitz. Sie bringt kleine, ovale Hagebutten hervor. Diese Rose wurde von W. Paul (Großbritannien) in den Handel gebracht, das Jahr der Einführung und die Elternsorten sind unbekannt (vgl. Abb. S. 131).

SILVER MOON. Als Elternsorten dieser Rose gelten (*Rosa wichuraiana* x 'Devoniensis') x *R. laevigata*. Sie ist ein besonders starkwüchsiger Kletterer, der bis zu 10 m hoch wird, und wie die Elternsorte *R. laevigata* üppiges, dunkelgrünes, glänzendes Laub hat. Die Knospen sind gelb, sie öffnen sich zu großen, einfachen

130

PAUL'S HIMALAYAN MUSK, *ein hochwachsender und starkwüchsiger Rambler von der Schönheit der Kirschblüten.*

Links oben: KEW RAMBLER, *ein Boursault-Rambler, der über eine Wand wächst.*

Links: BLUSH BOURSAULT, *ein Rambler, der früh blüht; er hat reizvolle Blüten im Stil Alter Rosen.*

oder halbgefüllten rahmweißen Blüten mit einem Büschel gelber Staubgefäße. Sie verströmen einen kräftigen, fruchtigen Duft. 'Silver Moon' blüht Mitte Juni, aber remontiert nicht; gezüchtet von W. Van Fleet (USA); eingeführt: 1910.

TREASURE TROVE („Schatzfund"). Sie ist ein Zufallssämling mit einem sehr passenden Namen und wurde im Garten von Mr John Treasure auf Burford House in Tenbury Wells (Hereford) unter einer *Rosa filipes* 'Kiftsgate' entdeckt (eingeführt: 1979). Es wird vermutet, daß die andere Elternsorte die Moschata-Hybride 'Buff Beauty' gewesen ist. In der Tat, wenn wir eine gelbe Hybride hätten züchten wollen, wäre es schwierig gewesen, als männliche Elternsorte eine noch geeignetere Rose zu finden. 'Treasure Trove' ist so starkwüchsig wie 'Kiftsgate' und dürfte wohl ebenso hoch werden (12 m). Vermutlich ist sie aber nicht ganz so winterhart. Sie bringt im Sommer einen üppigen Blütenflor hervor – mit lockeren Büscheln zu je etwa zwanzig Blüten. Diese sind locker gefüllt, schalenförmig, haben einen Durchmesser von etwa 5 cm und sind köstlich duftend. Die Farbe, ein warmes Apricot, ist bei einer Rose dieser Größe besonders wertvoll. Ohne Zweifel werden wir in den kommenden Jahren noch mehr von dieser Rose hören.

UNA. Die männliche Elternsorte dieser Rose ist *Rosa canina*, die weibliche vermutlich eine Teerose, vielleicht 'Gloire de Dijon'. Die Blüten sind fast einfach, haben einen Durchmesser von etwa 7 cm und sind creme-bernsteingelb in der Knospe. Diese öffnen sich zu einem angenehm duftenden Rahmweiß. Den Blüten folgen große, rundliche Hagebutten, die in unserem Klima nur schwer reif werden. Der Wuchs von 'Una' ist kräftig; sie hat hübsches Laub, das etwas dem von *R. canina* ähnelt. Ihre Höhe beträgt 5 m oder mehr; gezüchtet von George Paul (Großbritannien); eingeführt: 1900.

WEDDING DAY. Ein Sämling von *Rosa sinowilsonii*. Sie wurde 1950 von Sir Frederick Stern gezüchtet. Die andere Elternsorte ist nicht bekannt. Wie *R. sinowilsonii* hat 'Wedding Day' sehr hübsches, glänzendes Laub. Die einzelnen Blätter sind aber kleiner, im Gegensatz zu *R. sinowilsonii* ist sie völlig winterhart. Ihr Wuchs ist sehr kräftig; Sie kann mindestens bis zu 8 m hoch werden. Die Blüten sind einfach und erscheinen in großen Büscheln, die sich mit dem dunklen Laub hübsch vermischen. Sie sind in der Knospe gelb, sich cremegelb öffnend, werden dann aber sehr schnell weiß. Der Gesamteindruck ist: Weiß mit Gelb gesprenkelt. Die Blütenblätter sind keilförmig, an der Basis schmal, zu den äußeren Rändern hin breiter werdend. Ihr einziger Fehler ist, daß die Blütenblätter bei Regen fleckig werden. Eine ideale Rose, um in Bäume zu klettern oder ein häßliches Gebäude zu überdecken. 'Wedding Day' ist eine außergewöhnlich duftende Rose.

KAPITEL 4

Teehybriden und Floribunda-Rosen

Teehybriden

Die Teehybriden sind viel zu gut bekannt, als daß an dieser Stelle eine allgemeine Einführung nötig wäre. Man findet sie bei uns in fast allen Gärten; aber auch weltweit erfreuen sie sich einer großen Beliebtheit und sind entsprechend verbreitet.

Obwohl wir sie als „Moderne Rosen" bezeichnen, um sie gegen die Alten Rosen abzugrenzen, gibt es Teehybriden schon sehr lange. Bereits Mitte des vorigen Jahrhunderts war die Bühne für ihren Auftritt bereitet. In der zweiten Hälfte des 19. Jahrhunderts gab es zwei Hauptklassen von Rosen – Remontant-Rosen und Teerosen. Aus der Kreuzung dieser beiden Züchtungen entstanden die „Teehybriden" genannten Rosen. Es handelt sich dabei um eine in vieler Hinsicht glückliche Addition von Vorzügen: Die Remontant-Rosen trugen Winterhärte, Wuchskraft, Größe der Blüte, Duft und Leuchtkraft der Farben bei, die Teerosen die Fähigkeit, öfterzublühen sowie einige Eigenschaften, die sie selbst von *R. gigantea* geerbt hatten – schlanke, spitze Knospen und große, dicke, schimmernde Blütenblätter. Außerdem brachten die Teerosen etwas von ihrem eigenen Duft mit ein.

Lange Zeit galt 'La France' als erste Teehybride. Ihr Auftreten wurde „als Geburt einer neuen Klasse von Rosen" bezeichnet. Diese Ansicht entspricht aber nicht den Tatsachen. Die erste Rose, die als Teehybride angesehen werden kann, war 'Victor Verdier'. Sie wurde von Lacharme in Lyon gezüchtet, 1859 eingeführt und war eine Kreuzung zwischen der Remontant-Rose 'Jules Margottin' und der Teerose 'Safrano'. Es ist keineswegs ausgeschlossen, daß es noch frühere Kreuzungen gab, über die uns keine Aufzeichnungen überliefert sind. Aber erst als Guillot 1867 eine Remontant-Rose namens 'Madame Victor Verdier' (nicht zu verwechseln mit 'Victor Verdier'!) mit der Teerose 'Madame Bravy' kreuzte und so 'La France' kreierte, erkannte man, daß eine neue Klasse von Rosen entstanden war. Selbst danach dauerte es noch lange, bis die Teehybriden auch außerhalb Frankreichs, wo man sie als „*R. odorata indica*" ansah, anerkannt wurden.

In Großbritannien wurde die erste Teehybride von Henry Bennett gezüchtet. Er war Landwirt und Rinderzüchter in Stapleford (Wiltshire), dann in Shepperton (Middlesex), wo er sein Interesse später auf Rosen verlagerte. Ich muß zugeben, daß ich gewisse kollegiale Sympathie für diesen Mann empfinde, denn auch ich habe als Landwirt angefangen. Bennett erkannte das Potential der Teehybriden sehr schnell und züchtete innerhalb kurzer Zeit eine Anzahl bedeutender Sorten – ganz offensichtlich setzte er seine Erfahrung aus der Rinderzucht sehr wirkungsvoll ein. Er war der erste, der den Begriff Teehybride verwendete, oder, wie er es nannte,

„Zucht-Hybriden" der Teerose. Bennett und ein französischer Züchter namens Jean Sisley waren die ersten, die die Methode systematischer Kreuzungen auf Rosen anwendeten. Bis dahin war die Rosenzucht eine stark auf dem Zufall beruhende Angelegenheit gewesen. Bennett und Sisley dagegen nahmen Kreuzungen vor, wobei sie ganz bestimmte Ziele im Auge hatten. Man darf die beiden deshalb mit gutem Recht als die ersten modernen Rosenzüchter bezeichnen. Leider dauerte Bennetts berufliche Laufbahn als Rosenzüchter nicht lange. Er begann 1879 und starb bereits 1890. Trotzdem gilt er heute allgemein als der Vater der Teehybriden.

Die Teehybriden waren ganz anders als alle Rosen vorher. Zunächst sind Teehybriden Buschrosen (im Gegensatz zu allen bisherigen Rosen, die in der Regel Strauchrosen waren). Mit ihrer Höhe von etwa 1 m und ihrem aufrechten Wuchs waren sie dafür geschaffen, in Rosenbeeten ihren Platz zu finden. Bei ihren Wuchseigenschaften zeigten sie (in Verbindung mit einem starken Rückschnitt) die bemerkenswerte Fähigkeit, mehrmals den ganzen Sommer über blühen zu können. Solches war bei höherwachsenden Rosen mit mehr strauchartigem Wuchs kaum zu erreichen. Keine vergleichbare Gartenpflanze kommt den Teehybriden in dieser Hinsicht gleich. Und das ist die Hauptursache für ihre große Beliebtheit.

Der zweite große Unterschied besteht in der Form der Blüte: Bei den Remontant-Rosen, die hauptsächlich im Hinblick auf Erfolge bei Ausstellungen gezüchtet worden waren, hatte sich das Interesse zunehmend auf die knospenförmige Blüte verlagert. Auch einige Teerosen, obgleich nicht alle, hatten Blüten mit schlanken, spitzen Knospen. Bei den Teehybriden aber ist der gesamte Charakter der Pflanze verändert worden – ein Ereignis, das in der Geschichte der Gartenkultur wohl einmalig ist. Ihr Entwicklungsprozeß ist so gesehen aber abgeschlossen – wir haben nur noch Pflanzen mit knospenförmigen Blüten. Das Aufkommen der Teehybriden verkündete eine in jeder Hinsicht neue Blume. Diese neue Gruppe wurde schnell so beliebt, daß fast alle bisherigen Formen verdrängt wurden.

Wir haben Teehybriden nun seit über 120 Jahren; allerdings erfolgte ihr Durchbruch erst um die Jahrhundertwende. Viele tausende verschiedener Sorten wurden seitdem eingeführt – viel mehr, als von jeder anderen Rosenklasse. Die meisten sind den „Weg des Irdischen" gegangen und schon bald wieder von der Bildfläche verschwunden. Offensichtlich konnten nicht alle überleben, und alle waren es wohl auch nicht wert, weiterhin kultiviert zu werden. Die Frage lautet nun, was soll mit den frühen Sorten geschehen, die heute noch existieren? Wäre es nicht besser, sie aussterben zu lassen? In Bezug auf einen ganz gewöhnlichen Garten möchte ich dazu frank und frei sagen: „Ja!" Für diejenigen aber, die ein etwas innigeres Verhältnis zu Rosen haben, spricht einiges dafür, wenigstens die besten Sorten zu bewahren. Zumindest sagt mir meine Erfahrung als gewerblicher Rosenzüchter, daß die Nachfrage nach wie vor dafür da ist.

Zunächst sind sie jedenfalls interessant für den Sammler und für alle diejenigen, die Antikes lieben – mit allem, was damit zusammenhängt... Mehr noch fällt ins

EINE HERVORRAGEND *gestaltete Anlage von Teehybriden und Floribunda-Rosen im Garten der Royal National Rose Society in St. Albans (England).*

Gewicht, daß es einige alte Teehybriden gibt, die ihren Platz im Garten allein wegen ihrer besonderen Eigenschaften verdienen – zum Beispiel wegen der Schönheit ihrer Blüten. Die Mehrzahl der frühen Teehybriden kann es mit der Blühfreudigkeit heutiger Sorten nicht aufnehmen. Die Blüten haben allerdings im Vergleich zu späteren Züchtungen einen besonderen Charakter. Einige der ersten Teehybriden hatten Blüten, die mehr denen Alter Rosen ähnelten. Nun dauerte es zwar nicht lange, bis sie durch die heute beliebten Sorten mit schlanken, knospenartigen Blüten verdrängt wurden. Aber selbst danach waren sie noch anders als unsere heutigen Teehybriden, nämlich viel zarter in allen ihren Komponenten – auch in den Farbtönen. Sie ähnelten noch mehr den Teerosen. Während die Rose auf ihrem Weg durch die Geschichte fortschreitet, verändert sie sich ständig: Neue Arten und neue Entwicklungslinien bestimmen die Züchtungen, und jedesmal verändert die Rose sich. Die Rosen der letzten zwanzig Jahre unterscheiden sich stark von denen der 1920er und 1930er Jahre. So gibt es aber gewichtige Gründe, derentwegen wir sie auch bewahren sollten.

Auf der anderen Seite müssen wir aber daran erinnern, daß diese frühen Sorten nicht immer so starkwüchsig sind wie ihre Abkömmlinge. Ob sie die Wuchskraft im Laufe der Zeit verloren haben oder ob sie sie nie besessen haben, ist umstritten. Ganz gewiß findet ein Degenerationsprozeß statt. Über die Gründe dafür gibt es vielerlei Spekulationen. Es wäre leicht, ein ganzes Kapitel allein darüber zu schreiben. Dieser Degenerationsprozeß kann damit zusammenhängen, daß ein Virus die Pflanzen befällt, aber auch mit einem „irgendwie" ausgelösten Zerfall des Erbguts. Es bleibt eine verblüffende Tatsache, daß die wirklich Alten Rosen, wie die Gallica-Rosen und die Alba-Rosen, die viele hundert Jahre alt sein können, unter dieser Erscheinung nicht zu leiden scheinen.

Die hier dargestellten Teehybriden stellen nur einen Bruchteil der uns erhalten gebliebenen dar. Ich kann nicht einmal mit Sicherheit sagen, daß diese wirklich die besten sind. Es sind schlicht diejenigen, die mir am besten gefallen! Dabei habe ich versucht, diejenigen Sorten Ihnen vorzustellen, die besondere Eigenschaften haben – solche nämlich, die unsere modernen Teehybriden nicht besitzen. Auch einige Sorten mit einfachen Blüten habe ich aufgenommen, von denen es in den Tagen der frühen Teehybriden übrigens noch mehr gab. Sie haben ihren eigenen Charme und unterscheiden sich von anderen Rosen mit einfachen Blüten ausreichend genug, um hier erwähnt zu werden.

Es müssen noch drei weitere wichtige Entwicklungsstränge erwähnt werden: Der erste ergab sich aus der Arbeit des französischen Züchters Joseph Pernet-Ducher. In der zweiten Hälfte des 19. Jahrhunderts arbeitete er lange Zeit daran, das einzigartige, leuchtende Gelb von *R. foetida* in die Blüten der Teehybriden zu bringen. Sein erster Erfolg war 'Soleil d'Or', der Sämling einer Rose, die ihrerseits selbst das Ergebnis einer Kreuzung zwischen der Remontant-Rose 'Antoine Ducher' und *R. foetida* 'Persiana' war. 'Soleil d'Or' gehört zu den Rosen, die das Erscheinungsbild der Rose ganz allgemein verändert haben. Mit ihr setzte sich nicht nur das erste wirklich intensive Gelb durch, sondern zugleich eine ganze Palette damit verbundener Farbtöne. Die Abkömmlinge von 'Soleil d'Or' wurden zuerst „Pernetiana-Rosen" genannt. Allmählich gingen sie aber in der Familie der Teehybriden auf. Einige der Farbtöne, die daraus hervorgingen, sind nicht berauschend schön, aber diese Entwicklung hat das Farbspektrum der Rosen aller Klassen, die auf 'Soleil d'Or' folgten, ausgeweitet und wird das ohne Zweifel auch zukünftig tun.

Eine zweite Entwicklung bei den Teehybriden war das Aufkommen der Farbe Zinnoberrot. Es handelt sich dabei um ein bei den Rosen einmaliges Züchtungsereignis. Das war darauf zurückzuführen, daß in einer Pflanze der Farbstoff Pelargonidin anstelle des üblichen Cyanidin auftauchte. Es sind dies zwei der vier Farbstoffe, die die Blütenfarbe steuern.

Die erste Teehybride mit Pelargonidin in ihrem Erbgut war die beliebte Sorte 'Super Star'. Dieser Farbstoff war zuvor schon 1951 bei einer wenig bekannten Floribunda-Rose namens 'Kordes Sondermeldung' aufgetreten und noch früher bei zwei Polyantha-Pompon-Rosen, 'Golden Salmon' und 'Gloria Mundi' – beide Abkömmlinge von 'Superb'. Ein solcher Austausch von Farbstoffen tritt äußerst selten auf, uns ist bei Rosen kein ähnlicher Fall bekannt. Die neue Farbe, wie das Gelb von *R. foetida*, hatte eine tiefgreifende Auswirkung auf den Charakter der modernen Rosen. Sie führte nämlich zu vielen neuen Farbtönen und Farbmischungen. Reines Zinnoberrot ist eine sehr schöne Farbe, allerdings etwas fremd für eine Rose, und Rosen mit diesem Farbton sollten mit Zurückhaltung verwendet werden. Bei behutsamer Verwendung kann die Farbe für die Gartengestaltung wertvoll sein.

Mit dem Aufkommen der Floribunda-Rosen, mit denen wir uns in der zweiten Hälfte dieses Kapitels beschäftigen werden, sollte eine weitere bedeutende Veränderung Platz greifen. Die Floribunda-Rosen haben viele wertvolle Eigenschaften. Insgesamt gesehen sind sie robust, winterhart und sehr reichblühend. Aus diesem Grund haben Züchter sie mit Teehybriden gekreuzt, was dazu führte, daß die Teehybriden winterhärter und reichblühender wurden. Leider ging mit diesen Verbesserungen häufig eine gewisse Verschlechterung der Qualität der Blüten einher. Denn den Floribunda-Rosen fehlt der besondere Charakter der Blüten, den wir bei den Teehybriden so sehr schätzen.

Die heutigen Teehybriden sind denn auch erheblich kräftiger und insgesamt besser und verläßlicher öfterblühend als die früheren. Sie sind widerstandsfähiger gegen Krankheiten und kontinuierlicher öfterblühend, reichblühender als frühere Sorten. Darüber hinaus wurde das Farbspektrum immer mehr ausgeweitet. Leider sind diese neuen Farbtöne oftmals etwas grell. Solche Farben erdrücken die zarteren Farben leicht und vertragen sich sogar untereinander nicht. Wenn es um moderne Rosen geht, muß man sehr behutsam sein und also der Versuchung widerstehen, die leuchtenden Farben zu reichlich zu verwenden. Eine größere Auswahl an Farben stellt auch an unsere Fähigkeiten höhere Anforderungen. Glücklicherweise sind aber auch viele schöne Farben darunter, und wenn wir uns ausreichend Zeit nehmen und sorgsam auswählen, lassen sich tatsächlich angenehme Farbwirkungen erzielen. Damit die Teehybriden ihr Potential voll ausschöpfen können, brauchen sie eine intensive Pflege. Eine reichliche Gabe an Stallmist oder Komposterde tut bisweilen Wunder und sollte durch einen ausgewogenen Dünger ergänzt werden – sowohl im Frühjahr als auch nach dem ersten Blütenflor (wenn auch diese Düngung organisch ist, um so besser). Dabei wäre das Spritzen gegen Mehltau und Sternrußtau jedem Gärtner dringend zu empfehlen. Gute Markenfabrikate dafür sind in allen Gartencentern erhältlich.

Der Rückschnitt ist von dem der Strauchrosen selbstverständlich sehr verschieden. Im ersten Jahr, nachdem die Rose ausgepflanzt wurde, schneidet man sie stark, am besten bis auf etwa 8 bis 12 cm über dem Boden zurück. Das trägt mit dazu bei, daß sie eines Tages einen dichten Busch bildet. In den folgenden Jahren entfernen Sie zunächst alles schwache, alte und tote Holz; dann schneiden Sie den Rest bis auf etwa 25 bis 30 cm über dem Boden zurück. Starkwüchsige Sorten können Sie etwas länger lassen. Insgesamt bewirkt ein starker Rückschnitt weniger, aber doch zugleich schönere Blüten, ein leichterer Rückschnitt führt dagegen zu mehr Blüten.

Einige ältere Teehybriden

ANGÈLE PERNET. Diese Sorte hat große, locker geformte Blüten in blassem Orange-Rot, das mit Chrom-Gelb schattiert ist. Ihr bronze-grünes Laub ist glänzend. Sie duftet (Höhe: 60 cm); Elternsorten: 'Bénédicte Seguin' x eine Teehybride; gezüchtet von Pernet-Ducher (Frankreich); eingeführt: 1924.

ANTOINE RIVOIRE. Sie hat schalenförmige Blüten in zartestem Rosa, das mit Rahmweiß und an der Basis der Blütenblätter mit Gelb schattiert ist. Die Rose duftet und ist eine Kreuzung zwischen der Teerose 'Dr. Grill' und der berühmten frühen Teehybride 'Lady Mary Fitzwilliam'; gezüchtet von Pernet-Ducher (Frankreich); eingeführt: 1895.

AUGUSTINE GUINOISSEAU ('White La France'). Sie gilt als Abkömmling von 'La France' und ist dieser sehr ähnlich, nur die Blüten sind statt dessen weiß, schattiert mit Fleischrosa. Wie die Elternsorte hat sie halbkugelige Blüten im Stil Alter Rosen; eingeführt 1889 von Guinoisseau (Frankreich).

BARBARA RICHARDS. Diese Sorte ist bernsteingelb, die Rückseiten der Blütenblätter sind dabei rosa überhaucht. 'Barbara Richards' ist reichblühend und duftet lieblich. Sie läßt gern ihre Blütenköpfe etwas hängen; gezüchtet von A. Dickson (Großbritannien); eingeführt: 1930.

DAINTY BESS, *eine hübsche Teehybride.*

BETTY UPRICHARD. Elegante Knospen öffnen sich zu halbgefüllten Blüten in Lachsrosa mit karminroter Rückseite. Die Rose ist starkwüchsig und reichblühend, ihr Laub hellgrün; gezüchtet von A. Dickson (Großbritannien); eingeführt: 1922.

COMTESSE VANDAL. Eine vollendet geformte Blüte, schlanke Knospen mit hoher Mitte und zarter Farbe. Ihr anfangs goldfarben geädertes Lachsrosa verändert sich später zu Bernsteinrosa; Elternsorten: ('Ophelia' x 'Mrs Aaron Ward') x 'Souvenir de Claudius Pernet'; gezüchtet von M. Leenders (Holland); eingeführt: 1932.

CRIMSON GLORY. In der Zeit vor dem Zweiten Weltkrieg war sie die führende karmesinrote Rose. Ihre Farbe ist dunkel und samtig, verändert sich mit der Zeit in einen angenehmen Purpurton, vor allem bei heißer Sonneneinstrahlung. Sie öffnet sich zu einer leicht schalenförmigen Blüte mit einem intensiven Duft. Sie ist nicht besonders starkwüchsig und wächst eher in die Breite. Die Sorte ist besonders empfehlenswert in ihrer Kletterform. Ein 'Cathrine Kordes'-Sämling x 'W. E. Chaplin'; gezüchtet von Kordes (Deutschland); eingeführt: 1935.

DAINTY BESS. Sie ist eine der schönsten einfach blühenden Rosen überhaupt. Die Blüten sind groß, rosarot, die Rückseite ist etwas dunkler – mit auffälligen rotbraunen

Staubgefäßen. Die Blütenblätter sind an den Rändern leicht gefranst oder eingeschnitten. 'Dainty Bess' verströmt einen leichten, erfrischenden Duft. Elternsorten: 'Ophelia' x 'K. of K.'; gezüchtet von W. E. B. Archer (Großbritannien); eingeführt: 1925.

DAME EDITH HELEN. Sie bringt große und formschöne, leicht halbkugelige, dicht gefüllte Blüten in warmem Rosa hervor und ist intensiv duftend; gezüchtet von A. Dickson (Großbritannien); eingeführt: 1926.

DIAMOND JUBILEE. Obwohl diese Rose erst 1947 eingeführt wurde, ähnelt sie doch sehr den frühen Teehybriden, denn sie ist eine Kreuzung zwischen der berühmten alten Tee-Noisette-Rose 'Maréchal Niel' und 'Feu Pernet-Ducher'. Die Blüten sind maisgelb, mit kräftigen Blütenblättern ausgestattet und vollendet geformt. Sie ist starkwüchsig und winterhart; gezüchtet von Boerner (USA); eingeführt: 1947.

ELLEN WILLMOTT. Eine Rose mit einfachen Blüten ähnlich wie 'Dainty Bess', aus der sie nach einer Kreuzung mit 'Lady Hillingdon' hervorging. Die Blüten, mit goldfarbenen Staubbeuteln und roten Staubfäden, sind rahmweiß mit einer rosa Schattierung an den Ränder. 'Ellen Willmott' trägt dunkles, purpurgetöntes Laub; gezüchtet von Archer (Großbritannien); eingeführt: 1936.

EMMA WRIGHT. Eine reizende kleine Knopflochrose. Sie hat kleine, vollendet geformte, fast einfache, lachs-orangefarbene Blüten an einer Miniatur-Pflanze und glänzend grünes Laub; gezüchtet von McGredy (Großbritannien); eingeführt: 1918.

GEORGE DICKSON. Die Rose hat sehr große, aber nicht besonders dicht gefüllte Blüten in dunklem Scharlach-Karmesinrot. Die Stengel sind schwach ausgebildet, so daß sie gern ihre Blütenköpfe hängen läßt. Sie zeichnet ein kräftiger und hoher Wuchs aus; gezüchtet von A. Dickson (Großbritannien); eingeführt: 1912.

GOLDEN OPHELIA. Sie ist kein Abkömmling von 'Ophelia', sondern ein Sämling dieser Rose. Sie hat vollendet geformte, cremegelbe Blüten, die zur Mitte hin etwas dunkler werden; gezüchtet von B, R, Cant (Großbritannien); eingeführt: 1918.

GUSTAV GRÜNERWALD. Eine frühe Teehybride mit großen, schalenförmigen, dunkelrosa Blüten. Ihr Wuchs ist kräftig und verläßlich, und sie hat glänzendes, dunkelgrünes Laub. Sie ist eine Kreuzung zwischen der Teerose 'Safrano' und 'Madame Caroline Testout'; gezüchtet von Lambert (Deutschland); eingeführt: 1903.

HOME SWEET HOME. Die Blüten sind nicht groß, halbkugelig und öffnen sich schalenförmig wie eine Alte Rose – eine Blütenform, die früher einmal völlig aus der Mode gekommen war. Die Blütenfarbe ist ein besonders klares und kräftiges Rosarot (ohne jegliche Spur irgend einer anderen Farbe). Die Blütenblätter sind kurz, dick und samtig. 'Home Sweet Home' duftet intensiv; gezüchtet von Wood & Ingram (Großbritannien); eingeführt: 1941.

IRISH BRIGHTNESS. Einfache Blüten in Kirsch-Karmesinrot, angenehmen duftend; die Elternsorten sind unbekannt; gezüchtet von A. Dickson (Großbritannien).

IRISH ELEGANCE. Sie ist eine aus der Reihe einfach blühender Rosen des Züchters A. Dickson aus Nordirland, deren Namen meist mit „Irish" beginnen. Sie hat lange, schlanke Knospen, die sich zu recht kräftigen Blüten von dunklem, goldfarben schattiertem Rosa öffnen. Sie ist schwach duftend; eingeführt: 1905.

IRISH FIREFLAME. Blüten in Orange und Gold, karmesinrot mit hellbraunen Staubbeuteln; gezüchtet von A. Dickson (Großbritannien); eingeführt: 1914.

ISOBEL. Einfache, leicht schalenförmige Blüten in zartem Rosarot, das in der Mitte gelb schattiert ist; gezüchtet von McGredy (Großbritannien); eingeführt: 1916.

JOSEPHINE BRUCE. Obwohl diese Rose ihre Schwächen hat, ist sie immer noch weitverbreitet. Der Grund dafür liegt in ihrer Farbe – einem satten, dunklen Karmesinrot von erlesener Reinheit. Ihr Wuchs sieht gefällig aus, geht aber eher in die Breite als in die Höhe. Sie eignet sich deshalb sehr gut auch als Hochstamm. Sie duftet intensiv, ist aber etwas anfällig für Mehltau; gezüchtet von Bees (Großbritannien); eingeführt: 1949.

K. OF K. Sie ist nach Lord „Kitchener of Khartoum" benannt. Leuchtend scharlachrote Blüten öffnen sich bei ihr mit etwa zehn Blütenblättern. 'K. of K.' ist ein kräftiger Busch; gezüchtet von A. Dickson (Großbritannien); eingeführt: 1917.

LADY ALICE STANLEY. Große, offene Blüten mit vielen Blütenblättern von silbrigem Rosa. Sie verfügt über einen sich gut verzweigenden Wuchs und trägt ledriges, grünes Laub; gezüchtet von McGredy (Großbritannien); eingeführt: 1909.

LADY BARNBY. Sie hat formschöne, intensiv duftende Blüten in klarem, warmem Rosa, das mit Rot schattiert ist, und einen buschigen Wuchs. 'Lady Barnby' duftet; gezüchtet von A. Dickson (Großbritannien); eingeführt: 1930.

LADY BELPER. Große, fast halbkugelige Blüten öffnen sich schalenförmig in Bronze-Orange, das mit hellerem Orange schattiert ist. 'Lady Belper' ist duftend und hat dunkles, glänzendes Laub; gezüchtet von Verschuren (Holland); eingeführt: 1948.

Links: LA FRANCE, *eine der frühen Teehybriden.*

Rechts: MRS OAKLEY FISHER, *eine schöne Teehybride mit einfachen Blüten.*

LADY FORTEVIOT. Große, knospenförmige Blüten mit hoher Mitte; die Blütenfarbe schwankt zwischen Gold-Gelb und dunklem Apricot. Sie hat glänzendes, bronzegrünes Laub und ist duftend; gezüchtet von B.R. Cant (Großbritannien); eingeführt: 1928.

LADY SYLVIA. Ein Abkömmling von 'Ophelia'; entdeckt 1926 von Stevens (Großbritannien). Siehe auch 'Ophelia'.

LA FRANCE. Diese berühmte Rose ist eine der frühesten Teehybriden. Ihre Abstammung ist nicht genau bekannt, aber Guillot, der sie 1867 züchtete, vermutete, sie sei eine Kreuzung mit der Teerose 'Madame Falcot'. 'La France' lohnt sich auch heute noch, obwohl es heißt, sie habe etwas von ihrer Starkwüchsigkeit eingebüßt. Die Blüten sind dicht gefüllt und halbkugelig wie bei einer Alten Rose. Sie behalten diese Form, bis die Blütenblätter abfallen. Die Blütenfarbe ist ein silbriges Rosa, die Rückseite ist rosarot. Es gibt von dieser Rose auch einen kletternden Abkömmling.

MADAME ABEL CHATENAY. Eine weitere historische Teehybride – für mich immer noch eine der schönsten. Unter günstigen Bedingungen hat sie eine ganze Menge vom Charme einer Teerose. Sie wurde von Pernet-Ducher gezüchtet und 1895 eingeführt. Sie ist eine Kreuzung zwischen der Teerose 'Dr. Grill' und der Teehybride 'Victor Verdier'. Die Blüten haben eine reizende, gerollte Knospenform. Die

LADY SYLVIA, *eine Teehybride, die ein Farbabkömmling von 'Ophelia' ist.*

Blütenfarbe ist ein blasses Rosa, das zur Mitte hin dunkler wird, die Rückseite der Blütenblätter ist von dunklerem Rosa.

MADAME BUTTERFLY. Entdeckt 1918 von Hill (USA). Siehe auch 'Ophelia'.

MRS OAKLY FISHER. Eine der schönsten Teehybriden mit einfachen Blüten. Diese Sorte hat hübsch geformte Blüten in dunklem Orange-Gelb. Sie präsentieren sich elegant in kleinen Büscheln, und zwar an einem gut verzweigten Busch, der ausreichend starkwüchsig ist. Das Laub ist bronzegrün; gezüchtet von B.R. Cant (Großbritannien); eingeführt: 1921 (vgl. Abb. Seite 142).

MRS SAM MCGREDY. In den 1930er und 1940er Jahren war sie eine sehr beliebte Rose. Ihre moderne, aber angenehme Blütenfarbe ist ein kupfriges Orange mit scharlachroter Schattierung, die gut mit ihrem glänzenden, kupfrig-roten Laub harmoniert. Die Blüten sind nicht groß, aber formschön – mit hoher Mitte, knospenartig, eben und langlebig. Der Wuchs ist verzweigt und ausreichend kräftig; gezüchtet von McGredy (Großbritannien); eingeführt: 1929.

OPHELIA (einschließlich 'Madame Butterfly', 'Lady Sylvia' und 'Westfield Star'). Die Blüten dieser Rosen entsprechen mehr als alle anderen dem Ideal der Teehybride. Sie sind nicht groß, aber außergewöhnlich elegant gerollt. Selbst heute gibt es so gut wie keine Sorte, die ihnen in dieser Hinsicht gleichkäme. Die vier Sorten unterscheiden sich nur in der Farbe der Blüten: 'Ophelia' ist zartrosa. Bei 'Madame Butterfly' ist der Farbton etwas dunkler, bei 'Lady Sylvia' mit Apricot schattiert. Bei allen Sorten wird der Farbton zur Mitte hin etwas dunkler, was höchst reizvoll aussieht. 'Westfield Star' ist rahmweiß. Alle vier Sorten bilden zwar keine großen Büsche – sie sind nämlich ziemlich schlank und etwa 75 cm hoch –, trotzdem ist ihr Wuchs genügend verläßlich. Sie haben hübsches, grau-grünes Laub. Alle vier verströmen einen köstlichen Duft und eignen sich hervorragend für die Vase. Mit Ausnahme von 'Westfield Star' gibt es von allen kletternde Abkömmlinge. Wie bei den frühen Teehybriden so oft, wählt man am besten die kletternde Form.

Die Herkunft von 'Ophelia' ist unklar. Sie wurde 1912 von Arthur Paul eingeführt. Er konnte jedoch nicht sagen, woher er sie bekommen hatte, vermutete damals aber, sie sei 1909 mit einer Lieferung der Sorte 'Antoine Rivoire' angekommen, die er bei Pernet-Ducher bestellt hatte. Möglicherweise ist sie ein Sämling, der irrtümlich in die Sendung geraten war. Die Ehre sollte deshalb Pernet-Ducher gebühren (obwohl der wahre Wert dieser Rose dort wohl nicht erkannt worden war). Die Rose zog damals nur geringe Aufmerksamkeit auf sich, später aber wurden sie und ihre Abkömmlinge die beliebtesten Teehybriden, die jemals eingeführt wurden. Und sie sind immer noch begehrt! Es ist interessant, daß 'Ophelia' alles in allem nicht weniger als sechsunddreißig Abkömmlinge hervorgebracht hat.

PICTURE. Eine zierliche und sehr beliebte Knopflochrose, mit kleinen, vollendet geformten knospenartigen Blüten in einem klaren, samtigen Rosarot mit sich zurückbiegenden Blütenblättern. Sie erscheinen an einem niedrigen, dann reichblühenden Busch. Ihre Höhe beträgt ca. 75 cm. Sie ist schwach duftend; gezüchtet von McGredy (Großbritannien); eingeführt: 1932 (vgl. Abb. Seite 147).

POLLY. Sie bringt lange, elegante, knospenartige Blüten in Rahmweiß hervor, und zwar mit einer goldfarbenen Schattierung an der Basis der Blütenblätter. Sie ist duftend; gezüchtet von Beckwith (Großbritannien); eingeführt: 1927.

SHOT SILK. Früher war sie wegen ihres Farbspiels sehr beliebt: ein orangefarben durchzogenes Kirschrosa, das in der Mitte in ein Zitronengelb übergeht. Sie hat glänzend grünes Laub; gezüchtet von A. Dickson (Großbritannien); eingeführt: 1924.

SOLEIL D'OR. Sie ist eine der bedeutendsten Sorten in der Geschichte der Gartenrosen. In der Einleitung zu diesem Kapitel bin ich darauf schon näher eingegangen. Auch die Rose selbst ist sehr schön, die Blüten sind ganz im Stil der Alten Rosen – schalenförmig, sich flach öffnend, in einem reizenden Orange-Gelb mit einem Hauch von Rot. Der Wuchs ist aufrecht und erinnert etwas an 'Persian Yellow'. Leider ist sie anfällig für Sternrußtau, so daß man sie besser nicht pflanzen sollte; gezüchtet von Pernet-Ducher (Frankreich); eingeführt: 1900.

SOUVENIR DE MADAME BOULLET. Sie bringt lange, schlanke, knospenförmige Blüten in dunklem Gelb hervor und ist breitwüchsig. Elternsorten: 'Sunburst' x unbenannte Sorte; gezüchtet von Pernet-Ducher (Frankreich); eingeführt: 1921.

SOUVENIR DU PRÉSIDENT CARNOT. Sehr schöne, knospenförmige Blüten in feinem Fleisch-Rosa, das in der Mitte muschelrosa schattiert ist. Sie ist duftend; gezüchtet von Pernet-Ducher (Frankreich); eingeführt: 1894.

THE DOCTOR. Diese Rose hat außergewöhnlich lange und schmale Blütenblätter. Die Knospen sind deshalb ungewöhnlich lang und spitz, sie öffnen sich zu großen Blüten in Satin-Rosa. Sie ist von niedrigem Wuchs und duftet besonders stark; gezüchtet von F. H. Howard (USA); eingeführt: 1936.

VESUVIUS. Eine Rose mit großen, einfachen Blüten in samtigem Karmesinrot, die sich aus langen, spitzen Knospen öffnen; gezüchtet von McGredy (Großbritannien); eingeführt: 1923.

VIOLINISTA COSTA. Eine Blüte von typisch modernem Aussehen. Ihr anfängliches Karminrot verändert sich schließlich zu einem Erdbeerrosa, das mit Orange schattiert

OPHELIA, *eine Teehybride.*   WHITE WINGS, *eine Teehybride.*

ist. Sie ist eine verläßliche Rose, hat einen kräftigem, sich verzweigenden Wuchs und trägt glänzend grünes Laub. Ihre Fähigkeit, eine Fülle an Blüten hervorzubringen, sichert ihr einen Platz unter den modernen Rosen. Elternorten: 'Sensation' x 'Shot Silk'; gezüchtet von Camprubi; eingeführt: 1936.

WESTFIELD STAR. Ein Abkömmling von 'Ophelia', mit vollendet geformten rahmweißen Blüten. Von den weißen Teehybriden gehört sie immer noch zu den besseren; entdeckt von Morse (Großbritannien); eingeführt: 1922 (siehe auch 'Ophelia').

WHITE WINGS. Eine der schönsten unter den Teehybriden mit einfachen Blüten. Schlanke Knospen öffnen sich bei ihr zu großen, reinweißen Blüten mit auffälligen, schokoladebraunen Staubbeuteln. Dunkelgrünes Laub. Es kann einige Zeit dauern, bis sich ihr gesunder Busch richtig etabliert hat. Die Höhe von 'White Wings' beträgt 1,20 m; gezüchtet von Krebs (USA); eingeführt: 1947.

PICTURE, *eine zierliche Teehybride mit formvollendeten Blüten.*

Moderne Teehybriden

ADOLF HORSTMANN. Sie hat sehr große Blüten in einem Gelb, das ein bißchen zu Bronze tendiert. Ihr Wuchs ist hoch, robust und gesund. Sie duftet schwach und ihre Höhe beträgt 90 cm; gezüchtet von Kordes (Deutschland); eingeführt: 1971.

ALEC'S RED. Eine der zuverlässigsten roten Rosen. Sie ist starkwüchsig, reichblühend und remontiert gut. Die Blüten sind groß und leicht kugelförmig. Die Blütenfarbe ist kirschrot mit einem Hauch Purpur. Die Blüten haben einen kräftigen Duft, für den die Sorte die „Edland Medaille" der Royal National Rose Society erhielt. Der Wuchs von 'Alec's Red' ist aufrecht, mit gesundem, mittelgrünem, leicht glänzendem Laub. Ihre Höhe beträgt 90 cm; gezüchtet von Cocker (Großbritannien); eingeführt: 1970.

ALEXANDER ('Alexandra'). Sie ist ihrer Elternsorte 'Super Star' (= 'Tropicana') sehr ähnlich, die Blütenfarbe ist aber ein noch leuchtenderes Zinnoberrot, auch ist sie höher und kräftiger im Wuchs (ca. 1,20 m hoch). Sie hat eine der leuchtendsten und strahlendsten Blütenfarben, die man sich bei Rosen überhaupt vorstellen kann. Elternsorten: 'Super Star' x ('Ann Elizabeth' x 'Allgold'); gezüchtet von Harkness (Großbritannien); eingeführt: 1972 (vgl. Abb. Seite 151).

ALPINE SUNSET. Außergewöhnlich große, sehr dicht gefüllte Blüten in Rahmweiß, das auf der Innenseite der Blütenblätter pfirsich-rosa überhaucht ist. Sie hat glänzendes Laub und ist stark duftend. Sie zeichnet sich durch gesunden, kräftigen, aufrechten Wuchs aus; gezüchtet von Roberts (Großbritannien); eingeführt: 1973.

APRICOT SILK. Sie ist keine besonders robuste Rose, ziemlich anfällig für Sternrußtau, aber ihre Farbe ist wunderschön. Die knospenartigen Blüten sind elegant und in einem reizenden Apricot: Die Blütenblätter haben eine seidige Oberfläche. 'Apricot Silk' hat glänzendes, bronzegetöntes Laub. Ihre Höhe beträgt 1,20 m; gezüchtet von Gregory (Großbritannien); eingeführt: 1965.

BEAUTÉ. Sie hat besonders schöne, lange, schlanke Knospen in Apricot-Gelb. Sie öffnen sich zu einer ziemlich locker geformten Blüte. Ihr Wuchs ist buschig, nicht besonders kräftig, aber reichblühend, dabei ist sie nur schwach duftend. Ihre Höhe beträgt 75 cm; Elternsorten: 'Madame Joseph Perraud' x unbenannter Sämling; gezüchtet von Mallerin (Frankreich); eingeführt: 1953.

BETTINA. Sie hat hübsche, orangefarbene Blüten. Die Blütenblätter sind reizvoll kupfrig geädert und an der Basis goldfarben schattiert. Sie ist eine durch und durch gefällige Rose, leider nur mäßig stark im Wuchs. Spritzen gegen Sternrußtau kann erforderlich sein. Sie ist schwach duftend und bringt glänzendes, bronzegetöntes

Laub hervor (Höhe: 75 cm). Die Elternsorten sind 'Gloria Dei' x ('Madame Joseph Perraud' x 'Demain'); gezüchtet von Meilland (Frankreich); eingeführt: 1953.

BLACK BEAUTY. Beliebt wegen ihrer außergewöhnlich dunklen granatroten Farbe, die im Gegensatz zu den meisten anderen roten Rosen starke Sonneneinstrahlung anscheinend gut übersteht. Sie ist reichblühend und buschig, aber nur schwach duftend. Ihre Höhe beträgt 90 cm. Elternsorten: ('Gloire de Rome' x 'Impeccable') x 'Papa Meilland'; gezüchtet von Delbard (Frankreich); eingeführt: 1973.

BLESSINGS. Eine verläßliche, reich- und öfterblühende Sorte in weichem Rosa. Die Blüten sind nicht besonders groß, ziemlich locker geformt, dabei nur schwach duftend. Sie ist eine ideale Beetrose, mit kräftigem aufrechten, sich verzweigenden Wuchs. 'Blessings' hat gesundes, mittelgrünes Laub; ihre Höhe beträgt 90 cm. Sie ist das Ergebnis einer Kreuzung zwischen 'Queen Elizabeth' und einem unbenannten Sämling; gezüchtet von Gregory (Großbritannien); eingeführt: 1967 (vgl. Abb. S. 162).

BLUE MOON. Siehe 'Mainzer Fastnacht'.

BLUE PARFUM. Eine weitere Rose, die, wie 'Mainzer Fastnacht' weit davon entfernt ist, eine blaue Rose zu sein. Man könnte den Farbton eher als ein blasses Mauve bezeichnen. Die Blüten sind groß und duften intensiv, die Knospen sind eiförmig. Das Laub ist dunkelgrün und glänzend. Ihre Höhe beträgt 90 cm; gezüchtet von Tantau (Deutschland); eingeführt: 1978.

BONSOIR. Diese Sorte hat große, dicht gefüllte, formschöne Blüten in Pfirsich-Rosa mit dunklerer Schattierung. Der Wuchs ist ziemlich kräftig und aufrecht – mit großen, glänzenden, dunkelgrünen Blättern. 'Bonsoir' ist etwas duftend. Die Blüten leiden meist bei Regen (Höhe: 90 cm); gezüchtet von A. Dickson (Großbritannien); eingeführt: 1968.

BUCCANEER. Diese Rose kommt in den Katalogen immer seltener vor. Wir erwähnen sie hier wegen ihres langen, schlanken, leicht überhängenden Wuchses ähnlich wie bei einer Strauchrose, wodurch sie sich gut für den Hintergrund einer Rabatte eignet. Die Blüten sind mittelgroß und zeigen sich in einem leuchtenden, klaren, nicht verblassenden Gelb. Die Knospen sind zuerst spitz, später urnenförmig. Ihre Höhe beträgt 1,20 m. 'Buccaneer' entfaltet schönes, gesundes, mittelgrünes, mattes Laub und ist duftend. Elternsorten: 'Geheimrat Duisberg' x ('Max Krause' x 'Captain Thomas'); gezüchtet von Swim (USA); eingeführt: 1952.

CHAMPION. Wie der Name vermuten läßt, hat diese Sorte außergewöhnlich große Blüten. Die Blütenfarbe ist ein goldfarbener Cremeton, der mit Rosa durchzogen

Links: MAINZER FASTNACHT (BLUE MOON), *die verläßlichste der lilagetönten Teehybriden.*

Rechts: CHAMPION, *eine Teehybride mit besonders großen Blüten.*

ist. Die Blüten erscheinen an einem kräftigen und gesunden Busch. Sie eignen sich gut für Blumenarrangements, wenn ein oder zwei wirklich große Blüten gebraucht werden. 'Champion' ist stark duftend. Ihre Höhe beträgt 75 cm; gezüchtet von Fryer (Großbritannien); eingeführt: 1976.

CHESHIRE LIFE. Große, schön geformte Blüten in Zinnoberrot-Orange. Diese Rose hat einen kräftigen, buschigen Wuchs von mittlerer Höhe – mit reichlich dunklem, ledrigem Laub. In dieser Farbgruppe ist sie ganz bestimmt eine der besten. Ihre Elternsorten sind: 'Prima Ballerina' x 'Princess Michiko'; gezüchtet von Fryer (Großbritannien); eingeführt: 1972.

CHICAGO PEACE. Ein Farbabkömmling von 'Gloria Dei' (im englischen Sprachraum 'Peace'), der sie in jeder Hinsicht ähnlich ist – mit Ausnahme der Blütenfarbe, einem Phlox-Rosa, das an der Basis der Blütenblätter in Kanarien-Gelb übergeht. Ansonsten verfügt diese Rose über alle Vorzüge der Elternsorte. Ihre Blätter sind groß und glänzend. Auch weiß sie durch einen gesunden, kräftigen Wuchs zu gefallen. Sie ist schwach duftend. Ihre Höhe beträgt gut 1 m bis 1,50 m; entdeckt von Johnston (USA); eingeführt: 1962.

ALEXANDER, *eine Teehybride mit herrlich leuchtender Blütenfarbe.*

CHRYSLER IMPERIAL. Sie hat große, schön geformte Blüten von samtigem Scharlach-rot. Die Rückseite ist blasser. 'Chrysler Imperial' duftet nur schwach. Ihr Wuchs ist hoch (ca. 1,20 m). Das mittelgrüne Laub ist etwas mehltauanfällig. Elternsorten: 'Charlotte Armstrong' x 'Mirandy'; gezüchtet von Dr. W.E. Lammerts (USA).

DIORAMA. Große Blüten in Apricot-Gelb, das bei der geöffneten Blüte rosa durch-zogen ist. Sie hat einen kräftigen, sich verzweigenden Wuchs und eignet sich gut als Beetrose. 'Diorama' blüht besonders gut im Herbst. Ihre Höhe beträgt 90 cm. Sie ist duftend; Elternsorten: 'Gloria Dei' x 'Beauté'; gezüchtet von de Ruiter (Holland); eingeführt: 1965.

DORIS TYSTERMAN. Ihre mittelgroßen, formschönen Blüten in Kupfer-Orange erscheinen reichlich, und zwar an einer buschigen, aufrechten Pflanze mit glänzendem bronzegetönten Laub. Ihre Elternsorten sind: 'Peer Gynt' x ein unbenannter Sämling. Gezüchtet wurde 'Doris Tysterman' von Wisbech Plant Co. (Großbritannien); ein-geführt: 1975 (vgl. Abb. Seite 159).

DUFTWOLKE ('Fragrant Cloud'). Sie hat große Blüten. Die Farbe ist anfangs ein Korallen-Scharlachrot, das später etwas rauchig und im Verblühen schließlich purpurrot wird. Der Wuchs ist kräftig und buschig, etwa 1 m hoch, mit viel großblättrigem Laub. Sie ist gelegentlich etwas mehltauanfällig; gezüchtet von Tantau (Deutschland); eingeführt: 1963.

DUFTZAUBER 84 ('Royal William', 'Korzaun'). Sie verfügt über ausgezeichnete Wuchseigenschaften, ist winterhart, starkwüchsig und bringt hübsches Laub hervor. Gleichzeitig sind die Blüten sehr schön und von einem intensiven Karmesinrot. Sie haben auch einen kräftigen Duft; gezüchtet von Kordes (Deutschland); eingeführt: 1984 (vgl. Abb. Seite 155).

DUTCH GOLD. Große, intensiv duftende Blüten in einem Gold-Gelb, das nicht verblaßt. Der Wuchs ist kräftig und aufrecht, mit hübschem gesunden mittelgrünen Laub (Höhe: ca. 90 cm); gezüchtet von Wisbech Plant Co. (Großbritannien); eingeführt: 1978.

ELIZABETH HARKNESS. Die Blüten dieser Sorte sind groß und spiralförmig in einem Elfenbein-Weiß, das zart rosa und bernsteinfarben überhaucht ist. Die Blüten können bei schlechtem Wetter leiden, bei günstigen Bedingungen bringt 'Elisabeth Harkness' aber Blüten von großer Vollendung hervor. Der Wuchs dieser Pflanze ist aufrecht, von mittlerer Höhe und Stärke. Sie ist schwach duftend und gedeiht besonders gut unter Glas. Ihre Höhe beträgt 75 cm; gezüchtet von Harkness (Großbritannien); eingeführt: 1969.

ERNEST H. MORSE. Eine ausgesprochen starkwüchsige und gesunde rote Rose mit großen, dunkelgrünen Blättern. Sie gehört zu den verläßlichsten von allen roten Teehybriden – ihre einzige Schwäche ist, daß das Rot bald matt wird. Sie ist kräftig duftend (Höhe 90 cm); gezüchtet von Kordes (Deutschland); eingeführt: 1965.

EVENING STAR. Große, reinweiße Blüten, die schlechtes Wetter besser als die meisten anderen weißen Rosen vertragen. Sie ist gut duftend, der Wuchs kräftig und ihr Laub gesund und dunkelgrün; gezüchtet von Warriner (USA); eingeführt: 1974.

FANTAN. Sie ist nicht gerade eine typische Teehybride und auch nicht weit verbreitet. Ich erwähne sie hier wegen der schalenförmigen Blüten und der ungewöhnlichen Blütenfarbe, einem erdigen Orange. Sie ist von mittelstarkem Wuchs, dabei schwach duftend; gezüchtet von Meilland (Frankreich); eingeführt: 1959.

GAIL BORDEN. Sie hat große, leicht kugelförmige Blüten. Die Innenseiten der Blütenblätter sind rosarot, die Rückseiten zart goldfarben. Sie ist eine verläßliche Rose – reichblühend und starkwüchsig. Ihre Höhe beträgt 90 cm. Sie ist schwach duftend; gezüchtet von Kordes (Deutschland); eingeführt: 1956.

GLORIA DEI ('Peace', 'Madame A. Meilland'). Sie ist wahrscheinlich die beliebteste und am weitesten verbreitete Rose, die jemals gezüchtet wurde. Ihr Einfluß auf die Entwicklung der Teehybriden war außerordentlich, nicht nur als Elternsorte, sondern auch, weil sie Maßstäbe für neue Rosenzüchtungen setzte. Sie ist eine Rose von außergewöhnlicher Wuchskraft – hoch und verzweigt. Sie bildet in der Tat einen ausgezeichneten Solitärstrauch von 1,20 m Höhe (bei nur geringem Rückschnitt auch höher). Die Blätter sind groß, gesund, glänzend, dunkelgrün und widerstandsfähig gegen Krankheiten, die Blüten sehr groß und dicht gefüllt, gelb mit Rosa durchzogen. Sie erscheinen reichlich, und zwar im Frühsommer als auch im Herbst (häufig auch noch zwischendurch). 'Gloria Dei' wurde von Meilland in Frankreich gezüchtet und erstmals 1936 vermehrt. Als die Vorbereitungen für die Einführung in den Handel abgeschlossen waren, hatte der Zweite Weltkrieg begonnen. Der Versand von Augen in die USA war allerdings schon erfolgt. Nach dem Krieg wurde sie in den USA unter dem treffenden Namen 'Peace' (= „Frieden") vertrieben. In Frankreich heißt sie 'Madame A. Meilland'. Ihre Abstammung ist sehr kompliziert: ('George Dickson' x 'Souvenir de Claudius Pernet') x ('Joanna Hill' x 'Charles P. Kilhan') x 'Margaret McGredy'.

GRACE DE MONACO. Diese Rose wird heute nur noch selten in Katalogen angeboten. Wir bieten sie wegen ihrer großen Blüten in warmem Rosarot weiterhin an. Die Blüten sind gefüllt und ziemlich kugelig und haben einen sehr intensiven Duft; gezüchtet von Meilland (Frankreich); eingeführt: 1956.

PINK FAVORITE, *eine der verläßlichsten von allen Teehybriden.*

SAVOY HOTEL, *eine reizende Teehybride mit vollendet geformten Blüten.*

DUFTZAUBER 84 ('Royal William'), *eine wirklich gute rote Teehybride.*

GRANDPA DICKSON ('Irish Gold'). Sie hat große, vollendet geformte Blüten in zartem Gelb. Ihr Wuchs ist vergleichsweise niedrig, und sie hat nur wenig Laub. Trotzdem ist sie eine gute Beetrose, und sie remontiert sehr gut. 'Grandpa Dickson' braucht einen guten Boden und sorgfältige Pflege, damit sie ihre ganze Schönheit entfalten kann. Sie ist schwach duftend, ihre Höhe beträgt 90 cm; gezüchteet von Dickson (Großbritannien); eingeführt: 1966 (vgl. Abb. Seite 167).

GREAT NEWS. Große Blüten in sattem Pflaumen-Purpur, die Rückseite der Blüten-blätter ist silbrig. Das ist eine hübsche Farbkombination – für eine Teehybride völlig neu. Ihr Wuchs ist mittelstark und sie blüht üppig, ist kräftig duftend und erreicht eine Höhe von 75 cm. Elternsorten: 'Rose Gaujard' x 'City of Hereford'; gezüchtet von Le Grice (Großbritannien); eingeführt: 1973.

HARRY WHEATCROFT. Diese Rose ist nach einer der großen Persönlichkeiten aus der Welt der Rose benannt. Harry Wheatcroft war bis zu seinem Tod so bekannt wie heute ein Popstar. Er brachte in Großbritannien auch einige der besten ausländischen Teehybriden- und Floribunda-Züchtungen in den Handel. Diese Sorte ist sehr gut dazu ausgewählt, seinen Namen zu tragen, denn sie wird voraussichtlich für lange Zeit nicht zu übertreffen sein. Sie ist ein Abkömmling von 'Piccadilly' und hat viele Vorzüge der Elternsorte. Sie ist schwach duftend und erreicht eine Höhe von 75 cm; eingeführt 1972 von Harry Wheatcroft & Sons (Großbritannien).

HONEY FAVORITE. Ein Abkömmling von 'Pink Favorite', mit all den Vorzügen der Elternsorte, aber Blüten in schwachem Safran-Gelb, das leicht mit Rosa durchzogen ist. Es ist schwer verständlich, daß diese Rose nur selten zu sehen ist, denn die Elternsorte 'Pink Favorite' ist weit verbreitet, und verläßliche gelbe Sorten sind schwierig zu erhalten. Ihre Höhe beträgt 75 bis 90 cm. Sie verfügt über hervorragende Widerstandsfähigkeiten gegen Krankheiten; entdeckt von Von Abrams (USA); ein-geführt: 1962.

JOHN WATERER. Große, schön geformte Blüten in dunklem, sattem Karmesinrot, das nicht verblaßt. Sie ist nicht duftend. Sieht man davon ab, bleibt sie eine der besten dieser Farbgruppe. Ihr Wuchs ist kräftig und aufrecht. Sie hat dunkelgrünes Laub, das sehr widerstandsfähig gegen Krankheiten ist; gezüchtet von McGredy (Großbritannien); eingeführt: 1970.

JULIA'S ROSE. Eine Rose mit einzigartiger Blütenfarbe, die meist als eine Mischung aus Kupfer und Pergament beschrieben wird. Aber ich finde, es ist schwierig, eine genaue Beschreibung zu geben. Vielleicht ist es mehr ein Pergament- als ein Kupferton. Hübsch geformte Knospen öffnen sich bei ihr zu rundlichen Blüten. Der Wuchs ist nicht besonders kräftig. Sie ist schwach duftend, ihre Höhe beträgt 75 bis

90 cm. Sie wurde im Jahre 1976 eingeführt und gezüchtet von Wisbech Plant Co. (Großbritannien).

JUST JOEY. Sie hat elegante, knospenartige Blüten mit reizvoll gewellten Blütenblättern in kupfrigem Hellbraun, das zu den Rändern hin blasser wird. Die Blüten bleiben schön bis zum Verblühen. 'Just Joey' hat mittelstarken, sich ausbreitenden Wuchs mit dunkelgrünem matten Laub (Höhe 75 cm); gezüchtet von Cants (Großbritannien); eingeführt: 1972 (vgl. Abb. Seite 167).

KING'S RANSOM. Lange Zeit war sie die beliebteste dunkelgelbe Teehybride. Es mag inzwischen bessere Sorten geben, aber sie ist immer noch eine gute Rose und überall erhältlich. Die Blüten, deren Farbe nicht verblaßt, erscheinen reichlich und sind schön geformt, hochgebaut und mittelgroß; sie ist schwach duftend. Ihr Laub ist dunkelgrün, glänzend und sehr üppig. In leichten oder kargen Böden gedeiht sie nicht besonders gut. An einem solchen Standort bedarf sie sorgfältiger Pflege. Ihre Höhe beträgt 90 cm; gezüchtet von Morey (USA); eingeführt: 1961.

KRONENBOURG ('Flaming Peace'). Sie ist ein Abkömmling von 'Gloria Dei', der zuerst bei McGredy, später in Nordirland entdeckt wurde. Die Elternsorte ist gelb. Bei diesem Abkömmling ist die Innenseite der Blütenblätter ein sattes Karmesinrot, die Außenseite ist wie bei 'Gloria Dei' gelb. Der Gesamteindruck ist ein sattes Karmesinrot, das sich bald in ein Purpur verändert, welches je nach Witterung sehr unterschiedlich sein kann; bei kühlem Wetter mag es ein prächtiger satter Purpurton sein, bei großer Hitze ist der Farbton dunkler, dann aber immer noch schön. Seine Höhe beträgt 1,20 m; eingeführt: 1965.

LAKELAND. Sehr große, dicht gefüllte, formschöne Blüten in weichem Muschelrosa; sie ist leicht duftend, ziemlich starkwüchsig, verzweigt sich gut und hat mittelgrünes Laub. 'Lakeland' ist eine gesunde Pflanze, die 75 cm hoch wird; gezüchtet von Fryer (Großbritannien); eingeführt: 1976.

LANDORA ('Sunblest'). Eine verläßliche Rose in reinem Gelb, ideal als Beetrose. Die Blüten sind nicht groß, aber sie halten ihre Farbe sehr gut, selbst bei starker Sonneneinstrahlung. Ihr Wuchs ist buschig und kompakt; gezüchtet von Tantau (Deutschland); eingeführt: 1970.

L'OREAL TROPHY. Diese Rose ist ein Abkömmling von 'Alexander' in Lachs-Orange mit dem gleichen gesunden und kräftigen Wuchs der Elternsorte – das sind sehr nützliche Eigenschaften bei einer Rose dieses Farbtons, denn sie kommen nicht gerade oft vor. Ihre Höhe beträgt 1,20 m; entdeckt von Harkness (Großbritannien); eingeführt: 1980.

MICHÈLE MEILLAND, *eine sehr gefällige Moderne Teehybride.*

DORIS TYSTERMAN, *eine verläßliche Teehybride mit hübsch geformten Blüten in reizvoller Farbe.*

MADAME LOUIS LAPERRIÈRE. Ich halte diese Sorte für eine der besten unter den dunkelroten Teehybriden. Sie eignet sich besonders gut als Beetrose. Der Wuchs ist niedrig und buschig, mit vielen von der Basis ausgehenden neuen Trieben, reich- und öfterblühend, und zwar bis weit in den Herbst hinein. Die Blütenblätter sind recht kurz (aber trotzdem sehr reizvoll), die Blüten mittelgroß und intensiv duftend. Sie hat mittelgrünes Laub, hohe Widerstandskraft gegen Krankheiten und wird 75 cm hoch; gezüchtet von Laperrière (Frankreich); eingeführt: 1951.

MAESTRO. Sam McGredy züchtet seit einiger Zeit Rosen, die er „handgemalt" nennt. Es sind dies zweifarbige Rosen, bei denen die eine Farbe die andere durch- zieht, meist Floribunda-Rosen. 'Maestro' ist die erste Teehybride dieser Art. Die Grundfarbe ist ein Karmesinrot, das reizvoll mit Weiß gefleckt und umrandet ist. Sie hat einen schönen buschigen Wuchs von etwa 75 cm Höhe; eingeführt: 1981.

MAINZER FASTNACHT ('BLUE MOON'). Die Alten Rosen, besonders die Gallica- Rosen, schenkten uns herrliche Farbtöne in Purpur, Lila und Mauve. Die Tee- hybriden waren dazu bisher nicht in der Lage. 'Mainzer Fastnacht' (im englischen Sprachraum: 'Blue Moon', zu deutsch „blauer Mond") ist natürlich keine blaue Rose – die Blütenfarbe ist ein silbriges Lila oder auch ein Lila-Rosa. Die Blüten sind mittelgroß und schön geformt, hochgebaut und duften kräftig nach Zitrone. Ihr Wuchs und ihre Widerstandskraft gegen Krankheiten sind zufriedenstellend. Das Laub ist mittelgrün und glänzend. Ihre Höhe beträgt 90 cm. Es heißt, daß eine Elternsorte 'Sterling Silver' war, die andere Elternsorte ist nicht bekannt; gezüchtet von Tantau (Deutschland); eingeführt: 1964 (vgl. Abb. Seite 150).

MESSAGE ('White Knight'). Eine Rose mit formschönen Blüten in reinem Weiß, das anfangs grünlich schattiert ist. Leider ist sie nicht starkwüchsig, auch ist sie anfällig für Mehltau. Sie erreicht eine Höhe von 75 cm; Elternsorten: ('Virgo' x 'Gloria Dei') x 'Virgo'; gezüchtet von Meilland (Frankreich); eingeführt: 1956.

MICHÈLE MEILLAND. Diese Rose ist in heutigen Katalogen zwar nur selten zu finden, für mich ist sie aber eine der schönsten modernen Teehybriden überhaupt. Sie hat ziemlich kleine Blüten mit ausgesprochen feinen Knospen in weichem Rosa. Sie erscheinen an einem verzweigten Busch von etwa 75 cm Höhe mit hellgrünem, mattem Laub. 'Michèle Meilland' ist fast ohne Stacheln, leicht duftend und verfügt über gute Widerstandskräfte gegen Krankheiten. Sie ist eine Kreuzung zwischen 'Joanna Hill' und 'Gloria Dei'; gezüchtet von Meilland (Frankreich); eingeführt: 1945 (vgl. Abb. Seite 158).

MISCHIEF. Sie hat mittelgroße Blüten in korallenfarbig schattiertem Rosa, ist starkwüchsig und wächst als mittelhoher, kompakter Busch mit viel hellgrünem

Laub. 'Mischief' ist ideal als Beetrose, duftet leicht und erreicht eine Höhe von 75 cm; gezüchtet von McGredy (Großbritannien); eingeführt: 1961.

MISTER LINCOLN. Intensiv duftende Blüten in samtigem dunklen Karmesinrot – das Ergebnis einer Kreuzung zwischen 'Chrysler Imperial' und 'Charles Mallerin'. Ihr Wuchs läßt etwas zu wünschen übrig, er ist eher spärlich mit nur wenig Laub, aber der Duft und die Farbe gleichen das aus. Hübsche Knospen öffnen sich bei ihr zu einer ziemlich schalenförmigen Blüte, die goldfarbene Staubgefäße zeigt; gezüchtet von Swim & Weeks (USA); eingeführt: 1964.

MOJAVE. Eine ungewöhnliche, wunderschöne Rose mit sehr dicht gerollten knospenartigen Blüten. Diese sind nicht groß und zeigen sich in einem Orange-Rosa, das reizvoll orange-rot geädert ist. Der Wuchs ist aufrecht und mittelstark, mit mittelgrünem, glänzendem Laub. 'Mojave' ist leicht duftend; ihre Höhe beträgt 90 cm; Elternsorten: 'Charlotte Armstrong' x 'Signora'; gezüchtet von W.C. Swim (USA); eingeführt: 1954.

MULLARD JUBILEE. Sie hat sehr große, dicht gefüllte, dunkelrosa Blüten, und zwar an einer kräftigen, buschigen Pflanze mittlerer Höhe; 'Mullard Jubilee's' Elternsorten sind: 'Paddy McGredy' x 'Prima Ballerina'; gezüchtet von McGredy (Großbritannien); eingeführt: 1970.

NATIONAL TRUST. Es ist interessant, diese Rose mit 'Mister Lincoln' und 'Papa Meilland' zu vergleichen. Sie hat alle Vorzüge, die man von einer Teehybride erwartet: stabilen, aufrechten Wuchs, reichlich dunkelgrünes Laub, das widerstandsfähig ist gegen Krankheiten, und sie hat eine gute Nachblüte. Die Blüten haben die erwartete Spiralform, die Farbe ist ein leuchtendes Karmesinrot, das nicht verblaßt. Aber es fehlt der Duft, und der Gesamteindruck der Pflanze ist eher künstlich – sowohl in der Blüte als auch im Wuchs. Die Lösung dieses Rätsels liegt vielleicht in den Elternsorten: Sie ist eine Kreuzung zwischen einer Floribunda-Rose und einer Teehybride, und das muß zwangsläufig den Charakter einer Rose prägen. Die Höhe von 'National Trust' beträgt 75 cm; gezüchtet von McGredy (Großbritannien); eingeführt: 1970.

PAPA MEILLAND. Sie ist eine der perfektesten der karmesinroten Teehybriden: die Farbe ist intensiv und von bemerkenswerter Reinheit. Die Blüten sind schön geformt und duften köstlich. In dieser Hinsicht hat sie alle Vorzüge, die wir von einer roten Rose erwarten. Leider hat die Sache einen Haken – der Wuchs ist sehr schwach. Wenn Sie sich entschließen, diese Sorte anzupflanzen, müssen Sie sie sehr gut pflegen. 'Papa Meilland' ist stark duftend und erreicht eine Höhe von 75 cm; gezüchtet von Meilland (Frankreich); eingeführt: 1963.

PAUL SHIRVILLE, *Teehybride.*

PRISTINE, *Teehybride.*

BLESSINGS, *eine verläßliche und reichblühende moderne Teehybride.*

PASCALI, *die beste weiße Teehybride.*

PASCALI. Diese Sorte gilt seit einiger Zeit als die beste weiße Teehybride. Sie ist eine Kreuzung zwischen 'Queen Elizabeth' sowie 'White Butterfly' und hat von ersterer etwas von dem kräftigen Wuchs und der Widerstandsfähigkeit gegen Krankheiten geerbt. In dieser Hinsicht ist sie den anderen weißen Rosen dieser Gruppe überlegen. 'Queen Elizabeth' selbst hat zwar nicht die typischen knospenförmigen Teehybridenblüten; viele ihrer Abkömmlinge haben aber solche Blüten. Und da die andere Elternsorte eine Hybride von 'Madame Butterfly' ist, überrascht es nicht, daß 'Pascali' wunderschön geformte Teehybridenblüten hervorbringt. Die Blüten sind nicht besonders groß, aber ausgesprochen fein; gezüchtet von Lens (Belgien); eingeführt: 1963 (vgl. Abb. Seite 163).

PAUL SHIRVILLE. Eine wunderschöne Rose mit eleganten knospenförmigen Blüten in feinem Apricot und Pfirsich-Rosa. Sie hat einen guten, sich ausbreitenden Wuchs mit viel Laub und ist besonders geeignet für eine gemischte Rabatte. Sie ist kräftig duftend, wurde deshalb übrigens mit der Edland Medaille ausgezeichnet. 'Paul Shirville' ist eine Kreuzung zwischen der Kletterrose 'Compassion', von der sie vermutlich ihre guten Wuchseigenschaften geerbt hat, und 'Mischief'; gezüchtet von Harkness (Großbritannien); eingeführt: 1983 (vgl. Abb. Seite 162).

PEACE. Siehe 'Gloria Dei'.

PEAUDOUCE ('Elina'). Eine wunderschöne, feine Rose in bester Teehybridentradition mit perfekten knospenförmigen Blüten in Elfenbeinweiß, das zur Mitte hin in Zitronengelb übergeht. Ihr Wuchs ist buschig, sie wird etwa 90 cm hoch und hat üppiges mittel- bis dunkelgrünes Laub; Elternsorten: 'Nana Mouskouri' x 'Lolita'; gezüchtet von Dickson (Großbritannien); eingeführt: 1985 (vgl. Abb. Seite 166).

PEER GYNT. Eine kräftige, buschige Rose mittlerer Höhe. Die Blüten sind groß, leuchtend gelb, an den Rändern zart rosa überzogen. Im Knospenstadium ziemlich kugelig, öffnen sie sich später zu einer reizvollen, schalenförmigen Blüte. 'Peer Gynt' hat gesundes, glänzendes, dunkelgrünes Laub. Sie ist nur leicht duftend; gezüchtet von Kordes (Deutschland); eingeführt: 1968.

PICCADILLY. Zweifarbig scharlachrot und gelb; innen scharlachrot, außen gelb, mit der Zeit sich orange überziehend. Die Blüten sind mittelgroß und ziemlich dicht gefüllt, dabei leicht duftend. Der Wuchs dieser Rose ist kräftig und verzweigt; sie bringt glänzendes, bronzegetöntes Laub hervor; Elternsorten: 'McGredy's Yellow' x 'Karl Herbst'; gezüchtet von McGredy (Großbritannien); eingeführt: 1959.

PINK FAVORITE. Sie ist das Ergebnis einer Kreuzung zwischen der Teehybride 'Juno' und einem Sämling, der seinerseits eine Kreuzung zwischen der Remontant-Rose

'Georg Arends' und der öfterblühenden Kletterrose 'New Dawn' ist. Diese höchst ungewöhnliche Kombination hat zu einer der starkwüchsigsten, verläßlichsten und gegen Krankheiten widerstandsfähigsten Teehybriden überhaupt geführt. Die Blüten sind zwar groß und schön geformt, aber leider fehlt ihnen ein gewisser Charakter. Das Laub ist glänzend und dunkelgrün, der Wuchs verzweigt. Trotz ihrer Schwächen gibt es kaum eine Teehybride, die für einen ungünstigen Standort besser geeignet wäre; gezüchtet von Von Abrams (USA); eingeführt: 1956 (vgl. Abb. Seite 154).

PINK PEACE. Die Blütenfarbe dieser Sorte ist ein dunkles Rosarot. Die Blüten sind groß, gefüllt und schalenförmig, dabei gut duftend. Sie haben gesundes, bronzegetöntes Laub und einen kräftigen, aufrechten Wuchs von etwa 1 m Höhe. Es ist interessant, daß Meilland für diese Züchtung auf die alte Remontant-Rose 'Mrs John Laing' zurückgegriffen hat; Elternsorten: ('Gloria Dei' 'Monique') x ('Gloria Dei' x 'Mrs John Laing'); eingeführt: 1957.

POLARSTERN ('Polar Star'). Eine verhältnismäßig neue weiße Sorte, die sehr beliebt zu werden verspricht. Die Blüten sind ziemlich groß, von perfekter hochgerichteter Form, allerdings nur schwach duftend. Das Laub ist dunkelgrün, der Wuchs kräftig. Ihre Höhe beträgt etwa 1 m; gezüchtet von Tantau (Deutschland); eingeführt: 1982.

POT OF GOLD. Duftende, schön geformte, kleine bis mittelgroße Blüten in klarem Gelb. Diese Rose blüht sehr reich, in der Regel in großen, lockeren Büscheln. Sie hat einen kräftigen, buschigen Wuchs und üppiges, glänzendes Laub. Ihre Höhe beträgt ca. 75 cm. 'Pot of Gold' ist eine ideale Beetrose; gezüchtet von Dickson (Großbritannien); eingeführt: 1980.

PRECIOUS PLATINUM. Siehe 'Red Star'.

PRIMABALLERINA ('Prima Ballerina', 'Première Ballerine'). Lange Zeit galt diese Rose als die beste rosafarbene Teehybride, und sie steht auch heute noch hoch im Kurs. Die Blüten sind mittelgroß, im Frühstadium sehr schön geformt, kräftig duftend. Die Pflanze hat einen starken, aufrechten Wuchs von etwa 90 cm Höhe und bringt gesundes, dunkelgrünes Laub hervor; gezüchtet von Tantau (Deutschland); eingeführt: 1958 (vgl. Abb. Seite 170).

PRISTINE. Große, schön geformte Blüten in Elfenbeinweiß, zart rosa getönt, erscheinen bei ihr an einem hohen Busch und heben sich gut gegen das große, dunkelgrüne Laub ab. Sie verfügt über einen guten, robusten Wuchs mit üppigem Laub. Ihre Höhe beträgt etwa 90 cm. Sie ist kräftig duftend; gezüchtet von Warren (USA); eingeführt: 1978 (vgl. Abb. Seite 162).

PEAUDOUCE ('Elina'). *Die zarte zitronengelbe Farbe veranschaulicht den neuen Trend bei den Teehybriden hin zu sanfteren Farben.*

WHISKY, *eine beliebte Teehybride.*

Links: JUST JOEY, *eine Teehybride mit langen knospenförmigen Blüten.*

Rechts: GRANDPA DICKSON, *eine Teehybride mit riesigen Blüten.*

RED DEVIL ('Cœur d'Amour'). Sie hat außergewöhnlich große Blüten in rosigem Scharlachrot. Diese sind vollendet hochgerichtet und werden gern auf Ausstellungen gezeigt, leiden aber leicht bei Regen. Sie verfügen über einen kräftigen, buschigen Wuchs und haben gesundes, dunkelgrün glänzendes Laub (Höhe: ca. 1 m); gezüchtet von Dickson (Großbritannien); eingeführt: 1967.

RED STAR ('Opa Pötschke', 'Precious Platinum'). Die herausragende Eigenschaft dieser Rose ist die reine Leuchtkraft der karmesinroten Farbe. Die Blüten sind mittel-groß, das Laub üppig und glänzend. Mit ihrem kräftigen und buschigen Wuchs ergibt sie alles in allem eine erstklassige Beetrose; Elternsorten: 'Red Planet' x 'Franklin Engelmann'; gezüchtet von Dickson (Großbritannien); eingeführt: 1974.

ROSE GAUJARD. Eine verläßliche, leicht zu kultivierende Rose mit kräftigem, sich ausbreitendem Wuchs und dunkelgrünem Laub. Die Blüten sind groß – innen karminrosa, außen silbrigweiß. Sie sind kugelig, aber kaum duftend und erscheinen in üppiger Pracht; gezüchtet von Gaujard (Frankreich); eingeführt: 1957.

ROYAL WILLIAM. Siehe 'Duftzauber'.

SAVOY HOTEL (Harvintage). Eine reizende, duftende Rose in zartem Muschelrosa. Die Blüten sind formvollendet, und die Blütenblätter haben einen feinen Glanz. Eine ideale Beetrose mit niedrigem und gleichmäßigem Wuchs; gezüchtet von Harkness (Großbritannien); eingeführt: 1989 (vgl. Abb. Seite 154).

SILVER JUBILEE. Vielleicht die schönste Rose, die Alec Cocker in seiner kurzen, aber sehr erfolgreichen Karriere als Rosenzüchter geschaffen hat. 'Silver Jubilee' ist eine besonders robuste und verläßliche Teehybride und hat außergewöhnlich große und viele Blätter. Die Blüten sind nicht sehr groß, aber sie haben eine schöne Form und eine reizende Farbe – ein Lachs-Rosa, das mit Pfirsich und Kupfer-Rosa schattiert ist. Sie duften nur leicht, werden aber in außerordentlicher Fülle hervor-gebracht. 'Silver Jubilee' ist im Gedenken an das Silber-Jubiläum der englischen Königin benannt worden; Elternsorten: ('Highlight' x 'Königin der Rosen') x ('Park-direktor Riggers' x 'Piccadilly') x 'Mischief'; eingeführt: 1978 (vgl. Abb. S. 171).

SILVER LINING. Sie hat große, schön geformte Blüten in silbrigem Rosa mit silbriger Rückseite. Sie ist ausreichend starkwüchsig, etwa 75 cm hoch und verzweigt sich recht gut. 'Silver Lining' ist eine Kreuzung zwischen 'Karl Herbst' und 'Eden Rose'; gezüchtet von Dickson (Großbritannien); eingeführt: 1958.

SORAYA. Ich erwähne diese Rose wegen der hübschen und ungewöhnlichen Farbe – einem leuchtenden Orange-Rot, auf der Rückseite der Blütenblätter Karmesinrot.

Die Blüten erscheinen an langen Stengeln. Sie sind mittelgroß und leicht schalenförmig, dabei nur leicht duftend. Das Laub ist dunkelgrün, anfangs karmesinrot getönt; gezüchtet von Meilland (Frankreich); eingeführt: 1955.

SUNBLEST. Siehe 'Landora'.

SUNSET SONG. Mittelgroße Blüten in einer gefälligen Farbe, einem goldfarbenen Bernstein- bis Kupferton. Sie bildet einen starkwüchsigen, aufrechten Busch von 90 cm Höhe mit sehr viel Laub. 'Sunset Song' ist leicht duftend. Die Elternsorten sind: Sämling x 'Landora'; gezüchtet von Cocker (Großbritannien); eingeführt im Jahre 1981.

SUPER STAR ('Tropicana'). Diese Rose ist eine der am weitesten verbreiteten Rosen, hauptsächlich, weil ihre Farbe – ein leuchtendes Zinnoberrot – zur Zeit ihrer Einführung 1960 bei Teehybriden eine Neuheit war. Die Blüten sind mittelgroß und schön geformt. 'Super Star' hat einen kräftigen Wuchs, verzweigt sich gut und ist reichblühend, aber etwas „kopflastig"; gezüchtet von Tantau (Deutschland); eingeführt: 1960.

SUTTER'S GOLD. Eine sehr schöne Teehybride mit eleganten, schlanken, knospenförmigen Blüten, ohne die Schwere so vieler neuer Sorten. Ihre orangeroten Knospen entwickeln sich zu Blüten in hellem Orange-Gelb, das mit Rosa durchzogen und scharlachrot geädert ist. Die Blüten haben einen kräftigen und angenehmen Duft; gezüchtet von Swim (USA); eingeführt: 1950.

TROIKA. ('Royal Dane'). Mittelgroße Blüten in kupfrigem Orange, das gelegentlich scharlachrot geädert ist. 'Troika' ist in dieser Farbgruppe eine besonders kräftige, verläßliche und gesunde Rose. Sie hat glänzendes, mittelgrünes Laub. Die Elternsorten sind unbekannt; gezüchtet von Poulsen (Dänemark); eingeführt: 1971.

VELVET FRAGRANCE (Fryperdee). Diese Rose verdient weitere Verbreitung. Es war vielleicht etwas unglücklich, daß sie im selben Jahr, nämlich 1987, herausgebracht wurde wie 'Duftzauber 84'. Das Karmesinrot der Blütenfarbe ist im Vergleich zu 'Duftzauber 84' etwas dunkler und düsterer. 'Velvet Fragrance' duftet intensiv; gezüchtet von Fryer (Großbritannien); eingeführt: 1988.

VIRGO. Diese Rose hat sehr schöne weiße Blüten, die häufig zartrosa schimmern. Sie leiden leicht unter Regen, und der Wuchs ist schwach. Sie ist außerdem anfällig für Mehltau, so daß Spritzen notwendig sein kann. Sie bringt dunkelgrünes, mattes Laub hervor und ist leicht duftend. Ihre Höhe beträgt 60 cm; gezüchtet von Mallerin (Frankreich); eingeführt: 1947.

PRIMABALLERINA, *eine Teehybride mit wunderschönen Blüten.*

SILVER JUBILEE, *eine besonders robuste und verläßliche Teehybride.*

WENDY CUSSONS. Die Blütenfarbe dieser ausgezeichneten Rose ist schwer zu beschreiben, vielleicht am ehesten als Rosarot oder als kräftiges leuchtendes Rosa. Auf jeden Fall ist die Farbe sehr schön. Die Blüten haben eine schöne Form und sind stark duftend. 'Wendy Cussons' hat glänzendes dunkelgrünes Laub. Sie ist das Ergebnis einer Kreuzung zwischen 'Kordes Sondermeldung' und 'Eden Rose'; gezüchtet von Gregory (Großbritannien); eingeführt: 1963.

WHISKY ('Whisky Mac'). Diese Rose ist für eine Teehybride weder besonders kräftig noch besonders vielseitig; trotzdem ist sie sehr beliebt. Der Grund dafür liegt in der reizenden Blütenfarbe, einem Bernsteingelb; gezüchtet von Tantau (Deutschland); eingeführt: 1967 (vgl. Abb. Seite 167).

YELLOW PAGES. Sie haben gefüllte Blüten in zartrosa schattiertem Goldgelb. Diese sind zwar nicht von höchster Qualität und auch kaum duftend, aber wir haben es mit einer robusten, verläßlichen Rose zu tun, die reich und anhaltend blüht; gezüchtet von McGredy (Großbritannien); eingeführt: 1972.

Floribunda-Rosen

Neben den Teehybriden sind die Floribunda-Rosen heute die wichtigsten Rosen. Sie entstanden aus der Kreuzung von Teehybriden mit Polyantha-Rosen. Hier reicht es aus, darauf hinzuweisen, daß sie eine kleine Gruppe sehr winterharter und ausgesprochen reichblühender Beetrosen sind mit zahlreichen kleinen, ramblerähnlichen Pomponblüten, die in großen Büscheln angeordnet sind. Durch Kombination der beiden Gruppen entstand eine Klasse sehr winterharter, reichblühender und farbenfroher Rosen – die Floribunda-Rosen.

Wir verdanken die Floribunda-Rosen der Firma Poulsen in Dänemark, die sich zu Anfang dieses Jahrhunderts besonders um die Züchtung winterharter Rosen für das skandinavische Klima bemühte. P.T. Poulsen kreuzte die Polyantha-Rose 'Madame Norbert Levavasseur' mit der Teehybride 'Richmond'. Das Ergebnis nannte er 'Rödhätte' (zu deutsch: „Rotkäppchen"), eine Rose mit halbgefüllten, kirschroten Blüten in großen Büscheln. Sie wurde 1912 eingeführt und ging wohl in den Wirren des Ersten Weltkriegs unter; man hörte kaum etwas von ihr. Nach dem Krieg kreuzte sein Sohn, Svend Poulsen, die Polyantha-Rose 'Orléans Rose' mit der Teehybride 'Red Star'. Das Ergebnis waren die leuchtend rote 'Kirsten Poulsen' und die rosa 'Else Poulsen'. Beide wurden 1924 eingeführt und erzielten große Erfolge.

Diesen Rosen folgten bald weitere, und es dauerte nicht lange, bis die Züchter viele Sorten auf den Markt gebracht hatten. Zunächst wurden sie „Polyantha-Hybriden" genannt, um 1950 wurde ihr Name in Floribunda-Rosen geändert. Seitdem ist viel vom Erbgut der Teehybriden in die Floribunda-Rosen eingebracht worden – mit dem Resultat, daß beide Gruppen näher zusammengerückt sind. Inzwischen ist es bei einigen Sorten schwierig zu entscheiden, zu welcher Gruppe sie gehören. Die Blüten der frühen Floribunda-Rosen waren meist einfach oder halbgefüllt und öffneten sich flach. In letzter Zeit haben sie mehr und mehr die Blütenform der Teehybriden angenommen. Eine Zeitlang schien es sogar, daß die Floribunda-Rosen die Teehybriden an Beliebtheit überholen würden.

Manchmal scheint es mir, es wäre besser gewesen, wenn sich die Züchter stärker auf das Kultivieren einfach blühender oder halbgefüllter Floribunda-Rosen konzentriert hätten, denn diese Blütenformen ergeben in der Fülle der Blüten eine schönere und natürlichere Wirkung. Allerdings kann ich nicht bestreiten, daß kaum irgend eine andere Blume in der Lage ist, uns über eine so lange Blütezeit mit so viel Farbe zu erfreuen. Es muß außerdem darauf hingewiesen werden, daß sich hinter dem Begriff „Floribunda" tatsächlich Rosen für jeglichen Geschmack verbergen.

Floribunda-Rosen sind insgesamt winterhärter, reichblühender und widerstandsfähiger gegen Krankheiten als Teehybriden. Sie sind deshalb in der Pflege weniger anspruchsvoll. Trotzdem lohnt es sich, sie genauso liebevoll zu pflegen wie Teehybriden. Sie danken es durch um so üppigeres und kontinuierlicheres Blühen. Die Floribunda-Rosen sollten wesentlich weniger zurückgeschnitten werden als Teehybriden.

ALLGOLD. Sie ist eine niedrig wachsende Floribunda-Rose, die seit langem wegen ihrer Blütenfarbe, einem klaren, nicht verblassenden Butterblumengelb, geschätzt wird. Die Intensität und Reinheit der Farbe sind in dieser Gruppe bis heute nicht übertroffen worden ('Friesia' ist als Rose besser, hat aber einen anderen Farbton). Die Blüten sind ziemlich formlos, und der Wuchs ist nicht besonders kräftig, aber die Gesamtwirkung zierlich und gefällig. Das Laub ist mittelgrün, glänzend und widerstandsfähig gegen Krankheiten. 'Allgold' duftet leicht. Ihre Höhe beträgt 75 cm; gezüchtet von Le Grice (Großbritannien); eingeführt: 1958.

AMBERLIGHT. Sie stammt aus einer Reihe mit bräunlichem Farbton und wurde von E.B. Le Grice gezüchtet. Diese Sorten sind alle nicht besonders starkwüchsig, haben aber besonders für Blumenarrangements ihren Wert. 'Amberlight' hat große, halbgefüllte Blüten, die in Büscheln an „drahtigen" Stengeln erscheinen. Die Blütenfarbe ist ein hübscher reiner Bernsteinfarbton; Elternsorten: (Sämling x 'Lavender Pinocchio') x 'Marcel Bourgouin'; eingeführt: 1961.

AMBER QUEEN. Sie hat dicht gefüllte, formschöne Blüten in einem reizenden Bernsteingelb. Die Farbe ähnelt sehr der von 'Whisky' und paßt gut zu dem dunkelgrünen Laub. Ihr Wuchs ist niedrig, sich ausbreitend und buschig. Sie verströmt einen ziemlich kräftigen Duft. Ihre Höhe beträgt 60 bis 75 cm; Elternsorten: 'Southampton' x 'Taifun'; gezüchtet von Harkness (Großbritannien); eingeführt: 1984 (vgl. Abb. Seite 175).

ANNE HARKNESS. Große, lockere Büschel apricotfarbener Blüten an langen Stengeln. Ihr Wuchs ist außergewöhnlich hoch und robust. Sie eignet sich auch als Strauchrose. Die Elternsorten von 'Anne Harkness' sind: 'Bobby Dazzler' x ('Manx Queen' x 'Primaballerina') x ('Chanelle' x 'Piccadilly'); gezüchtet von Harkness (Großbritannien); eingeführt: 1980.

APRICOT NECTAR. Eine reizvolle Floribunda-Rose. Die sehr feinen Blüten sind apricot-gelb und gut duftend und haben fast die Form einer Teerose. Der Wuchs ist hoch und wenig verzweigt, was einen ziemlich offenen Busch ergibt. Das Laub ist mittelgrün. Sie gehört zu den Floribunda-Rosen, die einer Teehybride sehr nahekommen, mit großen Blüten in kleinen Gruppen. Ihre Höhe beträgt 90 cm; Elternsorten: Sämling x 'Spartan'; gezüchtet von Boerner (USA); eingeführt: 1965.

ARTHUR BELL. Eine kräftige und verläßliche Floribunda-Rose in blassem Gelb, das zu einem wenig reizvollen Cremeton verblaßt. Der Wuchs ist hoch, stark und aufrecht, mit ledrigem, mittelgrünem, gesundem Laub, und sie ist gut duftend. Ihre Höhe beträgt 90 cm; Elternsorten: 'Cläre Grammerstorf' x 'Piccadilly'; gezüchtet von McGredy (Großbritannien); eingeführt: 1965.

APRICOT NECTAR, *eine Floribunda-Rose mit Blüten wie bei einer Teehybride.*

AUGUST SEEBAUER. Eine frühe Floribunda-Rose, die es wert ist, bewahrt zu werden, denn sie liegt etwas abseits der allgemeinen Entwicklungsrichtung dieser Klasse. Die Blüten sind dunkel rosarot mit spitzen Knospen, die sich zu Blüten fast im Stil Alter Rosen öffnen und gut duften. Ihr Wuchs ist stark; Elternsorten: 'Break o'Day' x 'Else Poulsen'; gezüchtet von Kordes (Deutschland); eingeführt: 1944.

BEAUTIFUL BRITAIN. Formschöne Knospen wie bei Teehybriden öffnen sich zu gefüllten Blüten in leuchtendem Tomatenrot. Sie ist kaum duftend, aber sehr reich-blühend mit mittelgrünem Laub und aufrechtem Wuchs von etwa 75 cm Höhe; Elternsorten: 'Red Planet' x 'Eurorose'; gezüchtet von Dickson (Großbritannien); eingeführt: 1983.

BROWNIE. Blüten in ungewöhnlichem Farbton, einem rosa umrandeten Gelbbraun mit gelber Rückseite. Die Blüten sind groß, schalenförmig und öffnen sich flach. Sie erscheinen in kleinen Büscheln. Ihre Höhe beträgt 60 cm; Elternsorten: 'Lavender Pinocchio' x 'Grey Pearl'; gezüchtet von Boerner (USA); eingeführt: 1959.

CAFÉ. Eine bräunliche Rose, meist als „Milchkaffee" beschrieben. Ihr Wuchs ist niedrig und gedrungen, das Laub olivgrün. Sie ist duftend; gezüchtet von Kordes (Deutschland); eingeführt: 1956.

AMBER QUEEN, *eine Floribunda-Rose mit formschönen Blüten.*

CHANELLE. Sie ist unter den Floribunda-Rosen eine meiner Lieblingsrosen – eine reizende, sehr eigenständige Rose mit hübschen Teerosenblüten in feinem Muschelrosa. Ihr Wuchs ist stark und verzweigt. Wenn man mag, kann man sie als Strauchrose wachsen lassen. Sie ist leicht duftend, ihre Höhe beträgt 75 cm; gezüchtet von McGredy (Großbritannien); eingeführt: 1958.

CHINATOWN ('Ville de Chine'). Eine außergewöhnlich hohe und kräftige Floribunda-Rose, die oft auch als Strauchrose angesehen wird. Die Blüten sind groß und gefüllt, rosettenförmig, gelb, manchmal rosa gerandet. Es gibt zwar durchaus Verwendungsmöglichkeiten für sie, beispielsweise wo ein größerer Blickfang gewünscht wird oder in kargen Böden. Insgesamt gesehen wirkt sie aber eher steif und plump. Ihre Höhe beträgt 1,50 m; Elternsorten: 'Columbine' x 'Cläre Grammerstorf'; gezüchtet von Poulsen (Dänemark); eingeführt: 1963.

CIRCUS. Sie hat ziemlich große, dicht gefüllte, anfangs schalenförmige, später rosettenförmige Blüten, die würzig duften. Die Blütenfarbe ist ein helles Gelb mit rosa, lachsfarbenen und scharlachroten Markierungen. 'Circus' ist eine kräftige, buschige Pflanze mit schönem, ledrigem Laub; Elternsorten: 'Fandango' x 'Rosenmärchen'; gezüchtet von Swim (USA); eingeführt: 1956.

CITY OF BELFAST. Eine verläßliche Beetrose mit mittelgrünem, glänzendem und gegen Krankheiten widerstandsfähigem Laub. Die Blüten sind mittelgroß und orange-rot. Sie erscheinen in großen, lockeren Büscheln. 'City of Belfast' ist leicht duftend. Ihre Höhe beträgt 75 cm; Elternsorten: 'Evelyn Fison' x ('Circus' x 'Korona'); gezüchtet von McGredy (Großbritannien); eingeführt: 1968.

CITY OF LEEDS. Knospenförmige Blüten in sattem Lachs-Rosa erscheinen in großen, lockeren Büscheln. Sie ist eine verläßliche Sorte mit buschigem Wuchs und schönem dunkelgrünen Laub; Elternsorten: 'Evelyn Fison' x ('Spartan' x 'Schweizer Gruß'); gezüchtet von McGredy (Großbritannien); eingeführt: 1966.

CLARISSA. Als Kreuzung zwischen der sehr starkwüchsigen 'Southampton' und der Miniaturrose 'Darling Flame' weicht sie von der allgemeinen Entwicklungsrichtung der Floribunda-Rosen etwas ab. Die Blüten sehen aus wie sehr kleine Teehybriden (ähnlich wie bei der beliebten 'Cécile Brunner'). Sie sind apricotfarben, leicht duftend und erscheinen in dichten Büscheln. Ihr Wuchs ist aufrecht, ihr Laub glänzend. Sie wird bis zu 60 bis 75 cm hoch. Benannt wurde sie zu Ehren der Frau von James Mason; gezüchtet von Harkness (Großbritannien); eingeführt: 1983.

DAINTY MAID. Eine wunderschöne Floribunda-Rose mit einfachen Blüten (innen klares Rosa und außen Karmin). Die Blüten erscheinen in kleinen oder mittelgroßen

Büscheln. Die Pflanze ist starkwüchsig, buschig und trägt gesundes, dunkelgrünes, ledriges Laub. Diese ausgezeichnete Rose ist eine Elternsorte von 'Constance Spry' und spielt deshalb eine wichtige Rolle bei der Entwicklung der Rosen. 'Dainty Maid' ist leicht duftend, ihre Höhe beträgt 90 cm. Die Elternsorten von 'Dainty Maid' sind: 'D.T. Poulsen' x Sämling; gezüchtet von Le Grice (Großbritannien); eingeführt: 1938.

DAIRY MAID. Zierliche spitze Knospen in einem mit Karmin gefleckten Gelb öffnen sich bei dieser Rose zu einfachen Blüten in Rahmweiß, das schließlich in Weiß übergeht. Die Blüten sind ziemlich groß und erscheinen an einem Busch mittlerer Höhe; Elternsorten: ('Poulsen's Pink' x 'Ellinor Le Grice') x Mrs Pierre S. du Pont'; gezüchtet von Le Grice (Großbritannien); eingeführt: 1957.

DEAREST. Eine wunderschöne Rose mit offenen, dicht gefüllten Blüten – fast im Stil Alter Rosen. Die Blütenfarbe ist ein weiches Lachsrosa. Die Blüten erscheinen in großer Zahl in kompakten Büscheln. 'Dearest' ist eine starkwüchsige, buschige Pflanze von etwa 75 cm Höhe. Für eine Floribunda-Rose sind sie gut duftend. Sie trägt dunkles, glänzendes Laub. Leider leiden die Blüten leicht bei Regen, außerdem besteht eine gewisse Anfälligkeit für Mehltau; Elternsorten: Sämling x 'Spartan'; gezüchtet von Dickson (Großbritannien); eingeführt: 1960.

DUSKY MAIDEN. Eine frühe Floribunda-Rose mit großen, fast einfachen Blüten in dunklem Rot mit dunklerer Schattierung und auffallenden goldgelben Staubgefäßen. Mir gefällt sie von den karmesinroten Floribunda-Rosen mit am besten, besonders auch wegen ihrer einfachen Blüten. Sie ist leicht duftend; Elternsorten: ('Daily Mail Scented Rose' x 'Étoile de Hollande') x 'Else Poulsen'; gezüchtet von Le Grice; eingeführt: 1947.

EDITH HOLDEN (Chewlegacy). Sie hat halbgefüllte Blüten in einem einzigartigen Rotbraun. Im Gegensatz zu anderen bräunlichen Sorten hat sie einen kräftigen und buschigen Wuchs. Wo dieser Ton im Farbkonzept des Gartens gewünscht wird, ist sie eine sehr gut verwendbare Rose. Sie eignet sich auch sehr gut für Blumenarrangements; gezüchtet von Warner (Großbritannien); eingeführt: 1988.

ELIZABETH OF GLAMIS ('Irish Beauty'). Diese früher beliebte Sorte wird heute nur noch selten gepflanzt. Im Gegensatz zu der Dame, zu deren Ehren sie benannt ist (gemeint ist die Mutter von Königin Elisabeth II.), hat sie ihre Lebenskraft schon bald nach ihrer Einführung eingebüßt. Das ist schade, denn es ist eine hübsche kleine Rose mit niedlichen, offenen Blüten in weichem Lachsrosa. In einem guten Boden wächst sie ganz zufriedenstellend. Auch sie ist gut duftend; gezüchtet von McGredy (Großbritannien); eingeführt: 1964.

ENGLISH MISS. Eine reizende Sorte. Sie bringt mittelgroße Blüten in großen, lockeren Büscheln hervor. Diese beginnen als hübsche, spitze Knospen und öffnen sich zu einer kamelienähnlichen Blüte. Wir haben hier das gute Beispiel für eine ideale Blüte – eine, die nämlich in jedem Stadium schön ist. Ihr Wuchs ist aufrecht, ziemlich niedrig, das Laub dunkelgrün, etwas in Purpur übergehend. Sie duftet gut. Ihre Höhe beträgt 75 cm; Elternsorten: 'Dearest' x 'Sweet Repose'; gezüchtet von Cant (Großbritannien); eingeführt: 1977 (vgl. Abb. Seite 182).

ESCAPADE. Die geradezu einfachen Blüten dieser Sorte haben den schlichten Charme einer Wildrose und sind weit davon entfernt, wie eine typische Floribunda-Rose auszusehen. Die Blütenfarbe ist ein Rosarot mit einem Hauch von Violett. Die zierlichen Blüten bedecken den Busch in lockerer Fülle. 'Escapade' ist das Ergebnis einer Kreuzung zwischen 'Pink Parfait' und der kleinen purpurfarbenen Polyantha-Rose 'Baby Faurax'. Letzterer verdankt sie ihren besonderen Charakter, der uns erahnen läßt, was sich durch Züchtung bei den Floribunda-Rosen alles erreichen läßt. Die Pflanze ist starkwüchsig, winterhart, widerstandsfähig gegen Krankheiten und außerdem leicht duftend. Die Höhe von 'Escapade' kann zwischen 75 cm und 1,20 m schwanken. Gezüchtet wurde sie von Harkness (Großbritannien); eingeführt: 1967 (vgl. Abb. Seite 183).

EUROPEANA. Ein starkwüchsige und ausgesprochen reichblühende Floribunda-Rose in dunklem Karmesinrot. Sie ist eine Kreuzung zwischen 'Ruth Leuwerik'

EYE PAINT, *eine Floribunda-Rose, die fast eine Strauchrose ist.*

EUROPEANA, *eine Floribunda-Rose mit großen Büscheln von Blüten.*

und 'Rosemary Rose'. Durch beide Elternsorten geht sie auf 'Gruß an Teplitz' zurück, was sich in ihrem Wuchs wiederspiegelt, der außergewöhnlich kräftig, locker und breitwüchsig ist. Sie bringt die Blüten in großen Büscheln hervor, die die Zweige mit solchem Gewicht nach unten ziehen, daß sie oft brechen. 'Europeana' hat bronzegetöntes, glänzendes Laub. Leider hat ihr 'Gruß an Teplitz' eine gewisse Anfälligkeit für Mehltau vererbt. Sie ist leicht duftend; gezüchtet von de Ruiter (Holland); eingeführt: 1963.

EVELYN FISON ('Irish Wonder'). Sie hat Blüten in einem Scharlachrot von außergewöhnlicher Leuchtkraft, welche nicht verblaßt. Der Wuchs ist kräftig und gesund. Dabei trägt sie dunkelgrünes, glänzendes Laub. Sie ist eine sehr verläßliche Floribunda-Rose, die eine kräftige Farbwirkung hervorbringt, aber insgesamt vielleicht ein bißchen durchschnittlich aussieht. Trotzdem ist sie eine gute Beetrose, die für viel Farbe sorgt. Sie erfreut uns mit einer großen Zahl kleiner bis mittelgroßer Blüten – an einer starkwüchsigen, buschigen Pflanze. Ihre Höhe beträgt 75 cm; gezüchtet von McGredy (Großbritannien); eingeführt: 1962.

EYE PAINT. Eine außergewöhnlich starkwüchsige Rose mit verzweigtem buschigem Wuchs – eigentlich mehr eine Strauchrose. Die Elternsorten sind ein unbenannter Sämling x 'Picasso'. Damit geht sie, wenn auch entfernt, auf *Rosa pimpinellifolia* zurück. Etwas vom Charakter dieser Wildrose ist in ihrem Wuchs immer noch zu spüren. 'Eye Paint' hat kleine, scharlachrote Blüten mit einem weißen Auge und einer weißen Rückseite. Sie erscheinen in großen Büscheln. Ihr Wuchs ist hoch, dicht und buschig. Leider ist sie ziemlich anfällig für Sternrußtau; gezüchtet von McGredy (Neuseeland); eingeführt: 1976 (vgl. Abb. Seite 178).

FRIESIA (Korresia). Sie ist die mit Abstand beste gelbe Floribunda-Rose. Das Gelb ist besonders schön, nicht ganz so dunkel wie bei 'Allgold', aber genauso beständig, so daß sie im Garten einen weithin leuchtenden Farbtupfer erbringt. Die Blüten erscheinen in kleinen Büscheln, sind mittelgroß, öffnen sich weit und duften recht gut. Das Laub ist glänzend hellgrün und recht widerstandsfähig gegen Krankheiten; gezüchtet von Kordes (Deutschland); eingeführt: 1974 (vgl. Abb. S. 186).

GERANIUM RED. Mit ihren Blüten im Stil einer Alten Rose, die sich flach, dicht gefüllt und rosettenförmig öffnen, ähnelt diese Sorte ein bißchen der Englischen Rose. Mir ist nicht ganz klar, warum sie 'Geranium Red' heißt, denn die Farbe ist eigentlich ein schwärzliches Rot. Nach meiner Erfahrung ist sie nicht besonders starkwüchsig; aber sie ist sehr schön und duftet gut (Höhe: 75 cm); Elternsorten: 'Crimson Glory' x Sämling; gezüchtet von Boerner (USA); eingeführt: 1947.

GLENFIDDICH. Spitze Knospen öffnen sich bei dieser Rose zu mittelgroßen Blüten mit leichtem Duft. Der Wuchs ist buschig und von mittlerer Höhe. Es heißt, sie gedeiht besonders gut in Schottland, vielleicht deutet der Name darauf hin. Ihre Höhe beträgt 75 cm; Elternsorten: 'Arthur Bell' x ('Sabine' x 'Circus'); gezüchtet von Cocker (Großbritannien); eingeführt: 1976.

GOLDEN SLIPPERS. In Amerika, wo diese Sorte gezüchtet wurde, ist sie sehr beliebt, bei uns aber konnte sie nie so recht Fuß fassen. Der Wuchs ist hübsch, zierlich und breit, die Blüten sind ziemlich klein und sehr fein – in einem mit Zinnoberrot durchzogenen Orange-Gelb und goldgelber Mitte. Ihre Höhe beträgt ca. 60 cm; sie ist leicht duftend; gezüchtet von Von Abrams (USA); eingeführt: 1961.

GOLDEN YEARS (Harween). Diese Rose hat große lockere Büschel mit drei bis sieben gefüllten Blüten in Goldgelb, das leicht kupfrig-goldfarben überhaucht ist. 'Golden Years' ist reich und kontinuierlich blühend. Ihre Blüten sind auch noch gegen Ende der Blühsaison schön. Ihre Höhe beträgt 75 cm; gezüchtet von Harkness (Großbritannien); eingeführt: 1990.

GREENSLEEVES. Eine der wenigen Rosen mit grünen Blüten. Sie sind klein und halbgefüllt und eigentlich zartrosa, werden aber mit der Zeit grün, besonders bei heißem Wetter. Manchmal sind sie sehr schön, häufig aber auch „langweilig" und uninteressant; gezüchtet von Harkness (Großbritannien); eingeführt: 1980.

HARVEST FAYRE (Dicnorth). Bei dieser Pflanze erscheinen die Blüten in Teehybridenform in reinem, pastellfarbenem Apricot. Sie gehören zu einem ausgezeichneten, verzweigten Busch, der mit seinem dichten, glänzenden Laub einen guten Hintergrund bietet; gezüchtet von Dickson (Großbritannien).

HONIGMOND ('Honeymoon'). Mittelgroße, kanariengelbe Blüten, dichtgefüllt und rosettenförmig, aber ohne den Charme einer Alten Rose. Ihr Wuchs ist mittel bis hoch, kräftig und aufrecht, das Laub blaßgrün und gesund; Elternsorten: 'Cläre Grammerstorf' x 'Spek's Yellow'; gezüchtet von Kordes (Deutschland); eingeführt: 1960.

ICEBERG. Siehe 'Schneewittchen'.

ICED GINGER. Sie hat Büschel großer Blüten von Teehybridenform in Elfenbeinweiß, Rosa, Gelb und Kupfer. Ihr Wuchs ist stark und aufrecht, das Laub hellgrün und widerstandsfähig gegen Krankheiten, die Blüten sind duftend. Als Schnittblumen halten sich die Blüten gut. Elternsorten: 'Anne Watkins' x ein unbenannter Sämling (Höhe: 90 cm); gezüchtet von Dickson (Großbritannien); eingeführt: 1971.

IRISH BEAUTY. Siehe 'Elizabeth of Glamis'.

IVORY FASHION. Sie gehört zu meinen Lieblingen, obwohl sie nicht besonders starkwüchsig und auch etwas anfällig für Krankheiten ist. 'Ivory Fashion' ist das Ergebnis einer Kreuzung von 'Sonata' x 'Fashion'. Wie bei vielen Sorten, die Erbgut von 'Fashion' in sich tragen, haben die Blüten eine erlesene Feinheit. Die von 'Ivory Fashion' sind elfenbeinweiß, groß, halbgefüllt und etwas duftend; gezüchtet von Boerner (USA); eingeführt: 1958.

JOCELYN. Die Blütenfarbe ist ein matter Mahagoniton, der sich mit der Zeit in ein purpurgetöntes Braun verwandelt. Ihre Blüten sind dicht gefüllt und erscheinen in Büscheln; gezüchtet von Le Grice (Großbritannien); eingeführt: 1970.

ENGLISH MISS, *eine Floribunda-Rose mit wunderschönen Blüten.*

ESCAPADE, *eine prächtige Floribunda-Rose. Die Blüten zeigen etwas vom Charme der Wildrose.*

JOYBELLS. Sie hat ungewöhnliche, aber reizvolle rosarote Blüten – in der Form einer vollkommen gefüllten Kamelie. Ihr Wuchs ist kräftig und verzweigt. Sie wird ca. 75 cm hoch, hat viele Stacheln und glänzende, mittelgrüne Blätter. Sie ist für diejenigen geeignet, die das Ausgefallene lieben; Elternsorten: unbenannter Sämling x 'Fashion'; gezüchtet von Robinson (Großbritannien); eingeführt: 1961.

KORRESIA. Siehe 'Friesia'.

LAVAGLUT ('Intrigue'). Diese Sorte hat hübsche rundliche, ziemlich kleine Blüten in intensivem dunklem Karmesinrot, das, anders als bei vielen anderen dunkelroten Rosen, in der Sonne nicht verblaßt. Die Blüten erscheinen in großen lockeren Büscheln. Der Wuchs ist buschig und mittelhoch; Elternsorten: 'Gruß an Bayern' x ein Sämling; gezüchtet von Kordes (Deutschland); eingeführt: 1979

LAVENDER PINOCCHIO. Sie ist unter den lavendel- und mauvefarbenen Floribunda-Rosen die schönste. Die Blütenfarbe ist ein bräunliches Lavendel. Die Blüten öffnen sich gefüllt und leicht schalenförmig und stellen etwas Besonderes dar. Ihr Wuchs ist recht kräftig und buschig. Sie ist leicht duftend. Ihre Höhe beträgt 60 cm; Elternsorten: 'Rosenmärchen' (= 'Pinocchio') x 'Grey Pearl'; gezüchtet von Boerner (USA); eingeführt: 1948.

LILAC CHARM. Einfache oder fast einfache Blüten in einem besonders klaren Mauve mit goldfarbenen Staubbeuteln und roten Staubfäden. Sie ist nicht besonders kräftig, aber ihre einfachen Blüten und die reine Farbe verleihen ihr eine zarte Schönheit. Sie hat dunkles, mattes Laub, ist leicht duftend und wird 60 cm hoch; gezüchtet von Le Grice (Großbritannien); eingeführt: 1962.

LILLI MARLEEN ('Lilli Marlene'). Eine Standard-Sorte, die zuverlässig eine Fülle von Scharlach-Karmesinrot hervorbringt. Die einzelnen Blüten wirken aber eher künstlich. Ihr Wuchs ist stark, buschig und mittelhoch; Elternsorten: ('Our Princess' x 'Rudolph Timm') x 'Ama'; gezüchtet von Kordes (Deutschland); eingeführt: 1959.

MA PERKINS. Sie hat tief schalenförmige Blüten (ungewöhnlich für Floribunda-Rosen) in blassem Lachsrosa und erinnert ein bißchen an eine alte Bourbon-Rose. Ihr Wuchs ist kräftig, gesund und ziemlich aufrecht. Sie duftet leicht. Ihre Höhe beträgt 90 cm; gezüchtet von Boerner (USA); eingeführt: 1952.

MARGARET MERRIL. Eine ausgezeichnete weiße Rose, die erst vor wenigen Jahren eingeführt wurde. Ihre Blüten sind sehr fein, hochgebaut, dabei nur ganz zartrosa angehaucht, und öffnen sich schließlich weit. 'Margaret Merril' duftet von allen Floribunda-Rosen am intensivsten. Ihr Wuchs ist mittelhoch (ca. 90 cm), das Laub dunkelgrün. Elternsorten: ('Rudolph Timm' x 'Dedication') x 'Pascali'; gezüchtet von Harkness (Großbritannien); eingeführt: 1978 (vgl. Abb. Seite 187).

MASQUERADE. Viele Gartenliebhaber sind geneigt, diese leicht duftende Rose geradezu zu hassen – vermutlich, weil sie eine Zeitlang viel zu oft gepflanzt wurde, obwohl es ihr an Charakter fehlt. Allerdings ist sie sehr reichblühend. Ihre Blüten sind halbgefüllt, ziemlich klein und zeigen sehr verschiedene Farbtöne – zuerst Gelb, dann Lachsrosa und schließlich Rot. Dabei kommen diese drei Farben an ihr gleichzeitig vor. Die Blüten treten sehr reichlich in großen Büscheln auf. Sie remontiert, wenn man die verwelkten Blüten entfernt. In einer Massenanpflanzung oder in einer gemischten Rabatte kann diese Rose durchaus wirkungsvoll sein. Über die einzelne Blüte gibt es aber wenig zu sagen. Der Wuchs von 'Masquerade' ist sehr stark und buschig. Sie wirkt reizvoller im Herbst, wenn das Rot weniger deutlich hervortritt. Ihre Höhe beträgt 90 cm; Elternsorten: 'Goldilocks' x 'Holiday'; gezüchtet von Boerner (USA); eingeführt: 1949.

MATANGI. Sie hat halbgefüllte, offene Blüten in leuchtendem Orange-Rot (mit einem weißen Auge und weißer Rückseite). Sie ist eine gute Beetrose, von starkem Wuchs und mit gesundem dunkelgrünen Laub, leicht duftend (Höhe: 75 cm); Elternsorten: ein Sämling x 'Picasso'; gezüchtet von McGredy (Neuseeland); eingeführt: 1974.

MOUNTBATTEN. Sie ist fast eine Strauchrose und eignet sich als Beetrose nur für sehr große Flächen. Die Blütenfarbe wird meist als Mimosen-Gelb beschrieben. 'Moutbatten' hat viele Vorzüge: Sie ist wuchsstark, sehr buschig, hat hervorragende Widerstandskraft gegen Krankheiten und blüht üppig und kontinuierlich. Die einzelnen Blüten sind groß, duftend und dicht gefüllt, sie beginnen als hübsche Knospen und bleiben auch schön, wenn sie ganz geöffnet sind. Ihre Höhe beträgt 1,50 m; gezüchtet von Harkness (Großbritannien); eingeführt: 1982.

NEWS. Eine Kreuzung zwischen einer Alten Rose, 'Tuscany Superb', und der Floribunda-Rose 'Lilac Charm'. Es handelt sich dabei also um eine Kreuzung wie bei meinen Englischen Rosen. Während diese im Aussehen indes mehr den Alten Rosen ähneln, wirkt 'News' durchaus modern. Allerdings hat sie von der Alten Rose 'Tuscany Superb' die Blütenfarbe geerbt, ein sattes Purpurrot, wie es zuvor bei Floribunda-Rosen und Teehybriden nicht vorkam. Man könnte die Blütenfarbe etwas exakter als ein Purpur beschreiben, ähnlich der Farbe der Roten Beete. Die Blüten sind groß, halbgefüllt und haben auffallende cremegelbe Staubgefäße. Ihr Wuchs ist wirklich ausgezeichnet, dabei kräftig und buschig. Und sie blüht reichlich, und zwar über einen langen Zeitraum der Sommersaison hindurch. 'News' bringt mittelgrünes, mattes Laub hervor. Gezüchtet wurde diese Rose von Le Grice (Großbritannien); eingeführt: 1968.

Links: FRIESIA (Korresia), *die beste gelbe Floribunda-Rose.*

Rechts: VICTORIANA, *eine Floribunda-Rose in höchst ungewöhnlicher Farbe.*

OLD MASTER. Eine niedrige, starkwüchsige, buschige Sorte mit glänzendem, dunkelgrünem Laub. Die Blüten sind ziemlich groß (halbgefüllt mit etwa achtzehn Blütenblättern) und öffnen sich weit. Sie sind von dunklem Karminrot, das sich mit der Zeit zu Purpur verändert, und haben ein weißes Auge in der Mitte. Die Rückseite der Blütenblätter ist silbrig-weiß. Die Gesamwirkung von 'Old Master' ist der einer Alten Rose. Sie duftet leicht und ist gesund; Elternsorten: ('Maxi' x 'Evelyn Fison') x ('Orange Sweetheart' x 'Frühlingsmorgen'); gezüchtet von McGredy (Neuseeland); eingeführt: 1974.

ORANGE SENSATION. Ziemlich große Büschel mittelgroßer, halbgefüllter Blüten in leuchtendem Orange-Zinnoberrot an einer starkwüchsigen, buschigen Pflanze. Der Duft ist für eine Floribunda-Rose recht gut. Sie hat hellgrünes, mattes Laub (Höhe: 75 cm); gezüchtet von de Ruiter (Holland); eingeführt: 1961.

186

MARGARET MERRIL, *eine ausgezeichnete weiße Floribunda-Rose.*

PADDY MCGREDY. Eine buschige, niedrige Floribunda-Rose von kaum mehr als 60 cm Höhe mit dunkelrosa Blüten, die fast die Form und Größe einer Teehybride haben. Sie werden in außergewöhnlicher Fülle hervorgebracht und bedecken die ganze Pflanze. Meist folgen dem ersten Blütenflor nur noch vereinzelte Blüten, aber im Herbst erwartet uns dann ein zweiter Blütenflor. Die Elternsorten von 'Paddy McGredy' sind: 'Spartan' x 'Tzigane'. Eingeführt wurde diese Sorte im Jahre 1962 von McGredy (Großbritannien).

PAPRIKA. Eine attraktive Floribunda-Rose, die ein bißchen mehr Charakter zeigt als viele andere Sorten dieser Gruppe. Die Blüten sind halbgefüllt, die Blütenfarbe ist ein dunkles Ziegelrot mit einer bläulichen Schattierung in der Mitte. 'Paprika' bildet eine starkwüchsige, buschige Pflanze von etwa 75 cm Höhe mit glänzendem dunkelgrünen Laub. Sie verfügt über gute Widerstandskräfte gegen Krankheiten; Elternsorten: 'Märchenland' x 'Red Favorite'; gezüchtet von Tantau (Deutschland); eingeführt: 1958.

PICASSO. Ein starkwüchsiger, verzweigter Busch mit großen Blüten in Scharlachrot – mit einem weißen Ring und gelben Staubgefäßen in der Mitte; Elternsorten: 'Marlena' x ['Evelyn Fison' x ('Frühlingsmorgen' x 'Orange Sweetheart')]; gezüchtet von McGredy (Großbritannien); eingeführt: 1971.

PINK PARFAIT. Diese Rose hat hübsch geformte, spitze Teehybridenblüten in Rosa und Rahmweiß. Sie erscheinen an schlanken Stengeln. Ihr Wuchs ist kräftig und gesund mit üppigem Laub. Man kann diese Sorte auch als Strauch ziehen. 'Pink Parfait' blüht sehr reich und ist in jeder Hinsicht eine ausgezeichnete Wahl, außer daß ihr der Duft fehlt. Ihre Höhe beträgt 75 cm; Elternsorten: 'First Love' x 'Rosenmärchen'; eingeführt 1960 von Swim, USA (vgl. Abb. Seite 190).

PLENTIFUL. Das Besondere dieser Rose sind die Blüten im Stil Alter Rosen. Diese sind von einem leuchtenden, kräftigen Rosa, dicht gefüllt mit zahlreichen Blütenblättern, geviertelt und flach schalenförmig. Sie kommen in großen, kompakten Büscheln – in der Tat üppig (engl. „plentiful" = „üppig"). Das Laub ist schimmernd hellgrün, leider ziemlich anfällig für Sternrußtau, was die Wuchskraft des Busches beeinträchtigen kann. Ihre Höhe beträgt 60 cm; eingeführt 1961 von Le Grice (Großbritannien).

PRISCILLA BURTON. Sie ist eine von McGredys „handgemalten" Rosen. Sie hat Blüten in dunklem Karminrot. Die geöffnete Blüte zeigt ein weißes Auge, was sehr reizvoll aussieht. Auch die Knospen sind schön, und sie remontiert gut. Das Laub ist dunkel, glänzend und üppig. 'Priscilla Burton' duftet leicht; gezüchtet von McGredy (Neuseeland); eingeführt: 1978.

PURPLE SPLENDOUR. Das Ergebnis einer Kreuzung zwischen 'News' und 'Overture' – der Purpurton ist leuchtender und reiner als bei 'News'. Die Blüten sind gefüllt und treten an hochstehenden Trieben auf. Das Laub ist dunkelgrün. Sie duftet leicht; gezüchtet von Le Grice (Großbritannien); eingeführt: 1976.

QUEEN ELIZABETH ('The Queen Elizabeth Rose'). Immer wieder mal taucht eine Rose auf, die man über kurz oder lang dann in jedem Garten findet. Wenn man die

Zeit seit dem Zweiten Weltkrieg betrachtet, kommen einem diesbezüglich 'Queen Elizabeth' und 'Gloria Dei' in den Sinn. Beide haben den Vorzug, extrem starkwüchsig zu sein. Das gilt besonders für 'Queen Elizabeth'. Sie ähnelt Alten Rosen mehr als andere Floribunda-Sorten. Ihre Blüten sind groß, tief schalenförmig und rein rosa. Keine andere Teehybride oder Floribunda-Rose ist so anspruchslos. Sie gedeiht überall wo Rosen gedeihen. Dabei hat sie, wenn überhaupt, wenige wirkliche Schwächen. Die Blätter sind groß, dunkelgrün und sehr widerstandsfähig gegen Krankheiten. Sie blüht reich und kontinuierlich; Elternsorten: 'Charlotte Armstrong' x 'Floradora'; gezüchtet von Dr. W.E. Lammerts (USA); eingeführt: 1954 (vgl. Abb. Seite 191).

ROSEMARY ROSE. Bevor es die Englischen Rosen gab, waren besonders 'Rosemary Rose' und die rosafarbene Floribunda-Rose 'Plentiful' begehrt. Die Kunden wollten nämlich öfterblühende Rosen, die aussehen wie Alte Rosen. Und diese beiden Sorten erfüllen diese Anforderungen besser als alle anderen. Die Blüten von 'Rosemary Rose' sind groß, rosarot, dicht gefüllt, anfangs leicht schalenförmig, sich später flach öffnend, und haben etwas vom Charme Alter Rosen. Sie erscheinen reichlich – an einer buschigen Pflanze mittlerer Höhe und duften gut. Diese Rose ist anfällig für Mehltau; gezüchtet von de Ruiter (Holland); eingeführt: 1954.

SCHNEEWITTCHEN ('Iceberg', 'Fée des Neiges'). Das ist vermutlich die beste aller Floribunda-Rosen überhaupt. Die Blüten sind weiß, mittelgroß und gefüllt. Sie werden in großen Büscheln hervorgebracht und öffnen sich weit. Ihr Wuchs ist hoch, sehr buschig und verzweigt; die Blätter sind glänzend, hellgrün und ziemlich schmal, die Stiele dabei glatt und schlank. Als Kreuzung zwischen einer Moschata-Hybride ('Robin Hood') und einer Teerose ('Virgo') ist sie keine typische Floribunda-Züchtung. Die eine Elternsorte von 'Robin Hood' war zwar eine Polyantha-Rose, die andere vermutlich aber eine von Pembertons Moschata-Hybriden. Das zeigt sich in 'Schneewittchen'. Die ganze Pflanze sieht aus wie eine Moschata-Hybride. Wenn man sie nur leicht zurückschneidet, bildet sie einen ausgezeichneten Strauch von 1,20 m Höhe; gezüchtet von Kordes (Deutschland); eingeführt: 1958.

SOUTHAMPTON ('Susan Ann'). Eine sehr robuste Floribunda-Rose von bis zu 1,20 m Höhe. Sie bringt viel glänzendes Laub hervor, das gegen Krankheiten widerstandsfähig ist. Die Blüten sind groß und in einem mit Scharlachrot durchzogenen Apricot-Orange. Als Beetrose bietet sie einen reizvollen Anblick; Elternsorten: ('Queen Elizabeth' x 'Allgold') x 'Yellow Cushion'; gezüchtet von Harkness (Großbritannien); eingeführt: 1971.

SWEET REPOSE ('The Optimist'). Hübsche, teehybridenförmige Blüten in Creme-Rosa, das auch bei der geöffneten Blüte attraktiv bleibt. Die Blütenfarbe wird mit

PINK PARFAIT, *eine Floribunda-Rose mit hübschen, knospenartigen Blüten.*

QUEEN ELIZABETH, *eine Floribunda-Rose – eine der verläßlichsten Rosen überhaupt.*

der Zeit dunkler und erhält an den Rändern eine karmesinrote Schattierung. Sie ist mit einem kräftigen Wuchs von mittlerer Höhe ausgestattet, wird etwa 90 cm hoch und trägt bronzegetöntes Laub. Sie duftet leicht; gezüchtet von de Ruiter (Holland); eingeführt: 1956.

THORA HIRD. Eine reizende, einmalige Rose, die viel vom Charme einer Alten Rose hat. Die Blüten sind dicht gefüllt und von einem feinen Rosaton (mit Rahmweiß und Weiß), was höchst edel und weich aussieht. Das findet man bei einer Floribunda-Rose selten. Ihre Höhe beträgt 60 cm; gezüchtet von Bracegirdle (Großbritannien); eingeführt: 1988.

TRUMPETER (Mactrum). Eine Floribunda-Rose in lebhaftem Scharlachrot. Im Hinblick auf Leuchtkraft der Blütenfarbe kommt ihr so leicht keine andere Floribunda-Rose gleich. Ihr Wuchs ist sehr niedrig und kompakt. Sie hat glänzendes Laub, das widerstandsfähig gegen Krankheiten ist. Ihre Höhe beträgt 60 cm; gezüchtet von McGredy (Großbritannien); eingeführt: 1977.

VICTORIANA. Diese Rose hat rundliche Blüten, die in Büscheln auftreten – an einem niedrigen, kräftigen Busch. Die Kombination der Blütenfarben ist höchst ungewöhnlich: innen Zinnoberrot und außen ein weicher Silberton. Sie duftet lieblich; gezüchtet von Le Grice (Großbritannien); eingeführt: 1977 (vgl. Abb. S. 186).

VIOLET CARSON. Mit ihren kleinen, teehybridenförmigen Blüten (in einem Creme-Pfirsichton mit silbriger Rückseite) ähnelt diese Rose etwas der Sorte 'Pink Parfait'. Ihr Wuchs ist stark und verzweigt, dabei hat sie bronzegetöntes Laub. Sie ist vielleicht nicht ganz so schön wie 'Pink Parfait', hat aber den Vorteil, daß sie angenehm duftet. Ihre Höhe beträgt 75 cm; Elternsorten: 'Madame Léon Cuny' x 'Spartan'; gezüchtet von McGredy (Großbritannien); eingeführt: 1964.

YELLOW CUSHION. Keine besonders weit verbreitete Floribunda-Rose, aber eine mit reizenden gelben schalenförmigen Blüten, etwas Ungewöhnliches bei Floribunda-Rosen. Die Blüten erscheinen reichlich in kleinen Büscheln und sind etwas duftend. Ihr Wuchs ist niedrig und buschig. Elternsorten: 'Fandango' x 'Rosenmärchen'; gezüchtet von Armstrong (USA); eingeführt: 1966.

Ein Nachwort

Dem Leser wird aufgefallen sein, daß ich die offenen Blüten und den eher strauchartigen Wuchs der Alten Rosen liebe. Das soll aber nicht heißen, daß mir die Teehybriden mit ihren knospenförmigen Blüten und ihrem buschigen Wuchs nicht gefallen. Die vollendet gerollte Knospe einer Teehybride kann von großer Schönheit sein! Wenn die Lebensdauer einer Blüte dieser Form sehr kurz ist, dann ist das sehr schade. Und doch kann eine Blüte so schön sein, daß es dennoch lohnt, diese Sorte zu kultivieren. Meine Kritik richtet sich weniger gegen eine Blütenform, die ich nicht mag, sondern dagegen, was Züchter aus einer Rose gemacht haben.

Ein Rosenzüchter – oder sonst jemand – kann nichts verlieren, wenn er seine Ansichten äußert, was er für die richtige Entwicklung der Rosen hält. Ich nehme mir also die Freiheit, einige meiner sehr persönlichen Ansichten über die Zukunft der Teehybriden und Floribunda-Rosen hier darzulegen.

Eine wirklich schöne Teehybride zu züchten ist eine sehr schwierige Aufgabe. Die frühen Sorten waren nicht besonders starkwüchsig, und nach dem Zweiten Weltkrieg bemühten sich die Züchter, stärkerwüchsige Sorten zu züchten. Sie waren dabei außerordentlich erfolgreich. Es wurden neue Typen von Gartenrosen und weitere Wildrosen für die Züchtung verwendet, und zwar mit dem Ziel, den Rosen gesünderes und kräftigeres Wachstum zu geben. Das Problem dabei war, daß zu wenig Rücksicht auf die Schönheit der Blüten gelegt wurde – ja sogar zu wenig Rücksicht auf die Pflanze selbst. Es wurde einfach unterstellt, daß jede Rose von sich aus schön ist, daß dieser Aspekt sich bei der Züchtung automatisch von selbst ergeben werde.

Diese Auffassung hat sich leider als falsch erwiesen. Zu oft ergab sich eine plumpe Blüte oder ein Wuchs ohne Anmut. Meiner Ansicht nach besteht das Wesen einer knospenförmigen Blüte in ihrer besonderen Eleganz. Und wenn die Blüte zu schwer wird, muß besonders auf die Feinheit der Blüte geachtet werden. Auch das Farbspektrum wurde ohne Rücksicht darauf ausgeweitet, wie sich die Farben mit anderen vertragen. Dabei sind zusätzliche Farbtöne oder Farbkombinationen nicht automatisch ein Vorzug. Was wir brauchen, sind schöne Farben. Wer sagt denn, daß Teehybriden unbedingt eine steifen Wuchs haben müssen? Ihre Vorfahren, die China- und Teerosen, hatten ihn keineswegs. Könnten sie nicht manchmal etwas geschmeidiger im Wuchs sein, mit feineren Stielen und mit einem natürlicheren und mehr strauchähnlichen Aufbau? Zudem: heute werden Rosen nur noch selten in Beeten kultiviert, meist nämlich in Rabatten, so daß es besser wäre, Rosen zu züchten, die sich in eine solche Umgebung natürlicher einfügen.

Es wird oft unterstellt, daß eine hochgebaute und symmetrische Blüte alles ist, was eine Rose braucht. Ich meine, das reicht nicht aus. Wenn wir uns frühe Teehybriden anschauen, wie 'Madame Butterfly' oder 'Madame Abel Chatenay', bleibt uns nichts übrig als von der Schönheit ihrer Blüten beeindruckt zu sein. Die Züchtung moderner Teehybriden unterlag vielen äußeren Einflüssen (nicht zuletzt dem von *Rosa multiflora,* über die Floribunda-Rosen). Diese Faktoren haben zwar die Blühfreudigkeit und Länge der Blütezeit positiv beeinflußt, aber wenig zur Schönheit der einzelnen Blüten beigetragen. Das Gegenteil ist eher der Fall. Insbesondere die Blüten von *Rosa multiflora* sind so sehr verschieden, daß es schwierig ist, sie mit Teehybriden zu kreuzen. Die Gene einer Rose sind nämlich nicht grenzenlos flexibel. Glücklicherweise gibt es Anzeichen dafür, daß eine Neuorientierung bereits im Gange ist. Die Züchter scheinen ihre Aufmerksamkeit nun mehr auf die Angemessenheit der Farben zu richten.

Eine ganz neue Entwicklung zeichnet sich mit den sogenannten Patio-Rosen ab (vgl. Kapitel 5), bei denen wir häufig kleine Büsche finden, die einen sehr gefälligen Wuchs haben. Voraussichtlich werden die Züchter der Schönheit und Form der Blüten in Zukunft wieder mehr Aufmerksamkeit widmen. Was die Floribunda-Rosen angeht, wünsche ich mir mehr Sorten mit einfachen oder halbgefüllten Blüten. Diese sollen zwar reich blühen, aber mit einem natürlichen, der Wildrose ähnlichen Wuchs ausgestattet sein. Ihre Aufgabe sollte es sein, Farbe zu bieten, ohne grell zu wirken.

Teehybriden und ihre nahen Verwandten, die Floribunda-Rosen, leiden insbesondere darunter, daß sie zu häufig zu sehen sind. Sie sind weit verbreitet, daß man sie fast schon als eine Selbstverständlichkeit betrachtet – mehr noch, keine andere Blume ist je so intensiv vermarktet worden. Es sieht so aus, als könnte sie nur durch ständig neue Impulse überleben. Man spricht oder schreibt über sie in den Medien, oft in banaler Weise, wobei häufig mehr die Persönlichkeit oder das Produkt, wonach eine Rose benannt ist, in den Vordergrund gestellt wird. Nur selten geht es um die Schönheit der Rose selbst. Daran sind die Züchter nicht unschuldig. Das Züchten von Rosen ist ein aufwendiges Geschäft, und manchmal ist es schwer, der Versuchung zu widerstehen, einen Teil der entstandenen Kosten wieder hereinzuholen, indem man den Namen der Rose „verkauft".

Ich kann es mir nicht verkneifen, noch einige Anmerkungen zu den „Rosenprüfungen" zu machen, die in allen Teilen der Welt veranstaltet werden, um neue Sorten zu testen und die besten Sorten auszuzeichnen. Solche Rosenprüfungen sind an sich durchaus eine gute Sache. Es werden jedes Jahr Hunderte neuer Sorten gezüchtet und keine Baumschule kann diese alle auch vermehren. Ja, viele davon verdienen nicht einmal einen Platz in den Katalogen. Leider haben diese Rosenprüfungen aber einen Nachteil: Sie wirken stark meinungsbildend und können so über Sein oder Nichtsein einer neuen Rose entscheiden.

Die Bewertungen sind nach einem Punkte-System aufgebaut: „so viele" Punkte für Gesundheit, „so viele" für Blühfreudigkeit, „so viele" für Duft etc. Der Nachteil eines solchen Systems ist, daß die Summe dieser Punktzahlen nicht zwangsläufig eine schöne Rose ausmacht… Ich meine, daß die Prüfer bei ihren Bewertungen nicht immer genügend Aufmerksamkeit für die Schönheit der Rosen zeigen. Sie achten darauf, daß eine Rose gut wächst, frei ist von Krankheiten usw. Das Problem liegt darin, daß sie in „Quantitäten", aber nicht in „Qualitäten" denken – „mehr" Farbe, „mehr" Blüten, überhaupt „mehr" von allem! Darüber hinaus müssen sie darauf achten, den bisherigen Standard zu halten – sie können immer nur nach den gültigen Maßstäben urteilen. Das alles kann sich manchmal als Hindernis für eine neue Entwicklung erweisen.

Um fair zu sein, muß gesagt werden, daß heutige Rosenprüfer vor einer unlösbaren Aufgabe stehen, und daß sie sich kaum anders verhalten können als sie es tatsächlich tun. Die Inhaber von Baumschulen sollten weniger „rosenprüfungsgläubig" sein, lieber etwas probierfreudiger, das heißt, nicht einfach nur die Sorten vermehren, die, entsprechend den Ergebnissen der Rosenprüfungen, die besten sind. Sie sollten darüber nachdenken, was die Kunden tatsächlich wünschen. Zudem sollten die Prüfungen in zwei Klassen geteilt werden: In der einen Klasse müßten die praktischen Vorzüge im Vordergrund stehen, in der anderen die ästhetischen. Freilich sollten sich selbst dann alle ihr eigenes Urteil über die Bewertungen der Prüfer bewahren.

KAPITEL 5

Einige kleine Rosen

Nachdem wir einen Überblick über die beiden Hauptgruppen – die Teehybriden und die Floribunda-Rosen – gegeben haben, bleibt uns noch, drei weitere Gruppen vorzustellen. Es handelt sich dabei entweder um niedrige Rosen mit kleinen Blüten oder um Miniatur-Rosen mit Miniatur-Blüten: die Zwerg-Polyantha-Rosen, die Patio-Rosen und die Miniatur-Rosen. Die Rosen aller drei Gruppen blühen reich und kontinuierlich und eignen sich ideal für sehr kleine Gärten. Die Polyantha-Rosen und die Patio-Rosen sind stark von der Wildrose *Rosa multiflora* beeinflußt und haben von dieser viel von ihrer Winterhärte und Blühfreudigkeit geerbt. Die Miniatur-Rosen sind Abkömmlinge einer Miniatur-Chinarose, vereinen in sich aber auch Einflüsse anderer Rosen, einschließlich von Wildrosen der Synstylae-Gruppe (vgl. Kapitel 6), zu der *R. multiflora* gehört.

Zwerg-Polyantha-Rosen

Um zu den Ursprüngen der Zwerg-Polyantha-Rosen zu gelangen, müssen wir zurückgehen bis in das Jahr 1860, als der französische Züchter Guillot in Lyon Samen der kletternden Wildrose *R. multiflora* aussäte, die, wie wir gesehen haben, die Elternsorte für viele Rambler-Rosen wurde. Es stellte sich heraus, daß die sich daraus ergebenden Sämlinge nicht einfache weiße Blüten hatten, wie zu erwarten gewesen wäre, sondern Blüten in verschiedenen Rosatönen – einige gefüllt, andere einfach oder halbgefüllt. Die meisten waren unfruchtbar, einer aber brachte Hagebutten hervor. Guillot säte Samen dieser Rose aus und fand zu seiner Überraschung, daß einige der sich daraus ergebenden Sämlinge keine Rambler waren, sondern niedrige, öfterblühende Büsche. Es gilt als fast sicher, daß seine ursprüngliche *R. multiflora* rein zufällig von einer China-Rose befruchtet worden sein muß, höchstwahrscheinlich von 'Old Blush China'. Guillot wählte zwei dieser Sämlinge aus. Eine, die er im Jahre 1875 einführte, nannte er 'Paquerette', die andere 'Mignonette' und führte sie im Jahre 1880 ein. Beide brachten in großen Büscheln sehr kleine Pomponblüten hervor, ähnlich denen von *R. multiflora*. Und bei beiden war die Blütenfarbe ein weiches Rosarot, das mit der Zeit zu Weiß verblaßte. Eine neue Klasse von Rosen war nun geboren.

Wie die Elternsorte *R. multiflora* sind die Zwerg-Polyantha-Rosen ausgesprochen robust und winterhart. Sie bringen die Blüten in üppiger Fülle hervor, und zwar in großen, dichten Büscheln. Sie sind auch ausgesprochen verläßlich öfterblühend. Kaum hat ein Zweig angefangen zu blühen, erscheint direkt darunter schon ein nächster Trieb mit Blütenknospen. Diese Eigenschaft und ihre Robustheit sollten einen starken Einfluß auf die Entwicklung der Rose ausüben – ein Einfluß übrigens, der noch keineswegs voll zur Auswirkung gekommen ist. Leider verströmen Zwerg-Polyantha-Rosen kaum oder gar keinen Duft.

Man kann nicht gerade sagen, daß die Rosen dieser Gruppe besondere Beliebtheit erlangt hätten. Es wurden nur wenige Sorten gezüchtet. Ja, noch vor gar nicht langer Zeit waren sie aus den Katalogen fast völlig verschwunden. In jüngster Zeit erleben sie allerdings eine Renaissance, und wir selbst verkaufen sie in beachtlichen Stückzahlen. Zwerg-Polyantha-Rosen unterscheiden sich stark von anderen Buschrosen. Sie eignen sich ideal zur Randbepflanzung von Rabatten, wenn etwas niedrig Wachsendes gebraucht wird, besonders wenn der Boden nicht besonders gut ist. In den letzten Jahren sind neue Sorten, beispielsweise 'Yesterday', auf den Markt gekommen; sie sind aber höher im Wuchs.

Die Anforderungen an die Kultur dieser Rosen sind in jedem Fall geringer als bei vergleichbaren anderen Gruppen. Der Rückschnitt kann sich darauf beschränken, die verwelkten Blüten zu entfernen und darüber hinaus das alte oder abgestorbene Holz wegzuschneiden. Die Pflanze treibt kontinuierlich von der Basis her neue Triebe, was dazu führt, daß es zu einer großen Zahl alter Triebe kommt, die ausgedünnt werden müssen.

Ich habe in diese Gruppe einige Sorten aufgenommen, die eigentlich so anders sind, daß die Aufnahme hier gar nicht gerechtfertigt erscheint, einmal abgesehen von der Tatsache, daß eine Elternsorte eine Polyantha-Rose ist. Es handelt sich um 'Cécile Brunner', 'Perle d'Or', 'White Cécile Brunner', 'Madame Jules Thibaud' und 'Jenny Wren', die oft den China-Rosen zugerechnet werden (dorthin gehören sie aber noch weniger!). Wir behandeln diese besonders reizvollen Rosen hier, weil sie so sehr eigenständig im Charakter sind und in keine der anderen Gruppen hineinpassen. Sie sehen aus wie feine kleine Teerosen mit Miniaturblüten, die in perfekt gerollter Form auftreten.

BABY FAURAX. Diese Rose wächst nur sehr niedrig, nicht höher als 30 cm, so daß man sie auch den Miniatur-Rosen zurechnen könnte. Die Blütenfarbe wird üblicherweise als so blau bezeichnet, wie eine Rose überhaupt nur blau sein kann. Ich möchte dem zustimmen, ausgenommen vielleicht die Sorten 'Reine des Violettes' und 'Veilchenblau'. Eigentlich ist die Farbe ein rötliches Violett. 'Baby Faurax' ist eine sehr gut verwendbare kleine Rose mir dichten Büscheln winziger schalenförmiger Blüten. Sie treten an einem kontinuierlich blühenden Busch auf; gezüchtet von Lille (Frankreich); eingeführt: 1924.

EINE RABATTE *mit Miniatur-Rosen.*

CAMEO. Hübsche Büschel zierlicher, halbgefüllter Blüten in Lachsrosa, leicht duftend (Höhe: ca. 50 cm); gezüchtet von de Ruiter (Holland); eingeführt: 1932.

CÉCILE BRUNNER ('Madame Cécile Brunner', 'Sweetheart Rose', 'Mignon', 'Malteser-Rose'). Eine feine kleine Rose; die Blüten sind nicht größer als ein Fingerhut. Sie haben die vollendete spitze Teerosenform und bleiben schön, auch wenn sie ganz geöffnet sind. Die Blütenfarbe ist ein blasses Rosa, das zur Mitte hin dunkler wird. Die Blüten erscheinen einzeln an dünnen, drahtigen Stengeln. Später in der Saison bilden sich von der Basis ausgehende Triebe mit Blüten in offenen Büscheln. Die Blätter sind ebenfalls klein, ansonsten aber wie die einer Teerose. Ihre Höhe beträgt etwa 90 cm. Sie blüht wiederholt den ganzen Sommer über, ist schwach duftend und frei von Krankheiten. Eine der beiden Elternsorten war die berühmte Teerose 'Madame de Tartas'; gezüchtet von Pernet-Ducher (Frankreich); eingeführt: 1881.

CÉCILE BRUNNER, *eine Zwerg-Polyantha-Rose, die von den Rosen mit Miniaturblüten eine der vollkommensten ist.*

Eine andere Rose, 'Bloomfield Abundance', ist mit 'Cécile Brunner' fast identisch, außer daß ihr Wuchs viel höher ist. Die Blüten sind nicht ganz so schön. Bevor man sich für eine der beiden Sorten entscheidet, empfiehlt es sich, nochmals in Kapitel 1 nachzulesen. Dort wird eine ausgezeichnete Kletterform von 'Cécile Brunner' beschrieben.

CORAL CLUSTER. Bei ihr erscheinen Blüten in reinem Korallenrosa in großen Büscheln. Das glänzende, sattgrüne Laub ist etwas mehltauanfällig. Ihre Höhe beträgt ca. 50 cm; gezüchtet von R. Murell (Großbritannien); eingeführt: 1920.

GLOIRE DU MIDI. Ein Abkömmling von 'Gloria Mundi' mit kleinen Blüten in Orange-Scharlachrot, das farbbeständig ist. Sie wächst zu einem schön geformten Busch mit leuchtend grünem Laub; gezüchtet von de Ruiter (Holland); eingeführt: 1932.

JENNY WREN. Eine Hybride von 'Cécile Brunner'; die männliche Elternsorte ist die Floribunda-Rose 'Fashion'. Die Blütenfarbe von 'Jenny Wren' ist ein Creme-Apricot. Die Blüten sind eigentlich zu groß und öffnen sich zu locker, als daß man sie mit denen von 'Cécile Brunner' oder 'Perle d'Or' vergleichen könnte. Tatsächlich aber sind sie immer noch klein und in der Knospe hübsch geformt. Sie erscheinen in lockeren Büscheln und duften kräftig. 'Jenny Wren' ist eine reizende kleine Rose. Ihre Höhe beträgt 90 cm; gezüchtet von Ratcliffe (Großbritannien); eingeführt: 1957.

KATHARINA ZEIMET. Diese Rose und 'Marie Pavié' haben besonders feine Blüten, wie man sie bei Polyantha-Rosen nicht oft findet. Eine der Elternsorten ist 'Marie Pavié'. Die Blüten sind klein, dicht gefüllt, reinweiß mit glänzenden Blütenblättern; sie erscheinen in großen Büscheln. 'Katharina Zeimet' verfügt über einen guten niedrigen, buschigen Wuchs und duftet lieblich; gezüchtet von P. Lambert (Deutschland); eingeführt: 1901.

LITTLE WHITE PET. Siehe Kapitel 1.

MADAME JULES THIBAUD. Ein pfirsichfarbener Abkömmling von 'Cécile Brunner', ansonsten mit der Elternsorte identisch.

MARGO KOSTER. Eine hübsche kleine Pflanze mit tief schalen-, fast glockenförmigen Blüten in einem angenehmen Lachsrosa. Diese sind etwas größer als sonst in dieser Gruppe üblich und leicht duftend. Der Wuchs ist niedrig und buschig, etwa 40 cm hoch. In einigen Ländern wird sie als Topfpflanze gehalten. 'Margo Koster' ist das Ergebnis einer außergewöhnlichen Serie von Abkömmlingen. Es begann mit dem Rambler 'Tausendschön', der einen Abkömmling namens 'Echo' entstehen ließ. 'Echo' brachte den Abkömmling 'Greta Kluis' hervor, dieser 'Anneke Koster', welcher seinerseits 'Dick Koster', und dieser schließlich 'Margo Koster' hervorbrachte. Alle Polyantha-Rosen scheinen die Fähigkeit zu haben, Abkömmlinge zu bilden, aber auch, in die jeweilige Elternsorte zurückzufallen, so daß wir oft zwei verschiedene Farben an einer Pflanze finden; gezüchtet von Koster; eingeführt: 1931.

MARIE-JEANNE. Eine reizende Sorte. Sie bringt sehr große Büschel kleiner, rosettenförmiger Blüten in Zartrosa-Creme hervor. Diese erscheinen an einem Busch von etwa 60 bis 90 cm Höhe. Das Laub ist glänzend hellgrün. Fachmännisch geschnitten bildet 'Marie-Jeanne' einen hübschen kleinen Strauch. Diese Pflanze ist fast stachellos; gezüchtet von Turbat (Frankreich); eingeführt: 1913.

MARIE PAVIÉ. Eine buschige Pflanze von gutem Wuchs mit zierlichen Büscheln von Blüten in weißem Zartrosa. Eine der hübschesten Rosen dieser Gruppe; gezüchtet von Alégatière (Frankreich); eingeführt: 1888 (vgl. Abb. Seite 202).

MIGNONETTE. Wie ich schon erwähnt habe, ist diese Rose eine der beiden ursprünglichen Polyantha-Rosen. Die Blüten sind klein und von weichem Rosarot, das mit der Zeit zu einem Weiß verblaßt. Sie erscheinen in großen Büscheln (Höhe: 30 cm); gezüchtet von Guillot Fils (Frankreich); eingeführt: 1880.

NATHALIE NYPELS ('Mevrouw Nathalie Nypels'). Eine ausgezeichnete Polyantha-Rose mit mittelgroßen, halbgefüllten Blüten in Rosarot an einem kleinen, breitwüchsigen Busch. Für eine Rose dieser Gruppe sind die Elternsorten ziemlich ungewöhnlich: 'Orléans Rose' x (ein Sämling der China-Rose 'Comtesse du Cayla' x *Rosa foetida bicolor*). Sie ist deshalb auch nicht typisch für eine Polyantha-Rose, die Blüten sind etwas größer und zeigen die Herkunft von einer China-Rose. 'Nathalie Nypels' ist ziemlich stark duftend; ihre Höhe beträgt 90 cm; gezüchtet von Leenders (Holland); eingeführt: 1919.

NYPELS PERFECTION. Offene, halbgefüllte Blüten in Hortensien-Rosa, zur Mitte hin dunkler. Sie erscheinen in großen Büscheln an einem starkwüchsigen Busch von etwa 60 cm Höhe; gezüchtet von Leenders (Holland); eingeführt: 1930.

PAUL CRAMPEL. 'Paul Crampel', 'Gloria Mundi' und 'Golden Salmon' waren die ersten Sorten mit der leuchtenden orange-scharlachroten oder zinnoberroten Farbe, die wir mit den modernen Rosen wie 'Super Star' in Verbindung bringen. Diese drei Polyantha-Rosen erbrachten deshalb bei ihrer Einführung eine völlig neue Klasse von Farben. 'Paul Crampel' ist eine typische Polyantha-Rose, mit dichten Büscheln kleiner Blüten, jede mit einem winzigen weißen Auge in der Mitte. Ihr Wuchs ist stark und aufrecht, das Laub hellgrün. Ihre Höhe beträgt 60 cm; gezüchtet von Kersbergen (Holland); eingeführt: 1930.

PERLE D'OR. Fast eine Kopie von 'Cécile Brunner' mit ebenfalls perfekten Miniaturblüten in Teerosenform. Die Blüten haben einen Bernstein-Apricot-Farbton, der zur Mitte hin dunkler wird, eine rosa Schattierung annimmt (wenn sich die Blüte öffnet) und schließlich zu Creme verblaßt. Die ganz geöffneten Blüten sind etwas lockerer geformt als bei 'Cécile Brunner', aber ebenso schön – vielleicht sogar noch schöner. Ihr Wuchs ist etwas kräftiger (Höhe: 1,20 m). Sie ist vermutlich das Ergebnis einer Kreuzung zwischen einer Polyantha-Rose und der Teerose 'Madame Falcot'; gezüchtet von Rambaud (Frankreich); eingeführt: 1883.

THE FAIRY. Siehe Kapitel 1.

WHITE CÉCILE BRUNNER ('Cécile Brunner White'). Ein Abkömmling von 'Cécile Brunner'. Leider ist das Weiß der Blütenfarbe nicht rein, sondern mit Bernsteingelb schattiert, weshalb es etwas schmutzig wirkt. Für diejenigen, die Rosen mit Miniatur-

MARIE PAVIÉ, *eine Zwerg-
Polyantha-Rose mit Blüten
in zierlichen Büscheln.*

blüten bevorzugen, lohnt es sich aber trotzdem, sie zu pflanzen. Sie ist leicht duftend. Ihre Höhe beträgt 90 cm; entdeckt von Fauque (Frankreich); eingeführt: 1909.

YESTERDAY. Erst in jüngerer Zeit (1974) eingeführt, gezüchtet von Harkness. Die
Elternsorten waren ('Phyllis Bide' x 'Shepherd's Delight') x 'Ballerina'. Sowohl
'Phyllis Bide' als auch 'Ballerina' sind mit der Sorte *Rosa multiflora* verwandt.
Deshalb wird 'Yesterday' hier zu recht mit aufgeführt. Der Wuchs ist etwas höher
als bei den älteren Sorten – etwa 90 cm hoch. Die Blüten sind klein, flach und von
typischer Polyantha-Form. Sie erscheinen in anmutigen Büscheln und in einem
gefälligen Lila-Rosa. 'Yesterday' ist lieblich duftend. Sie hat einen buschigen verzweigten Wuchs, der sich gut in jede Gartengestaltung einfügt.

YESTERDAY, *eine Zwerg-
Polyantha-Rose mit einem
buschigen und verzweigten
Wuchs.*

PERLE D'OR, *eine wunderschöne
Zwerg-Polyantha-Rose ähnlich
wie 'Cécile Brunner'.*

YVONNE RABIER. Sie soll eine Kreuzung sein zwischen *Rosa wichuraiana* und einer unbekannten Polyantha-Rose. Es überrascht deshalb, daß diese Rose so gut remontiert, denn direkte Abkömmlinge aus der Kreuzung von einmalblühenden und öfterblühenden Rosen sind in der Regel nur einmalblühend. Sie ist eine starkwüchsige, buschige Rose von 90 cm Höhe. Wie man bei diesen Elternsorten erwarten darf, ist sie ausgesprochen winterhart und widerstandsfähig gegen Krankheiten. Die Blüten sind lieblich duftend, weiß mit einem Hauch von Gelb und erscheinen in Fülle. Sie hat lange, schlanke, dunkelgrüne Blätter, die die Herkunft von beiden Elternsorten verraten; gezüchtet von Turbat (Frankreich); eingeführt: 1910.

YVONNE RABIER, *eine winterharte und öfterblühende Zwerg-
Polyantha-Rose.*

Patio-Rosen

Die Patio-Rosen (engl. „patio" = Terrasse, Innenhof) bilden keine klar abgegrenzte Gruppe. Es wird allerdings zunehmend wichtig, Rosen, die ich in diesem Abschnitt beschreibe, eigenständig zusammenzufassen. Ich hätte diesen Namen nicht gewählt – er klingt mir etwas zu künstlich, aber da bisher niemand einen besseren vorgeschlagen hat, verwende ich ihn auch. Der Name rührt ohne Zweifel daher, daß diese Rosen, weil sie klein sind, sich gut dazu eignen, in Töpfen auf einem Patio gezogen zu werden. Da sie sich jedoch gleichermaßen gut für die Verwendung im Garten ganz allgemein eignen, ist diese Bezeichnung ziemlich unlogisch.

Für mich verkörpern die Patio-Rosen eine durchaus positive Entwicklung unter den modernen Rosen. Es handelt sich bei ihnen in der Regel um kleine, buschige Pflanzen, einige Sorten könnten sogar als sehr kleine buschige oder breitwüchsige Sträucher bezeichnet werden. Sie bringen sehr viele kleine Blüten hervor und blühen gut nach. Ihr Wuchs ist oft kissenartig oder überhängend. Bei einigen Sorten haben die Blüten eine reizende Rosettenform. Wieder andere haben kleine Pomponblüten wie die Polyantha-Rosen. Die Blätter sind meist klein und dunkelgrün. Wenn die Züchter auf die Schönheit der Blüten achten, anstatt allein auf die Leuchtkraft der Farben oder die Teehybridenform der Blüten, werden diese Rosen in Zukunft noch viel von sich reden machen – besonders wenn es weiterhin gelingt, Sorten mit ausgeprägt buschigem Wuchs zu züchten. Leider sind die Patio-Rosen meist nur schwach oder gar nicht duftend. Die Pflege dieser Rosen ist einfach. Der Rückschnitt kann sich in der Regel darauf beschränken, die verwelkten Blüten abzuschneiden und den Busch etwas auszudünnen.

ANNA FORD. Eine ausgezeichnete breitwüchsige, buschige Pflanze von etwa 45 cm Höhe mit glattem glänzenden Laub. Die Pflanze ist dicht besetzt mit kleinen, halbgefüllten Blüten mit goldfarbenen Staubgefäßen. Die Blütenfarbe ist ein Mandarinen-Rot, das zur Mitte hin zu Orange-Rot mit einem Hauch von Gelb verblaßt. 'Anna Ford' ist sehr reichblühend, sie bildet einen blühenden Hügel und remontiert gut. Die vielen sich bildenden kleinen Hagebutten müssen aber entfernt werden; gezüchtet von Harkness (Großbritannien); eingeführt: 1980.

BIANCO. Kleine, cremeweiße, rosettenförmige Blüten erscheinen in imponierender Fülle in großen Büscheln, und zwar an einem niedrigen, ziemlich breitwüchsigen Busch. Ihre Höhe beträgt etwa 45 cm; gezüchtet von Cocker (Großbritannien); eingeführt: 1983.

BOYS' BRIGADE. Diese Rose hat einen niedrigen buschigen Wuchs mit einfachen Blüten in Karmesinrot mit gelblichweißer Mitte. Sie blüht sehr üppig und – wenn man die verwelkten Blüten abschneidet – sehr kontinuierlich und bringt viele Hagebutten hervor. Ihre Höhe beträgt etwa 45 cm; gezüchtet von Cocker (Großbritannien); eingeführt: 1984.

BRIGHT SMILE. Die Blüten sind etwas größer, als in dieser Gruppe sonst üblich. Spitze Knospen in dunklem Gelb öffnen sich bei dieser Rose weit, damit sie ihre Staubgefäße zeigen kann. Ihr Wuchs ist kräftig, hübsch und buschig. Sie bringt in üppiger Fülle gesundes, glänzendes Laub hervor und blüht reich und kontinuierlich. 'Bright Smile' duftet leicht. Ihre Höhe beträgt 60 cm; gezüchtet von Dickson (Großbritannien); eingeführt: 1980.

CAROLINE DAVISON. Sie hat ziemlich große Blüten in Rosa mit weißer Mitte. Diese erscheinen in dichten Büscheln, was an eine Floribunda-Rose erinnert. Sie ist leicht duftend (Höhe: 45 cm); gezüchtet von Harkness (Großbritannien); eingeführt: 1980.

DAINTY DINAH. Eine buschige, breitwüchsige Pflanze mit zahlreichen dichtgefüllten, hübsch rundlichen Blüten in kräftigem Korallenrosa. Ihre Höhe beträgt etwa 60 cm (ebenso breit ist sie). 'Dainty Dinah' ist eine reizende kleine Rose mit ausgezeichnetem Wuchs. Sie duftet leicht; gezüchtet von Cocker (Großbritannien); eingeführt: 1981.

ESTHER'S BABY. Blüten in leuchtendem Rosarot beginnen als hübsche Knospen, die sich dann halbgefüllt und sternenförmig öffnen. Sie ist sehr reichblühend mit niedrigem buschigen Wuchs von 35 cm Höhe. Sie bringt kleine, dunkelgrüne Blätter hervor und ist leicht duftend; gezüchtet von Harkness (Großbritannien); eingeführt: 1979.

FAIRY CHANGELING. Reizvolle rosettenförmige Blüten fast wie bei einer Polyantha-Rose, aber etwas größer und in einem sehr angenehmen Rosa, das sich gut von dem dunklen Laubhintergrund abhebt. Sie ist eine sehr gute breitwüchsig kissenartige Pflanze; gezüchtet von Harkness (Großbritannien); eingeführt: 1981.

FAIRY DAMSEL. Ein hübscher, breitwüchsiger Busch mit Büscheln kleiner, polyantha-ähnlicher, rosettenförmiger Blüten in dunklem Karmesinrot. Sie hat üppiges Laub und ist selten ohne Blüten. 'Fairy Damsel' ist eine hübsche kleine Rose, die leicht duftet. Ihre Höhe beträgt 45 cm; gezüchtet von Harkness (Großbritannien); eingeführt: 1981.

HAKUUN ('Hakuun' heißt auf Dänisch „Wolke"). Diese Rose bringt dichte Büschel kleiner, bernsteinfarbener bis rahmweißer Blüten hervor, und zwar in solcher Fülle, daß sie wie eine Wolke aussieht. Sie ist eine robuste buschige Pflanze von 60 cm Höhe, die leicht duftet; gezüchtet von Poulsen (Dänemark); eingeführt: 1962.

INTERNATIONAL HERALD TRIBUNE. Siehe 'Violetta'.

JEAN MERMOZ. Diese reizende kleine Rose wurde meist den Polyantha-Rosen zugerechnet. Ich meine aber, wir können sie jetzt hier aufnehmen. Eigentlich ist sie eine Kreuzung zwischen *Rosa wichuraiana* und einer Teehybride. Sie trägt hübsche, duftige Büschel winziger, dicht gefüllter Blüten und bringt einen anmutigen, breitwüchsigen Busch hervor. Die Blütenfarbe ist ein dunkles, durchscheinendes Rosa. 'Jean Mermoz' ist leicht duftend und ideal als Randbepflanzung für eine Rabatte in Ihrem Garten. Ihre Höhe beträgt 45 cm. Gezüchtet wurde diese Rose von Chenault (Frankreich); eingeführt: 1937.

KIM. Eine gerade wachsende, aber buschige und kompakte Pflanze. Die Blüten sind gelb, leicht rosa durchzogen und größer als es bei Rosen dieser Gruppe sonst üblich ist. 'Kim' ist eine gute Schnittblume, die sich in der Vase lange hält. Ihre Höhe beträgt 45 cm; gezüchtet von Harkness (Großbritannien); eingeführt: 1973.

LITTLE JEWEL. Sie bringt reizvolle Blüten in Rosarot hervor. Ihr Wuchs ist buschig und ziemlich aufrecht; gezüchtet von Cocker (Großbritannien); eingeführt: 1980.

LITTLE PRINCE. Büschel kleiner, orangeroter Blüten an einem kompakten, aufrecht wachsenden Busch. Sie bringt viele Hagebutten hervor, die entfernt werden müssen, um die Bildung weiterer Blüten anzuregen. Ihre Höhe beträgt 45 cm; gezüchtet von Cocker (Großbritannien); eingeführt: 1983.

TOPSI, *Patio-Rose.*   STARGAZER, *Patio-Rose.*

KIM, *eine kompakte Patio-Rose.*

MARLENA. Sie war die eigentliche Vorreiterin für alle Rosen dieser Gruppe. 'Marlena' wird etwa 45 cm hoch und ist bedeckt mit Büscheln kleiner karmesin-scharlachroter Blüten, die einen farbigen „Hügel" bilden. Sie ist selten ohne Blüten; gezüchtet von Kordes (Deutschland).

NOZOMI. Siehe Kapitel 1.

PEEK-A-BOO. Eine Hybride von 'Nozomi', einer kriechenden oder Bodendecker-Rose. 'Peek-a-Boo' hat zwar nicht diese Wuchsform geerbt, wächst aber kompakt und kissenförmig. So ist sie gut verwendbar. Man könnte sie als einen perfekten

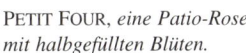

PETIT FOUR, *eine Patio-Rose mit halbgefüllten Blüten.*

Miniatur-Strauch bezeichnen. Die Blütenfarbe ist ein Apricot, das eine rosa Schattierung annimmt. Die Blüten erscheinen in anmutigen Büscheln (Höhe: 45 cm und ebenso breit); gezüchtet von Dickson (Großbritannien); eingeführt: 1981.

PETIT FOUR. Halbgefüllte Blüten von etwa 3 bis 4 cm Durchmesser in klarem Rosa mit weißer Mitte. Sie hat einen hübschen, kissenförmigen Wuchs mit üppigem Laub; gezüchtet von Interplant (Holland); eingeführt:1982 (vgl. Abb. Seite 207).

PINK POSY. Sie ist eine Hybride von 'Trier'. Dieser Abkömmling ist eine reizende und ungewöhnliche Pflanze – im Aussehen einer Polyantha-Rose sehr ähnlich. Sie bringt Büschel winziger, gefüllter rosaroter Blüten hervor. Diese Sorte hat einen lieblichen Duft, was ohne Zweifel das Erbe von 'Trier' ist. 'Pink Posy' wird 60 cm hoch; gezüchtet von Cocker (Großbritannien); eingeführt: 1983.

REGENSBERG. Halbgefüllte Blüten in hellem Rosa mit weißen Flecken, weißem Rand und weißer Mitte. Die Blüten sind einiges größer als in dieser Gruppe sonst üblich.'Regensburg' hat einen hübschen, kräftigen Wuchs von etwa 45 cm Höhe und ist leicht duftend; gezüchtet von McGredy (Neuseeland); eingeführt: 1979.

ROBIN READBREAST. Sie hat kleine, fast einfache Blüten in dunklem Karmesinrot, mit einem gelblich-weißen Auge und gelben Staubgefäßen. Das ergibt in der Fülle eine Wirkung von starker Leuchtkraft. Ihr Wuchs ist breiter und buschig. Ihre Höhe beträgt etwa 60 cm; gezüchtet von Ilsink (Holland); eingeführt: 1984.

STARGAZER. Fast einfache Blüten in leuchtendem Orange-Rot mit einer fast sternförmigen gelben Mitte. Die Rückseite der Blütenblätter ist blaß gelb, so daß ein Eindruck fast wie bei *Rosa foetida bicolor* entsteht; gezüchtet von Harkness (Großbritannien); eingeführt: 1977 (vgl. Abb. S. 206).

SWEET DREAM (Frymincot). Eine reizende kleine Rose, die an einer kompakten Pflanze Büschel mit vielen kleinen schalenförmig gefüllten Blüten hervorbringt. Sie sind pfirsich-apricotfarben und leicht duftend. 'Sweat Dream' ist die beliebteste unter den Patio-Rosen; gezüchtet von Fryer (Großbritannien); eingeführt: 1988.

TOPSI. Halbgefüllte Blüten in Orange-Rot. Sie ist reichblühend, leicht duftend und etwas anfällig für Sternrußtau; Elternsorten: 'Duftwolke' x 'Signalfeuer'; gezüchtet von Tantau (Deutschland); eingeführt: 1971 (vgl. Abb. Seite 206).

VIOLETTA ('International Herald Tribune'). Eine besonders schöne Sorte mit reizvollen, ziemlich schalenförmigen Blüten in Purpur, das bis zum Verblühen schön bleibt. Die Blüten sind in der Mitte weiß mit gelegentlich weißen Streifen und mit zierlichen Staubgefäßen. Sie erscheinen in großen Büscheln und werden außerordentlich kontinuierlich hervorgebracht. Der Wuchs von 'Violetta' ist robust, aber hübsch und kompakt. Sie bringt üppiges Laub hervor, duftet leicht und erreicht 45 bis 60 cm; gezüchtet von Harkness (Großbritannien); eingeführt: 1985.

WEE JOCK. Ein hübsch gerundeter, kissenförmiger Busch mit scharlach-karmesinroten Blüten, die in der Knospe wie hübsche Miniatur-Teehybridenblüten aussehen, sich aber rosettenförmig öffnen. Ein buschiger Wuchs mit üppigem Laub zeichnet sie aus; gezüchtet von Cocker (Großbritannien); eingeführt: 1980.

Miniatur-Rosen

Es handelt sich bei dieser Gruppe um wirkliche Miniatur-Rosen. 'Rouletii', um nur ein Beispiel zu nennen, wird nur 15 cm hoch. Häufiger ist allerdings eine Höhe von 25 bis 40 cm, wobei die Höhe etwas davon abhängt, ob die Pflanzen aus Stecklingen oder durch Veredeln vermehrt wurden. Miniatur-Rosen sind „miniatur" nicht nur in Bezug auf die Höhe, sondern auch in jeder anderen Hinsicht: Sie haben dünne Zweige und winzige Blätter und Blüten. Die Blüten können sich bei näherer Betrachtung als sehr hübsch erweisen: Sie sehen entweder wie winzige Teehybridenblüten oder wie die kleinen Rosetten Alter Rosen aus.

Es kann kaum ein Zweifel bestehen, daß die erste dieser Rosen die Miniaturform einer China-Rose gewesen ist. Die früheste Sorte von diesen Rosen kam etwa um das Jahr 1800 aus China nach England und von dort aus nach Frankreich. Es wurden eine Anzahl von Sorten gezüchtet, die in beiden Ländern beliebt waren, vor allem als Zimmerpflanzen. Später schwand das Interesse an diesen Rosen, und sie gerieten fast völlig in Vergessenheit. 1918 entdeckte ein Schweizer Militärarzt namens Roulet eine dieser Sorten. Sie wurde in einem Schweizer Dorf in Töpfen gezogen, und es hieß; dort müßte diese Sorte schon seit langem kultiviert werden; sie wurde dann unter dem Namen 'Rouletii' bekannt. Die Züchter Van Vink aus Holland und Pedro Dot aus Spanien kreuzten sie mit verschiedenen anderen Rosen und züchteten so eine neue Klasse. Später folgten ihnen noch weitere Züchter.

Es ist erstaunlich, daß die Miniatur-Rosen ihre größte Beliebtheit ausgerechnet in dem Land erreichten, wo alles „größer und besser" ist – den USA. Im Gegensatz zu England ist Platz dort meist kein Problem. Trotz des in England häufigen Platzmangels konnten die Miniatur-Rosen hier nicht sonderlich populär werden, und die Beliebtheit in den USA muß „irgendwie" mit der Arbeit von Ralph Moore in Kalifornien zusammenhängen – mehr als jeder andere Züchter hat er dazu beigetragen, daß die Miniatur-Rosen den heutigen Entwicklungsstand erreichen konnten. Im Sommer 1985 hatte ich Gelegenheit, seine hochinteressante Rosenschule zu besuchen und war von der immensen Arbeit, die er auf diesem Gebiet geleistet hat (und immer

STARS 'N STRIPES, *eine Miniatur-Rose.*   STARINA, *eine Miniatur-Rose.*

noch leistet), beeindruckt. Er hat zahlreiche Sorten in den Handel gebracht, leider aber wurden viele der reizenden kleinen Rosen, die er gezüchtet hat, nicht professionell vertrieben.

Es scheint das alte Problem zu sein: die Kunden, vielleicht besser gesagt, die Baumschulen, wollen heutzutage kleine, knospenförmige Blüten wie bei Miniatur-Teehybriden. Bei Ralph Moore dagegen sah ich die hübschesten kleinen rosetten- und schalenförmigen Blüten in schönen Farben und in vielen Sorten – sogar Moosrosen und gestreifte Sorten. Moore ist der einzige Züchter seit der Zeit der Alten Rosen, der Moosrosen züchtet.

Das Hauptproblem bei Miniatur-Rosen besteht darin zu wissen, wie man sie in einem ganz gewöhnlichen Garten einsetzt. Es wäre einfacher, wenn sie im Wuchs etwas größer wären (wie beispielsweise die Zwerg-Zentifolien mit Miniaturblüten und -blättern). Sie eignen sich besonders für sehr kleine Gärten. In größeren Gärten pflanzt man sie am besten in Tröge, Urnen, Balkonkästen, kleine Hochbeete und dergleichen. Wo auch immer sie gepflanzt werden, wichtig ist, daß man sie aus der Nähe betrachten kann, sonst lassen sich ihre kleinen Blüten gar nicht angemessen würdigen. Es gibt auch keinen Grund, weshalb man sie nicht in Töpfen vorziehen und, wenn sie blühen, ins Haus holen sollte. Sie können dort natürlich nicht auf Dauer bleiben und müssen immer wieder mal ins Freie gestellt werden, damit sie sich von dieser Tortur erholen können. Am besten kommen sie als Schnittblumen in kleinen Schalen zur Geltung.

Miniatur-Rosen gedeihen in jedem guten Gartenboden. Nährstoffarme Böden müssen verbessert werden, zum Beispiel durch verrotteten Kompost oder Stallmist. Der Rückschnitt sollte sich darauf beschränken, sie etwa auf die Hälfte der Höhe zurückzuschneiden sowie abgestorbenes und krankes Holz zu entfernen.

GREEN DIAMOND,
eine Miniatur-Rose.

ANGELA RIPPON. Eine kompakte, gut belaubte Pflanze mit dicht gefüllten, korallen-rosa Blüten in Büscheln. Sie hat einen buschigen Wuchs, ist reichblühend und duftet etwas; gezüchtet von de Ruiter (Holland); eingeführt: 1978.

BABY DARLING. Kleine orangerosa Blüten mit leichtem Duft. Sie hat einen zwergigen und buschigen Wuchs. Ihre Höhe beträgt 20 bis 30 cm. Elternsorten: 'Little Darling' x 'Magic Wand'; gezüchtet von Moore (USA); eingeführt: 1964.

BABY GOLD STAR. Die Blüten dieser Rose sind für eine Miniatur-Rose ziemlich groß. Die Blütenfarbe ist ein leuchtendes Gelb, kann aber auch etwas blasser ausfallen; gezüchtet von P. Dot (Spanien); eingeführt: 1940.

Rechts: SHERI ANNE, *eine Miniatur-Rose.*
Links: DRESDEN DOLL, *eine Miniatur-Rose.*

211

BABY MASQUERADE. Sie ist eine Kreuzung zwischen 'Peon' sowie der Floribunda-Rose 'Masquerade' und wirkt wie die Miniaturausgabe von letzterer. Ihre Blüten sind gefüllt, sternenähnlich. 'Baby Masquerade' ist verläßlich, aber etwas plump; gezüchtet von Tantau (Deutschland); eingeführt: 1956.

BAMBINO. Ein Abkömmling von 'Perla de Alcanada' und dieser in jeder Hinsicht gleich, außer daß die Blüten rosarot sind. Sie ist ebenso winterhart und kompakt im Wuchs und hat hübsch geformte Blüten. Ihre Höhe beträgt 15 bis 25 cm; entdeckt von Pedro Dot (Spanien); eingeführt: 1953.

CINDERELLA. Eine Kreuzung zwischen der Polyantha-Rose 'Cécile Brunner' und 'Peon'. Sie hat reizende kleine Blüten von gerade 2½ cm Durchmesser in Satin-weiß. Trotz ihrer geringen Größe setzen sich diese aus etwa 45 winzigen Blüten-blättern zusammen; gezüchtet von de Vink (Holland); eingeführt: 1953.

CORALIN ('Carolyn', 'Karolyn'). Eine für diese Gruppe ziemlich große Sorte von etwa 45 cm Höhe mit vergleichsweise großen Blüten (mit etwa vierzig Blüten-blättern). Die Blütenfarbe ist ein Puterrot mit Orange; Elternsorten: 'Mephisto' x 'Perla de Alcanada'; gezüchtet von M. Dot (Spanien); eingeführt: 1955.

CRICRI. Eine kleine, buschige Pflanze von etwa 30 cm Höhe. 'Cricri' hat schön geformte, sehr dicht gefüllte Blüten in Lachsrosa, das mit Korallenrosa schattiert ist; gezüchtet von Meilland (Frankreich); eingeführt: 1958.

DARLING FLAME. Kugelige, zinnoberrote Blüten von 4 cm Durchmesser. Sie ist eine gute Gartenpflanze von vergleichsweise hohem Wuchs; Elternsorten: ('Rimosa' x 'Rosina') x 'Zambra'; gezüchtet von Meilland (Frankreich); eingeführt: 1971.

DRESDEN DOLL. Sie ist das Ergebnis vieler Jahre Arbeit von Ralph Moore in Kalifornien. Er hat es mit dieser Sorte fertiggebracht, die reizvoll bemoosten Knospen der Moos-Rosen und den niedrigen und öfterblühenden Wuchs der Miniatur-Rosen miteinander zu vereinen. Der Wuchs ist für eine Rose dieser Gruppe viel-leicht ein bißchen hoch. Die Blüten sind gefüllt, sie öffnen sich rosettenförmig in einem hübschen weichen Rosa, gelegentlich zeigen sie das Gelb der Staubbeutel; Elternsorten: 'Fairy Moss' x unbenannter Moosrosen-Sämling; gezüchtet von Moore (USA); eingeführt: 1975 (vgl. Abb. Seite 211).

DWARFKING. Siehe 'Zwergkönig'.

EASTER MORNING. Ziemlich große, dicht gefüllte elfenbeinweiße Blüten; Eltern-sorten: 'Golden Glow' x 'Zee'; gezüchtet von Moore (USA); eingeführt: 1960.

FIRE PRINCESS. Sie hat schön geformte, scharlachrote Blüten an einem ziemlich hohen, aufrechten Busch; gezüchtet von Moore (USA); eingeführt: 1969.

GREEN DIAMOND. Diese Pflanze ist vielleicht die beste grüne Gartenrose. Rosarot getönte Knospen öffnen sich bei ihr in weichem Grün. Ihr Wuchs ist mittelhoch und buschig; Elternsorten: unbenannter Polyantha-Sämling x 'Sheri Anne'; gezüchtet von Moore (USA); eingeführt: 1975 (vgl. Abb. Seite 211).

GOLDEN MEILLANDINA ('Rise 'n Shine'). Sie hat ziemlich große, schön geformte Blüten in reinem Gelb, und zwar an einer buschigen Pflanze mittlerer Höhe; Elternsorten: 'Little Darling' x 'Yellow Magic'; gezüchtet von Moore (USA); eingeführt: 1977.

HAPPY MEILLANDINA ('Happy Thought'). Sie hat gefüllte Blüten in Rosa, das mit Korallenrosa und Gelb vermischt ist; gezüchtet von Moore (USA); eingeführt: 1978 (vgl. Abb. Seite 215).

JUDY FISCHER. Spitze Knospen öffnen sich zu mittelgroßen, dichtgefüllten rosa-roten Blüten. Sie wächst niedrig und buschig mit dunklem bronzegetönten Laub; gezüchtet von Moore (USA); eingeführt: 1968.

LAVENDER JEWEL. Siehe 'Lavender Meillandina'.

LAVENDER LACE. Kleine, spitze, knospenförmige Blüten in Lavendel-Lila. Sie hat einen buschigen Wuchs; gezüchtet von Moore (USA); eingeführt: 1968.

LAVENDER MEILLANDINA ('Lavender Jewel'). Ziemlich große, gefüllte Blüten in einer reizenden Kombination von Rosa und Lavendel. Der Wuchs ist buschig, locker und mittelhoch; gezüchtet von Moore (USA); eingeführt: 1978.

LITTLE FLIRT. Sie hat orangerote Blüten mit orangegelber Rückseite, hellgrünes Laub und einen buschigen Wuchs von 30 bis 35 cm Höhe; Elternsorten: (*Rosa wichuraiana* x 'Floradora') x ('Golden Glow' x 'Zee'); gezüchtet von Moore (USA); eingeführt: 1961.

MAGIC CAROUSEL. Diese Sorte bringt ziemlich große Blüten mit spitzen Knospen hervor, die einen hübschen roten Rand haben; Elternsorten: 'Little Darling' x 'Westmont'; gezüchtet von Moore (USA); eingeführt: 1972.

MR BLUEBIRD. Eine reizende kleine Rose in einem hübschen Lavendelblau. Der Wuchs ist kompakt und buschig. Als Elternsorten werden 'Old Blush China' x 'Old

SNOW CARPET, *eine kriechende Miniatur-Rose.*

HAPPY MEILLANDINA ('Happy Thought'), *eine Miniatur-Rose.*

Blush China' angegeben. Ich verstehe das so, daß natürlich entstandene Samen ausgesät wurden, wobei sich ein hoher Anteil an Miniatur-Sämlingen ergab. Es muß sich dabei um Zufallskreuzungen mit einer Miniatur-Rose gehandelt haben; gezüchtet von Moore (USA); eingeführt: 1960.

NEW PENNY. Leicht gefüllte Blüten in Korallenrosa, das sich mit der Zeit in Rosa verwandelt. 'New Penny' hat einen verzweigten Wuchs und dunkelgrünes Laub; Elternsorten: (*Rosa wichuraiana* × 'Floradora') × unbenannter Sämling; gezüchtet von Moore (USA); eingeführt: 1962.

PEACHY WHITE. Spitze Knospen öffnen sich zu kleinen, halbgefüllten weißen Blüten, die aber zartrosa schattiert sind. Ihr Wuchs ist aufrecht und buschig; gezüchtet von Moore (USA); eingeführt: 1976.

PERLA DE ALCANADA. Kleine, rosig-karminrote Blüten mit fünfzehn bis zwanzig Blütenblättern. Ihr Wuchs ist sehr niedrig und kompakt (15 bis 25 cm hoch). Sie hat dunkles, glänzendes Laub; Elternsorten: 'Perle des Rouges' × 'Rouletii'; gezüchtet von P. Dot (Spanien); eingeführt: 1944.

POUR TOI. Halbgefüllte Blüten in Rahmweiß, das an der Basis gelb schattiert ist. Sie ist sehr niedrig (Höhe nur 15 bis 20 cm), hat aber einen sehr guten, buschigen

Wuchs; Elternsorten: 'Eduardo Toda' x 'Pompon de Paris'; gezüchtet von P. Dot (Spanien); eingeführt: 1946.

RISE 'N SHINE. Siehe 'Golden Meillandina'.

SHERI ANNE. Spitze Knospen öffnen sich bei dieser Rose zu einer flachen Blüte in leuchtendem Orangerot; gezüchtet von Moore (USA); eingeführt: 1973.

SILVER TIPS. Spitze Knospen öffnen sich zu kleinen Blüten von 2½ cm Durchmesser mit zahlreichen Blütenblättern. Ihr Wuchs ist stark und buschig. Dabei blüht sie üppig. Ihre Höhe beträgt 30 cm; gezüchtet von Moore (USA); eingeführt: 1961.

SNOW CARPET. Eine ausgezeichnete kleine Rose mit besonders gutem Wuchs. Sie ist eine kriechende Miniatur-Rose, am Boden entlang baut sie langsam einen niedrigen Hügel auf und bringt winzige, sternförmige, dicht gefüllte Blüten mit kurzen Blütenblättern in reinem Weiß hervor; gezüchtet von McGredy (Neuseeland); eingeführt: 1980 (vgl. Abb. Seite 214).

STACEY SUE. Stark gefüllte Blüten in weichem Rosa mit bis zu sechzig Blütenblättern. Sie verfügt über einen ausgezeichneten lockeren, sich ausbreitenden Wuchs; gezüchtet von Moore (USA); eingeführt: 1976.

STARINA. Ziemlich große Blüten in Orangerot an einer buschigen, vergleichsweise hohen Pflanze; Elternsorten: ('Dany Robin' x 'Fire King') x 'Perla de Montserrat'; gezüchtet von Meilland (Frankreich); eingeführt: 1965 (vgl. Abb. Seite 210).

STARS 'N STRIPES. Eine weitere Moore-Neuheit. Dieses Mal griff er auf die gestreifte alte Remontant-Rose 'Ferdinand Pichard' zurück. Die Blüten dieser Rose sind halbgefüllt; eingeführt: 1980 (vgl. Abb. S. 210).

TOY CLOWN. Hübsche halbgefüllte, schalenförmige Blüten in Weiß mit karminrotem Rand. Sie hat einen buschigen, mittelhohen Wuchs mit kleinen, ledrigen Blättern; leicht duftend; Höhe 30 cm; gezüchtet von Moore (USA); eingeführt: 1966.

YELLOW DOLL. Große Blüten, die als spitze Knospen beginnen und schließlich viele Blütenblätter in blassem Gelb bis Creme freigeben. 'Yellow Doll' hat einen guten, sich ausbreitenden Wuchs von etwa 30 cm Höhe mit ledrigen, glänzenden Blättern; Elternsorten: 'Golden Glow' x 'Zee'; gezüchtet von Moore (USA); eingeführt: 1962.

ZWERGKÖNIG ('Dwarfking'). Von buschigem mittelhohen Wuchs mit gefüllten, dunkelroten Blüten; gezüchtet von Kordes (Deutschland); eingeführt: 1957.

KAPITEL 6

Wildrosen
und ihre nahen Hybriden

Nachdem wir die Modernen Strauchrosen, die Kletterrosen und unsere heutigen Gartenrosen betrachtet und einige Empfehlungen für künftige Entwicklungen gegeben haben, müssen wir nun zu den allerersten Rosen zurückkehren – den Wildrosen der verschiedensten Gegenden. Man könnte mit gutem Recht behaupten, eigentlich hätten wir hiermit beginnen müssen.

Es gibt allerdings auch gute Gründe, sie ans Ende unserer Vorstellung der Rosen zu stellen. Wir beschäftigen uns mit diesen Pflanzen nicht in erster Linie aus Interesse an ihrer Geschichte, so interessant diese zweifellos ist, auch nicht aus der Sicht des Botanikers, vielmehr wollen wir sie schlicht als Gartenpflanze sehen. Die Wildrosen und ihre nahen Hybriden sind, ganz allgemein gesprochen, von den Gartenrosen sehr verschieden und brauchen im Garten auch einen anderen Platz. Sie sind „Kinder der freien Natur", mit solchen Gewächsen zumindest nahe verwandt, während die Gartenrosen ein Produkt unserer Zivilisation sind. Alle Wildrosen sind einfach blühend; gefüllte Blüten sind das Ergebnis von Auslese durch den Menschen.

Wie die Gartenrosen haben auch die Wildrosen eine interessante Geschichte, weniger aus der Sicht des Menschen – ausgenommen sind vielleicht die meist furchtlosen Menschen, die sie gesammelt haben –, sondern wegen der vielen und sehr unterschiedlichen Gegenden, die ihre natürliche Heimat bilden. Die Gartenformen der Rosen sind zwar in fast jedem Land der Welt zu finden, Wildrosen aber kommen nur auf der nördlichen Halbkugel vor. Nordamerika, Europa, ganz Rußland bis China und schließlich Japan – fast jedes Land hat seine Wildrosen. China insbesondere ist reich an Wildrosen, wie es auch reich an vielen anderen Pflanzen ist. Es mag schade sein, daß Wildrosen in der Regel ziemlich große Sträucher sind, die für die kleinen Gärten unserer heutigen „Stadt-Welt" nicht gerade ideal zu nennen sind. Glücklicherweise gibt es aber immer noch viele große Gärten, besonders in ländlichen Gegenden, und in solchen sollte immer Platz für ein oder zwei Wildrosen sein. Auch sind nicht alle Wildrosen hoch im Wuchs, einzelne eignen sich durchaus für einen kleineren Garten.

Der Reiz der Wildrosen liegt nicht so sehr in der Farbenfreudigkeit ihrer Blüten, sondern mehr in ihrer Schlichtheit – in der Eleganz ihres Wuchses, ihrem zierlichen Laub und in ihren oft farbenfrohen Früchten. Es gibt wirklich kaum eine Wildrose, die man nicht als schön bezeichnen müßte, aber es ist eine Schönheit, die sich nicht aufdrängt. In der langen Zeit ihrer Entwicklung haben sie vielerlei Formen angenommen, um sich den unterschiedlichen Bedingungen ihrer Heimatländer und ihres Klimas anzupassen. Man sollte wissen: Es gibt bei den Wildrosen grenzenlos viele Wuchs- und Blattformen.

Man kann Wildrosen entweder zusammen mit anderen Sträuchern oder in einer gemischten Rabatte verwenden, besser vielleicht noch in dem mehr naturbelassenen Teil eines großen Gartens, sogar auf Feldern, für Hecken und in offenem Waldgelände. Die kletternden Wildrosen, die ich in der zweiten Hälfte dieses Kapitels beschreibe, kann man über Sträucher und Hecken und in Bäume, einige sogar in sehr große Bäume wachsen lassen. Ja, einige der Rosen, die sich für solche Zwecke am besten eignen, sind Wildrosen.

Wildrosen erfordern in der Regel keinen großen Pflegeaufwand. Gelegentliches Entfernen alten Holzes, um die Bildung neuer Triebe anzuregen, reicht zumeist aus, oder auch ein leichter Rückschnitt, damit die Pflanzen nicht zu groß werden oder Nachbarsträucher bedrängen. Der Rückschnitt sollte allerdings nicht zu stark sein, sonst wird auf Kosten der Blüten und der Hagebutten nur die Bildung vieler neuer Triebe angeregt, und man kann dadurch auch die natürliche Anmut des Strauches verderben und zerstören.

Man sollte sich deshalb, bevor man eine Wildrose pflanzt, gut informieren, wie groß diese Wildrose am Ende tatsächlich wird. Wurde eine Wildrose jahrelang sich selbst überlassen – in dieser Zeit war sie vermutlich oftmals ein schöner Anblick –, hat sich wahrscheinlich viel altes und abgestorbenes Holz gebildet. So ist sie dann unansehnlich geworden. Das ist gewissermaßen der „natürliche Rückschnitt", aber er ist nicht unbedingt geeignet für unsere Gärten. In solchen Fällen ist es am zweckmäßigsten, die Pflanze stark zurückzuschneiden und mit dem Wuchs von vorne zu beginnen.

Wildrosen-Hybriden sind zumeist Kreuzungen zwischen Wildrosen, manchmal aber auch Kreuzungen von Wildrosen mit Gartenrosen. Alle, bis auf wenige Ausnahmen – beispielsweise die Schottischen Zaunrosen, die ich hier mit aufführe – haben den Wildrosencharakter beibehalten.

Die Wildrosen sind nicht durch den Menschen entstanden, sondern Entwicklungsprodukte der Natur. Es handelt sich bei ihnen deshalb nicht um standardisierte Pflanzen, die sich leicht in die Systematik eines Buches einfügen ließen. Zwischen den Wildrosen gibt es große Unterschiede, je nach den Bedingungen ihrer Heimatländer. Bei einzelnen Wildrosen, deren Formen zum Teil stark variieren, beispielsweise bei *Rosa moyesii,* ist es wichtig, darauf zu achten, daß Ihre Baumschule Ihnen eine gute Form anbieten kann.

Es gibt etwa zweihundertfünfzig verschiedene Wildrosen. Alle diese Sorten sind schön, aber für den Garten eignen sich natürlich einige besser als andere. Das bleibt nicht aus. Wie grundsätzlich in diesem Buch habe ich vor allem solche ausgewählt, die ich für den Garten für besonders geeignet halte.

ROSA CALIFORNICA PLENA, *Wildrosen-Hybride – ein ausgezeichneter, reich blühender und verläßlicher Strauch.*

Strauch-Wildrosen und ihre Hybriden

ROSA ALPINA. Siehe *R. pendulina*.

ROSA ALTAICA. Siehe *R. pimpinellifolia* var. *altaica*.

ROSA CALIFORNICA. Eine starkwüchsige Rose, die zwischen Mitte Juni und Anfang Juli Büschel dunkelrosafarbener Blüten von 4 cm Durchmesser hervorbringt. Im Herbst folgen schöne Hagebutten. Ihre Höhe beträgt 2,40 m. 'Rosa Californica' ist ein Strauch mit hübschem, dunklem Laub. Er steht aber im Schatten der gefüllten Form 'Rosa Californica Plena'. Sie ist in den USA heimisch.

ROSA CALIFORNICA PLENA. Die Meinungen über die Herkunft dieser Rose gehen auseinander. Einige halten sie für eine gefüllte Form von *R. californica*. Graham Thomas aber meint, sie sei mit *R. nutkana* verwandt. Der Umstand, daß ihre Blüten gefüllt sind, legt für mich den Schluß nahe, daß die andere Elternsorte eine Gartenrose gewesen sein muß. Sie ist ein sehr schöner Strauch und für den Garten besser geeignet als die Elternsorte. Die halbgefüllten Blüten sind dunkelrosa, duftend und erscheinen in kaskadenartiger Fülle an langen, herabhängenden Zweigen. Die Blätter sind klein sowie zahlreich und bilden einen dichten Strauch. 'Rosa Californica Plena' ist winterhart und sehr starkwüchsig, sie bildet oft reichlich Ausläufer (Höhe: 2,40 m); eingeführt 1894 von Geschwind, Ungarn; (vgl. Abb. Seite 219).

ROSA CANINA. Die Hundsrose unserer Feldraine kommt in unterschiedlicher Form überall in Nordeuropa und sogar in den westlichen Teilen Asiens vor. Sie ist ein offener Strauch von 3 m Höhe, der Blüten von 5 cm Durchmesser einzeln oder in kleinen Büscheln hervorbringt. Bei verschiedenen Sträuchern kann die Blütenfarbe von Weiß bis zu fast Karmesinrot schwanken, meist überwiegt jedoch ein weiches Rosa. Diese starken Unterschiede – besonders der Blütenfarbe, aber auch von Wuchs und Laub – sind einzigartig unter den Wildrosen. Ja, wenn wir sie in der freien Natur beobachten, finden wir selten zwei Pflanzen, die gleich aussehen! Das liegt an einer außergewöhnlichen Variabilität des Erbguts. Die Blüten haben den eigenen typischen Duft, ihnen folgen ovale, scharlachrote Hagebutten. Wo diese Wildrose in der Nähe frei wächst, wird man sie kaum im Garten pflanzen wollen, obwohl sie ein durchaus hübscher Strauch ist. Ich kann mich gut an den Bauernhof meiner Eltern nahe Shrewsbury erinnern, wo sie in großer Anzahl bis 7 m hoch wuchsen und während der Blütezeit einen überwältigenden Anblick boten. Ich habe danach kaum etwas Vergleichbares gesehen (vgl. Abb. Seite 222). – *R. canina* ist die Elternsorte mehrerer Hybriden, von denen die meisten ausgezeichnete Sträucher sind, meist mit größeren Blüten, aber sonst im Aussehen ähnlich.

ROSA CANINA 'ABBOTSWOOD'. Ein halbgefüllter Sämling der Hundsrose, der kaum Zeichen einer Hybride trägt. Trotzdem bin ich fest davon überzeugt, daß es sich um eine Hybride handelt. Diese Sorte wurde in einer Hecke in Abbotswood, und zwar im Garten von Mr Harry Ferguson entdeckt, der – wie man weiß – durch Traktoren bekannt wurde. Mr Tustin, sein Gärtner, gab sie Graham Thomas. Diese Sorte bildet einen Strauch von 2,40 m Höhe mit rosa Blüten, die einen lieblichen Canina-Duft verströmen; eingeführt: 1954.

ROSA CANINA 'ANDERSONII'. Vermutlich eine Canina x Gallica-Hybride mit den typischen Blüten der Hundsrose, aber größer und in satterem, leuchtenderem Rosa. Auch sie hat eine längere Blütezeit. Die Blätter sind lang und auf der Unterseite flaumig, die Hagebutten leuchtend rot wie bei *R. canina*. Sie ist duftend und wird 1,80 m bis 2,40 m hoch; zuerst erwähnt von Hillier (Großbritannien); eingeführt: 1912 (vgl. Abb. Seite 223).

ROSA CANINA HIBERNICA. Siehe *R.* x *hibernica*.

ROSA CANTABRIGIENSIS. Siehe Hybriden von *Rosa hugonis*.

ROSA 'COMPLICATA'. Sie ist vermutlich eine Kreuzung zwischen einer Gallica-Rose und der *R. canina*. Sie wird zwar oft als Gallica-Rose eingestuft, kommt aber viel eher auf eine Wildrose hinaus. Sie ist eine der schönsten und verläßlichsten Strauchrosen überhaupt. Die Blüten sind groß, etwa 12 cm im Durchmesser, anfangs leicht schalenförmig. Später öffnen sie sich flacher, die Blütenfarbe ist ein besonders reines, leuchtendes Rosa, das zur Mitte hin zu Weiß verblaßt, mit einem großen Büschel goldfarbener Staubgefäße. Mitte Juni bedeckt sie sich über und über mit einer Fülle großer Hundsrosenblüten. Der Wuchs ist außerordentlich robust, aber sehr kompakt – etwa 1,50 m hoch, mit vielen großen Blättern. Sie gedeiht selbst bei kärglichem Boden gut – nur wenige Rosen sind ihr in dieser Hinsicht überlegen. Sie verdient es wirklich, in öffentlichen Anlagen mehr gepflanzt zu werden. Über das Jahr ihrer Einführung und ebenso über ihre Herkunft ist uns nichts bekannt (vgl. Abb. Seite 227).

ROSA DAVIDII. Ein anmutiger Strauch von aufrechtem Wuchs und etwa 2,70 m Höhe. Die Blüten haben einen Durchmesser von etwa 5 cm. Sie haben das Rosa einer Malve, erscheinen in großen offenen Büscheln und präsentieren sich entlang ihrer Zweige ausgesprochen elegant. Sie duften angenehm. Ihnen folgen im Herbst schlanke, flaschenförmige Hagebutten in leuchtendem Orangerot. Die Blätter sind grob gemasert und graugrün. Sie blüht unter den Wildrosen als eine der letzten. Ihre Heimatländer sind West-China und Süd-Tibet. Sie wurde 1903 erstmals von E. H. Wilson entdeckt.

ROSA x HIBERNICA, *eine Wildrosen-Hybride – vermutlich eine Kreuzung zwischen* R. canina *und* R. pimpinellifolia, *mit buschigem Wuchs und zierlichen Blüten.*

ROSA CANINA, *eine Wildrose, die Hundsrose unserer Feldraine. Die beiden Abbildungen veranschaulichen die große Variationsbreite der Blütenfarbe, die man bei dieser Rose findet.*

ROSA CANINA 'ANDERSONII', *eine Wildrosen-Hybride. Sie ist ein guter Strauch für den Garten, vermutlich eine Hybride der Hundsrose.*

ROSA x DUPONTII. Diese sehr schöne Rose ist vermutlich eine Kreuzung zwischen *R. damascena* und *R. moschata*. Die Blüten haben einen Durchmesser von etwa 10 cm und sind einfach; gelegentlich haben sie ein paar zusätzliche Blütenblätter. Die Blütenfarbe ist weiß, manchmal zartrosa schattiert. Die Blüten erscheinen in hübschen Büscheln zu fünf oder mehr, ähnlich wie bei einer Damascena-Rose. 'Rosa Dupontii' zeichnet sich durch eine besonders klare Form und eine Reinheit aus, die sehr zu ihrem Charme beiträgt, besonders in Verbindung mit dem eleganten, weichgrauen Laub. Sie bildet einen kräftigen und ziemlich offenen Strauch von etwa 2 m Höhe und etwas geringerer Breite; leicht duftend, blüht spät in der Saison; eingeführt: um 1817 (vgl. Abb. Seite 226).

ROSA ECAE. Ein kompakter, etwa 1,50 m hoher Strauch, mit schlanken, stacheligen Zweigen und kleinen, farnähnlichen Blättern, die sehr denen von *R. hugonis* ähneln. Die Blüten sind klein, haben einen Durchmesser von gerade 2,5 cm und erscheinen entlang der Zweige. Am besten gedeiht sie an einem warmen, sonnigen Standort. Ihre Heimat ist Afghanistan. Sie wurde erstmals 1870 von Dr. Aitchison entdeckt. Der Name der Rose leitet sich von den Initialen seiner Frau ab – E.C.A.

ROSA EGLANTERIA. Siehe *R. rubiginosa.*

ROSA ELEGANTULA VAR. PERSETOSA (*R. farreri* var. *persetosa*). Diese Rose wurde von E. A. Bowles aus Samen von *R. elegantula* gezogen, den Farrer 1915 in West-China gesammelt hatte. Die Blütenfarbe ist ein dunkleres Rosa als bei der Elternsorte, die heute nur sehr selten kultiviert wird. Wegen ihrer sehr kleinen Blüten wird *R. elegantula* var. *persetosa* in England oft als 'Threepenny Bit Rose' bezeichnet. Es ist ein zierlicher kleiner Strauch mit winzigen Blüten in klarem Lachsrosa, die die überhängenden Zweige schmücken, mit kleinen Blättern und vielen borstigen Stacheln. Das Laub nimmt im Herbst eine Purpurfarbe an, und es bilden sich zahlreiche kleine orangerote Hagebutten.

ROSA FARRERA VAR. PERSETOSA. Siehe *R. elegantula* var. *persetosa.*

ROSA FEDTSCHENKOANA. Ein hoher und sehr starkwüchsiger Strauch von mindestens 2,40 m Höhe und mit borstigen Stacheln. Wenn er auf eigener Wurzel gezogen wird, bildet dieser Strauch reichlich Ausläufer und breitet sich in alle Richtungen aus – so sehr, daß es zum Problem werden kann. Der vielleicht größte Vorteil dieser Rose ist ihr hübsches graugrünes Laub, aber sie gehört darüber hinaus zu den fünf Wildrosen, die von Natur aus den ganzen Sommer über blühen. Die anderen vier sind: *R. rugosa, R. beggeriana, R. foliolosa* und *R. bracteata.* Die Blütenfarbe von 'Rosa Fedtschenkoana' ist Weiß, der Durchmesser der Blüten etwa 5 cm. Sie blüht zwar sehr lange, aber nach meiner Erfahrung nicht besonders reich. Die Hagebutten sind länglich, birnenförmig, leuchtend rot und haben lang haltende haarige Kelchblätter. Die Blüten duften ausgeprägt, manche bezeichnen diesen Duft als unangenehm. Ihre Heimat ist Mittelasien. Sie wurde 1868/71 von einer Russin entdeckt und nach ihr benannt (vgl. Abb. Seite 230).

ROSA FOETIDA (*R. foetida lutea*, 'Austrian Yellow'). Die Heimatländer dieser Rose sind der Iran und Kurdistan. Wir kennen sie seit dem Ausgang des 16. Jahrhunderts. *R. foetida* hatte für die Entwicklung der Gartenrosen eine große Bedeutung, denn sie ist durch ihre Form *R. foetida* var. *persiana* die Hauptquelle für das Gelb unserer Modernen Rosen. Ihr Einfluß war nicht nur positiv, denn *R. foetida* ist stark anfällig für Sternrußtau und hat etwas von dieser Anfälligkeit auf ihre Nachkommenschaft vererbt. Ja, oft wird sie – nicht ganz zu recht – als alleinige Verursacherin dieses Problems angesehen. Die Blüten haben einen Durchmesser von etwa 6 cm und sind leuchtend schwefelgelb. Ihr Duft ist nicht jedermanns Geschmack. Das Laub ist blaßgrün, die Triebe sind braun mit gräulichen Stacheln. Sie bildet einen gefälligen, nicht besonders üppigen Strauch von 1,50 m Höhe. Diese Wildrose und ihre Formen präsentieren sich zu Beginn der Blühsaison in leuchtenden Farben. Sollten Sie in Ihrem Garten eine Anfälligkeit für Sternrußtau festgestellt haben, entscheiden Sie sich besser für *R. pimpinellifolia* var. *lutea* 'Maxima', sie ist weniger anfällig für diese Krankheit und hat eine ähnliche Blütenfarbe.

ROSA FOETIDA VAR. BICOLOR (*R. lutea punicea,* 'Austrian Copper'). Sie ist ein hochinteressanter Abkömmling von *R. foetida.* Die Oberseite der Blütenblätter hat sich in ein Kupferrot verwandelt, von dem man nahezu geblendet wird. Die Unterseite ist leuchtend gelb geblieben. Ansonsten ist sie mit der Elternsorte identisch. Wenn wir uns diese Rose anschauen, können wir gut nachvollziehen, wie es zu der oft übermäßig leuchtenden Farbe unserer heutigen Rosen gekommen ist. Diese Rose allerdings ist sehr schön und hat sich in unseren Gärten sehr wohl ihren Platz verdient. In der islamischen Welt war sie bereits im 12. Jahrhundert bekannt. Ihre Höhe beträgt 1,50 m (vgl. Abb. Seite 230).

ROSA FOETIDA VAR. PERSIANA ('Persian Yellow'). Eine reizvolle gefüllte Form von *R. foetida* mit derselben leuchtend schwefelgelben Blütenfarbe. Sie bildet einen schlanken Strauch von 1,20 m Höhe (in wärmeren Gegenden soll sie höher wachsen). Die Blüten sind schalenförmig und im Stil Alten Rosen sehr ähnlich. Sie wurde 1838 von Sir Henry Wilcock nach England gebracht, vermutlich aus dem Iran (vgl. Abb. Seite 230).

ROSA FORRESTIANA. Ein Strauch von etwa 2 m Höhe und etwa 1,80 m Breite mit rosig-karmesinroten Blüten von etwa 4 cm Durchmesser mit cremegelben Staubgefäßen. Die Blüten sind duftend und erscheinen in dichten Büscheln, die Hagebutten kolbenförmig, leuchtend orangerot und ziemlich borstig. Ihr Heimatland ist West-China; sie wurde 1918 erstmals kultiviert (vgl. Abb. Seite 234).

ROSA GLAUCA (*R. rubrifolia*). Diese Rose ist in Mitteleuropa heimisch und wird meist wegen ihres schönen Laubes kultiviert. Sie bildet einen Strauch von etwa 2 m Höhe und etwa gleicher Breite mit fast stachellosen purpurroten Trieben und flaumigem kupfrig-mauvefarbenen Laub. In der Rabatte oder in der Vase gibt dieses Laub einen hervorragenden Kontrast ab. Die Blüten, durchaus nicht besonders auffällig, sind hellrosa, ziemlich klein und erscheinen in kompakten Büscheln. Trotzdem haben sie in Verbindung mit dem getönten Laub ihren eigenen besonderen Reiz. (vgl. Abb. Seite 234).

ROSA GLAUCA 'CARMENETTA'. Eine Kreuzung zwischen *R. glauca* und *R. rugosa.* Sie ist robuster und stacheliger als *R. glauca* und bringt größere Blätter und Blüten hervor. Sie ist erwartungsgemäß etwas plumper als *R. glauca,* es fehlt ihr deren Eleganz; ansonsten ähnelt sie ihr stark – die Blütenfarbe ist das gleiche Rosa. Ihre Höhe und Breite beträgt gut 2 m; gezüchtet von der Central Experimental Farm in Ottawa (Kanada); eingeführt: 1923.

ROSA x DUPONTII, *eine Wildrosen-Hybride. Ihr Strauch ist reizvoll mit hübschen Blüten und wunderschönem graugrünen Laub.*

ROSA HEMISPHAERICA (*R. sulphurea, R. glaucophylla,* 'Schwefel-Rose'). Eigentlich gehört diese Rose nicht zu den Wildrosen, aber da es problematisch ist, sie anderswo einzuordnen, nehme ich sie hier mit auf. Sie bringt große, dicht gefüllte und lieblich duftende Blüten hervor, ganz im Stil Alter Rosen. Die Blütenfarbe ist ein blasses Schwefelgelb. Eine Zeitlang wurde sie irrtümlich als 'Gelbe Provence-Rose' bezeichnet. Der Wuchs ist ziemlich locker, bis 1,80 m hoch, das Laub blaß graugrün, und die Blüten lassen ihre Köpfe von den Zweigen herabhängen. Leider öffnen sich die Blüten selten, außer in einem besonders trockenen und günstigen Jahr. Schon der geringste Regen führt dazu, daß sie verkleben und bald abfallen. Die Pflanze selbst aber ist völlig winterhart.

Diese Rose wurde besonders von den holländischen Blumenmalern geschätzt, und auch Redouté zeigt, wie schön sie sein kann. In Europa wird sie bereits seit dem Jahre 1625 kultiviert.

226

ROSA 'COMPLICATA', *eine Wildrosen-Hybride; von den Strauchrosen eine der verläßlichsten und reichblühendsten überhaupt.*

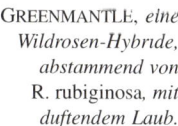

GREENMANTLE, *eine Wildrosen-Hybride, abstammend von* R. rubiginosa, *mit duftendem Laub.*

ROSA x HIBERNICA . Dieser Rose sieht man deutlich an, daß sie eine Kreuzung zwischen *R. canina* und *R. pimpinellifolia* ist. Sie bildet einen buschigen, verzweigten Strauch mittlerer Höhe von leicht überhängendem Wuchs mit reizvollen zartrosa Blüten, die erst spät in der Saison kommen. Der Strauch wird etwa 2,40 m hoch und bildet einen dichten Busch mit graugrünem Laub, dessen Form etwa zwischen dem Canina- und Pimpinellifolia-Laub liegt. Im Herbst folgen bräunlichrote Hagebutten. Das erste Exemplar wurde 1802 von einem gewissen Mr John Templeton aus Belfast entdeckt. Von der Botanischen Gesellschaft in Dublin erhielt er für die Entdeckung dieser neuen heimischen Pflanze einen Preis von fünfzig Pfund (vgl. Abb. S. 222).

ROSA HUGONIS ('Golden Rose of China'). Ein Strauch von 2,40 m Höhe mit langen, anmutigen Zweigen, brauner Rinde, vielen Stacheln und kleinen, blaßgrünen, farnähnlichen Blättern, die im Herbst eine bronzene Farbe annehmen. Sie zu pflanzen, würde sich schon allein wegen ihres Wuchses und ihres Laubes lohnen, Mitte Mai aber bedecken sich ihre Zweige entlang ihrer ganzen Länge mit zierlichen, leicht schalenförmigen Blüten in weichem Gelb mit einem Durchmesser von 4 bis 5 cm. Ihnen folgen kleine, runde, kastanienbraune Hagebutten. Wenn diese Rose überhaupt einen Fehler hat, dann den, daß sich die Blüten nicht immer vollständig öffnen – die Blütenblätter verkleben leicht. Vielleicht liegt das an unserem Klima. *Rosa hugonis* ist Elternsorte einer Reihe schöner Hybriden, die ihr sehr ähneln und ihr wohl auch vorzuziehen sind; sie werden anschließend beschrieben. Alle sind besonders gute Sträucher mit gleichermaßen zierlichem Laub, und sie blühen lange vor den meisten anderen Rosen. *Rosa hugonis* gedeiht am besten auf eigener Wurzel. Sie wurde erstmals von Hugh Scanlon (besser bekannt als „Pater Hugo") entdeckt. 1899 sandte er Samen von ihr nach Kew, wo die ursprünglichen Pflanzen heute noch wachsen.

ROSA HUGONIS-HYBRIDEN

CANTABRIGIENSIS (*R. x pteragonis* 'Cantabrigiensis'). Ein ausgezeichneter Strauch, *R. hugonis* sehr ähnlich, aber stärker im Wuchs. Er erreicht leicht eine Höhe von über 3 m. Die Blüten sind tassenförmig, etwas größer, etwas blasser gelb und mehr symmetrisch als bei *R. hugonis*. Sie werden in großer Fülle hervorgebracht und bieten Mitte Mai einen wunderschönen Anblick. Der Wuchs ist anmutig und das Laub zierlich, wie bei *R. hugonis*. Es handelt sich um einen selbstausgesäten Sämling, der im Botanischen Garten der Universität Cambridge entdeckt und 1931 benannt wurde (vgl. Abb. Seite 235).

GOLDEN CHERSONESE. Sie ist vergleichsweise neu, eine Kreuzung zwischen *Rosa ecae* und *R. xanthina* var. *spontanea* 'Canary Bird', stammt also nur zu einem Viertel von *R. hugonis* ab. Sie hat zahlreiche kleine, lieblich duftende Blüten in dunklem Butterblumengelb. Diese Blüten erscheinen entlang der

Zweige an kurzen Stielen. 'Golden Chersonese' ist kräftiger und winterhärter, als die Elternsorten es sind; die Blütenfarbe ist besonders intensiv und der Wuchs außergewöhnlich aufrecht, was diese Rose als Gartenpflanze besonders wertvoll macht. Sie duftet; gezüchtet von E.F. Allen; eingeführt: 1963.

HEADLEYENSIS. Ein Sämling von *R. hugonis*, vermutlich eine Kreuzung mit *R. pimpinellifolia* var. *altaica*. Sie gilt als eine der besten dieser Gruppe. Sie ist sehr starkwüchsig, wird 3 m hoch und noch viel breiter. Deshalb braucht sie viel Platz, um sich richtig entwickeln zu können. Ihr Wuchs ist breit und offen, dabei sehr anmutig – mit üppigem farnähnlichen Laub. Die cremegelben Blüten sind besonders schön und zahlreich; gezüchtet von Sir Oscar Warburg (Großbritannien); eingeführt: 1920.

HELEN KNIGHT. Sie ist nach der Frau eines ehemaligen Direktors der Royal Horticultural Society in Wisley benannt und gehört dort zu den besonderen Lieblingen. Ich besitze erst seit kurzem ein Exemplar (das übrigens noch nicht ausgereift ist). Der Wuchs ist außergewöhnlich aufrecht, mancher könnte ihn als etwas zu steif und aufrecht empfinden, aber Rosen müssen nicht unbedingt alle denselben Wuchs haben. Außerdem gibt es immer wieder mal einen Platz im Garten, wo gerade diese Wuchsform ein Vorteil ist. Sie ist ein Sämling von *Rosa ecae*, vermutlich eine Kreuzung mit *R. pimpinellifolia* var. *altaica*. Sie wird etwa 1,50 bis 1,80 m hoch und bringt dunkelgelbe Blüten mit dunklen Staubgefäßen hervor; gezüchtet von F.P. Knight (Großbritannien); eingeführt: 1966.

HIDCOTE GOLD. Sie gilt als Kreuzung zwischen *Rosa hugonis* und *R. sericea* var. *pteracantha*. Sie hat das feine, farnähnliche Laub von *R. hugonis*. Die großen, abgeflachten Stacheln zeigen den Einfluß der anderen Elternsorte. Sie bildet einen anmutigen Strauch mit langen, überhängenden Zweigen, die sich im Mai mit kanariengelben Blüten bedecken. Die Höhe und Breite der Pflanze beträgt gut 2 m. Es heißt, sie sei 1948 auf Hidcote entstanden, und zwar aus Wildrosensamen, der von Reginald Farrer in China gesammelt worden war.

ROSA x MACRANTHA. Ein hübscher Strauch mit überhängendem Wuchs. Er bildet lange, dünne Triebe und erreicht einen Durchmesser von über 3 m bei einer Höhe von 1,50 m. Die Blüten sind groß und erscheinen von Mitte Juni bis Anfang Juli in kleinen Büscheln. Die Blütenfarbe ist ein blasses Rosa, das fast zu Weiß verblaßt. Die Blüten zeigen einen hübschen Büschel von Staubgefäßen und verströmen einen angenehmen Duft. Entfernt ähneln sie den Blüten der viel größeren Hundsrose. Über die Herkunft ist wenig bekannt. Das etwas matte, grob gemaserte Laub und die Blütenform legen den Schluß nahe, daß eine der Elternsorten eine Gallica-Rose war. Es wird oft angenommen, daß die andere Elternsorte *R. canina* war, aber die

ROSA FOETIDA VAR. BICOLOR, *eine Wildrosen-Hybride. Sie hat eine leuchtende Blütenfarbe, die Rückseite der Blütenblätter ist gelb.*

Links: ROSA FEDTSCHENKOANA, *eine Wildrose mit reizvollem graugrünen Laub und der natürlichen Fähigkeit zum Öfterblühen.*

Rechts: ROSA FOETIDA VAR. PERSIANA, *eine Wildrosen-Hybride in intensivem Gelb.*

MANNING'S BLUSH, *eine Wildrosen-Hybride. Sie ist ein schönes Beispiel für eine ausgereifte* R. rubiginosa-*Hybride.*

Ergebnisse zytologischer Untersuchungen schließen das aus. Auch die Wuchsform spricht dagegen. Sie eignet sich nicht nur gut als Strauch, sondern auch zum Überwuchern von Böschungen, Baumstümpfen oder um über andere Sträucher und über Hecken zu wachsen. Sie hat rundliche, rote Hagebutten, die bis in den Herbst halten (vgl. Abb. Seite 234).

ROSA x MACRANTHA 'DAISY HILL'. Sie ist *R.* x *macrantha* sehr ähnlich, aber die Blüten sind halbgefüllt und etwas kleiner. Alle anderen Eigenschaften sind in etwa die gleichen, ausgenommen, daß diese Sorte besonders kräftig duftet. Ihre Höhe beträgt 1,50 m (Breite: 3,50 m); gezüchtet von Smith in Newry (Nordirland); eingeführt: vor 1912.

ROSA MACROPHYLLA. Ein sehr großer Strauch von 3,50 m Höhe und gleicher Breite – an einem günstigen Standort vielleicht noch größer. Sie ist eine der eindrucksvollsten unter den Wildrosen. Mit ihrem prächtigen Wuchs und den großen Blättern – die 20 cm lang werden können mit bis zu 11 Fiederblättchen – formt sie ein dichtes Dach. Sie hat wenige Stacheln und rotbraune Triebe. Die Blüten sind dunkel rosarot, 8 cm im Durchmesser und präsentieren sich hübsch, entweder einzeln oder in kleinen Büscheln. Im Herbst trägt 'Rosa Macrophylla' leuchtend rote, flaschenförmige Hagebutten, die elegant an den Zweigen hängen. Sie ist ein verbreiteter und im Aussehen stark variierender Strauch, dessen Heimat sich über Nord-Indien, West-China und den Himalaya erstreckt; eingeführt: 1888.

ROSA MACROPHYLLA 'MASTER HUGH'. Diese Rose veranschaulicht die Variationsbreite von *R. macrophylla*. Sie wurde 1966 in Nepal entdeckt. Insgesamt ist sie *R. macrophylla* sehr ähnlich, im Wuchs aber etwas höher, aufrechter und lockerer. Der wesentliche Unterschied liegt aber darin, daß bei 'Master Hugh' die Hagebutten außergewöhnlich groß sind und etwas plumper wirken. Die Höhe der Pflanze beträgt fast 5 m; gezüchtet von Mason (Großbritannien); eingeführt: 1966.

ROSA x MICRUGOSA. Eine Hybride von *R. rugosa* und *R. roxburghii*. Letztere hieß früher *R. microphylla*, daher der Name dieser Rose. Das Laub ähnelt dem einer Rugosa-Rose, ist aber etwas derber in der Maserung. Der Wuchs ist sehr dicht und verzweigt. Sie bildet einen schön geformten Strauch mit viel Laub. Die Blüten sind blaß rosa (Durchmesser ca. 10 cm) und öffnen sich flach. Die einzelnen Blüten gehören zu den schönsten aller Rosen mit einfachen Blüten – sie kuscheln sich gewissermaßen in das Laub und haben eine reizende seidige Struktur. Ihnen folgen rundliche, borstige, orangerote Hagebutten. Anfangs blüht diese Rose nicht besonders reich; das ändert sich aber, wenn die Pflanze ausgereift ist. Wo es gewünscht wird, kann sie eine undurchdringliche Mauer bilden. Es handelt sich bei ihr um einen Zufallssämling, der 1905 im Botanischen Garten von Straßburg gefunden wurde.

ROSA x MICRUGOSA ALBA. Ein reizvoller, öfterblühender Sämling von *R. x micrugosa* der zweiten Generation – mit weißen Blüten. Ihr Wuchs ist etwas aufrechter und das Laub blasser; gezüchtet von Dr. Hurst in Cambridge.

ROSA MOYESII. Zweifellos eine der schönsten Wildrosen überhaupt. Ihre Heimat ist Nordwest-China. Nach England kam sie 1903 durch E.H. Wilson, ihr Erscheinen verursachte unter Gartenfreunden damals viel Aufsehen. Das ist nicht verwunderlich, denn es gab noch keine vergleichbare Wildrose. Ihre Blüten sind blutrot (Durchmesser: 6 cm) mit sich überlappenden Blütenblättern und einem hübschen Ring kontrastierender Staubgefäße. Den nicht duftenden Blüten folgen flaschenförmige, orangerote Hagebutten, die von den Zweigen herabhängen – ein reizvoller Anblick von August bis Oktober. Der Wuchs dieser Rose ist offen. Sie bringt lange, schwingende, weit auseinanderstehende Stämme hervor; sie wird 3 m hoch und 2,40 m breit. Das Laub ist dunkelgrün. Wir haben es mit einem Strauch zu tun, der sich gut für eine gemischte Rabatte eignet, da sein hoher Wuchs andere Pflanzen überragt, ohne sie zu unterdrücken. Es muß in diesem Zusammenhang gesagt werden, daß die Blütenfarbe in ihren Heimatländern ein Dunkelrosa ist. Die Rose, die wir in Europa kultivieren, ist eine Ausleseform. Wie bei einigen anderen Wildrosen ist sie sehr unbeständig. Wenn wir diese Rose aus Samen ziehen, fällt die Blütenfarbe meist in ein Rosa zurück. Beim Kauf einer Pflanze ist es deshalb wichtig, darauf zu achten, daß man wirklich eine Pflanze mit roten Blüten erhält. Ich habe beobachtet, daß Bienen *R. moyesii* jeder anderen Rose vorziehen. Ihren Namen erhielt sie nach Reverend E.J. Moyes, der als Missionar in China tätig war (vgl. Abb. S. 238).

ROSA MOYESII-FORMEN UND -HYBRIDEN.

EOS. Sie ist eine Hybride mit den Elternsorten *R. moyesii* x 'Magnifica', letztere ist ein Zufallssämling der *R. rubiginosa*-Hybride 'Lucy Ashton'. Entlang ihrer Zweige erscheinen einfache korallenrote Blüten – ein großartiger Anblick. Der Wuchs ist ziemlich hager und an der Basis kahl. Ihre Höhe beträgt 3,60 m; gezüchtet von Ruys (USA); eingeführt 1950.

FARGESII (*R. fargesii*). Sie ist *R. moyesii* sehr ähnlich, hat aber rosa Blüten. Die Hagebutten sind noch etwas größer; gezüchtet von Veitch (Großbritannien); eingeführt: 1913.

FRED STREETER. Ein Sämling von *R. moyesii* mit buschigerem Wuchs und Blüten in Kirschrosa. Sie hat kleine flaschenförmige Hagebutten; entdeckt in Petworth in Sussex; eingeführt 1951 durch Jackman (Großbritannien).

GERANIUM. Sie ist vielleicht die für den durchschnittlichen Garten am besten geeignete Sorte, denn sie bildet einen kleineren Strauch als *R. moyesii*. Sie hat

Links: R. x MACRANTHA, *eine Wildrosen-Hybride. Ihre großen Blüten erscheinen an einem eleganten, breitwüchsigen Strauch.*

Rechts: R. GLAUCA, *die farbenfrohen Hagebutten dieser Wildrose.*

Gegenüber: CANTABRIGIENSIS, *eine Wildrosen-Hybride. Sie ist eine der besten der* R. hugonis-*Hybriden, mit den für sie typischen Blüten und dem farnähnlichen Laub.*

R. FORRESTIANA, *eine Wildrose. Die Blüten dieses reizvollen Strauchs wirken fast streng.*

einen mehr kompakten Wuchs von etwa 2,40 m Höhe. Die Blüten sind leuchtend erdbeerrot, die Hagebutten etwas größer, das Laub üppiger und leuchtender grün; gezüchtet von B.O. Mulligan in Wisley (Großbritannien); eingeführt: 1938 (vgl. Abb. Seite 239).

HIGHDOWNENSIS (*R.* x *highdownensis*). Ein Sämling von *R. moyesii*, selektiert von Sir Frederick Stern in Highdown in Sussex. Es ist ein guter Strauch, der Wuchs ist ordentlicher, weniger offen und mehr buschig als bei der Wildrose. Die Blüten sind hell kirsch-karmesin mit blasserer Mitte und erscheinen in großen Büscheln. Die Pflanze ist starkwüchsig, etwa 4 m hoch und bringt besonders schöne orangerote Hagebutten hervor (vgl. Abb. Seite 239).

HILLIERI (*R.* x *pruhoniciana*). Das besondere Merkmal dieser Rose ist die dunkel karmesinrote Blütenfarbe, zweifellos die dunkelste der Rosen dieser Gruppe – genauso dunkel wie bei irgendeiner Teehybride oder Remontant-Rose. Die Elternsorten sind ein Rätsel: Einige meinen, sie sei eine Kreuzung zwischen *R. moyesii* x *R. willmottiae*, dann dürfte man aber keine so dunkle Blütenfarbe erwarten! Der Wuchs ist anmutiger und mehr überhängend als bei *R. moyesii*. Und die Blätter sind kleiner und weniger zahlreich, sie blüht auch nicht so reich, aber über einen langen Zeitraum hinweg. 'Hillieri' wird 3 m hoch und 4 m breit. Sie ist leicht duftend und hat lange dünne Stacheln; eingeführt 1920 von Hillier (Großbritannien).

ROSEA (wird manchmal als identisch mit *R. holodonta* angesehen). Eine mit *R. moyesii* verwandte Rose, die 1908 aus China eingeführt wurde. Sie hat dunkel rosarote Blüten und schöne Hagebutten. Die Blätter sind größer als bei *R. moyesii,* und sie hat mehr Stacheln (Höhe: 3 m).

SEALING WAX. Sie hat besonders schöne scharlachrote Hagebutten. Die Blüten sind leuchtend rosa. Ein Sämling von *R. moyesii* und mit dieser sonst identisch; Züchtung der Royal Horticultural Society (Großbritannien); eingeführt: 1938.

WINTONIENSIS (*R.* x *wintoniensis*). Eine starkwüchsige Hybride (*R. moyesii* x *R. setipoda*), im Aussehen aber *R. moyesii* sehr ähnlich. Der Wuchs ist buschig mit üppigem Laub, das den *R. rubiginosa*-Duft hat. Die Blüten sind dunkelrosa; eingeführt 1935 von Hillier (Großbritannien).

ROSA MULTIBRACTEATA. Ein ausladender und anmutig überhängender Strauch mit borstigen Trieben und duftenden, graugrünen Blättern. Sie bringt zahlreiche lilarosa Blüten von 5 cm Durchmesser hervor. Ihre auffälligen Tragblätter entlang der Zweige bieten einen reizvollen Anblick. Die Blüten erscheinen einzeln oder in kleinen Büscheln. Der Duft dieser Rose ist ungewöhnlich, ähnlich dem von *R. foetida*. Sie ist eine der beiden Elternsorten der wunderschönen 'Cerise Bouquet'. Ihre Höhe beträgt gut 2 m, ihre Breite 1,80 m. E. H. Wilson entdeckte sie in West-China; eingeführt: 1908.

ROSA NITIDA. Ein niedrig wachsender, Ausläufer treibender Strauch von 60 cm Höhe, der sich, wenn er sich einmal auf eigener Wurzel etabliert hat, schnell ausbreitet und ein Dickicht bildet, das sich ausgezeichnet als Bodendecker eignet. 'Rosa Nitida' bildet schlanke, verzweigte Triebe mit vielen dünnen Stacheln und schimmernden grünen Blättern von 7 bis 10 Fiederblättchen. Das Laub nimmt im Herbst eine wunderschöne scharlachrote Färbung an. Die Blüten haben einen Durchmesser von etwa 5 cm; die Blütenfarbe ist ein dunkles Rosa, das nicht verblaßt. Der besondere Vorzug aber ist ihr Laub. Ihre Heimat ist Kanada und der Nordosten der USA; erstmals 1807 kultiviert.

ROSA NUTKANA. Sie ist in Nordamerika heimisch, wird etwa 1,80 m hoch sowie 1,20 m breit und bringt üppiges graugrünes Laub hervor, das sich im Herbst braun färbt. Die Blüten sind lilarosa, 5 bis 6 cm im Durchmesser. Ihnen folgen hübsche kugelige Hagebutten, die sich bis weit in den Winter halten (1876 nach England eingeführt).

ROSA OMEIENSIS. Siehe *R. sericea*.

ROSA x PAULII. (*R. rugosa repens alba*). Eine Hybride von *R. rugosa* x *R. arvensis*, gezüchtet von George Paul (Großbritannien) und einige Zeit vor 1903 eingeführt. Diese Rose bildet einen außergewöhnlich starkwüchsigen, niederliegenden Strauch von etwa 1,20 m Höhe, der lange Triebe ausschickt, die 4 m Länge erreichen können. Man kann sie durch Rückschnitt aber auch kleiner halten. Die Blüten sind reinweiß – etwa 8 cm im Durchmesser, und die Blütenblätter keilförmig – an der Basis schmal, so daß sie sich nicht überlappen. Das verleiht ihnen eine Sternenform, wie bei einer Clematis. Sie hat goldfarbene Staubgefäße. Ihre Blüten duften nach Gewürznelken. Die Blätter von 'Rosa x Paulii' sind grob gemasert, ähnlich denen von *R. rugosa*. Sie ist sehr stachelig, sehr robust und gedeiht auch unter ungünstigen Bedingungen. Dabei eignet sie sich ideal, um eine große Fläche zu bedecken (vgl. Abb. S. 242).

ROSA x PAULII 'ROSEA'. Diese Rose dürfte eine Hybride von *R. x paulii* sein, von der sie sich in der Wuchsstärke ziemlich stark unterscheidet. Sie ist zwar auch stark-wüchsig, aber dies bei weitem nicht so ausgeprägt wie die Elternsorte. Die Blüten sind groß, von klarem Rosa mit weißer Mitte und gelben Staubgefäßen. Die Blüten-blätter haben eine gekräuselte, seidige Struktur und überlappen sich mehr, als es sonst bei Rosen üblich ist. Sie duftet kräftig; ihre Höhe beträgt 90 cm, ihre Breite 2,40 m.

ROSA MOYESII, *eine der schönsten Wildrosen. Auf leuchtend rote Blüten folgen lange, krugförmige Hagebutten.*

HIGHDOWNENSIS, *eine Wildrosen-Hybride; diese ist eine besonders schöne Form von* R. moyesii. *Sie hat kirschrote Blüten.*

GERANIUM, *eine Wildrosen-Hybride. Sie ist für den kleineren Garten die beste Form von* R. moyesii.

ROSA PENDULINA (*R. alpina*). Sie ist in den Alpenvorländern Mittel- und Südeuropas heimisch. Ihre Höhe wird allgemein mit 1,20 m angegeben, nach meiner Erfahrung wird sie jedoch bei günstigen Gartenbedingungen spielend 1,50 m bis 1,80 m hoch. Ihr Wuchs ist aufrecht und leicht überhängend, die Triebe sind rötlich bis purpur gefärbt, glatt in ihrer Struktur und haben wenige Stacheln. 'Rosa Pendulina' bringt fein gegliederte Blätter hervor. Die Zahl der Fiederblättchen schwankt zwischen fünf und neun. Die Blüten haben einen Durchmesser von 5 cm und erscheinen einzeln oder zu zweit oder auch zu dritt. Die Farbe der Blüten ist ein sehr unterschiedliches Purpur-Rosa. Wenn sie verblüht sind, folgen ihnen leuchtend rote, birnenförmige Hagebutten von etwa 2½ cm Länge, die uns ein bemerkenswertes Farbspiel liefern. Es ist manchmal schwierig, diese Rose zu ziehen; sie scheint leichtere Böden zu bevorzugen.

ROSA PIMPINELLIFOLIA. Bis vor kurzem war diese Rose besser unter der Bezeichnung *R. spinosissima* bekannt, aber die Botaniker haben sich jetzt für *R. pimpinellifolia* entschieden. Sie ist vor allem auf den Britischen Inseln heimisch und wächst dort auf kargen sandigen Böden, oftmals auf Dünen – überall von Cornwall bis Schottland. Sie kommt auch auf dem europäischen Festland und in West-Asien vor und findet sich gelegentlich sogar in Nordamerika. 'Rosa Pimpinellifolia' gehört zu den winterhärtesten, robustesten und verläßlichsten Rosen überhaupt. Die Höhe hängt von den Wachstumsbedingungen ab. In der freien Natur, zum Beispiel in einer rauhen Küstenlage, mag sie gerade 15 cm hoch werden. Im Garten aber wird sie etwa 90 cm hoch, bei einem guten Boden auch 1,80 m. Sie bildet einen dickichtähnlichen Strauch mit vielen schlanken, borstigen Trieben und kleinen, farnähnlichen Blättern.

Im Mai und Juni erscheinen entlang der Zweige rahmweiße Blüten von 5 bis 8 cm Durchmesser. Sie verströmen einen charakteristischen, frischen Duft. Später folgen rundliche, schwarzbraune Hagebutten. Wenn man diese Rose auf eigener Wurzel zieht, bildet sie nach allen Richtungen hin Ausläufer, so daß sie sich als ein guter Bodendecker erweist. Das mag erwünscht sein, manchmal aber auch nicht. In letzterem Fall sollte man deshalb darauf achten, daß sich die Veredelungsstelle oberhalb der umgebenden Erde befindet. Die Rose eignet sich übrigens besonders gut für eine Massenanpflanzung in öffentlichen Anlagen. Für diesen Zweck werden üblicherweise Sämlinge bevorzugt (anstatt durch Veredlung vermehrte Pflanzen). Auf diese Weise lassen sich riesige Flächen zu minimalen Kosten bedecken (vgl. Abb. Seiten 246 u. 247).

Es gibt eine Reihe recht guter Formen und Hybriden, die bei der Züchtung moderner Strauchrosen mit beachtlichem Erfolg verwendet wurden. Auch gibt es eine alte Gruppe gefüllter Gartensorten, für die ähnliches gilt (siehe „Alte Gartensorten der Schottischen Rose", S. 242 ff.). Alle sind sich in Laub und Aussehen ähnlich und sind auch gleichermaßen winterhart.

ROSA PIMPINELLIFOLIA-FORMEN UND -HYBRIDEN.

ROSA PIMPINELLIFOLIA 'DUNWICH ROSE' (*R. dunwichensis*). Über die Herkunft dieser Rose weiß ich sehr wenig. Sie wurde in Dunwich in Suffolk (England) entdeckt. David Clark von den Notcutts Nurseries hat mir berichtet, daß man sie noch Ende der 1980er Jahre dort an der Küste wild wachsend finden konnte. Was ich allerdings selbst weiß, ist, daß sie ein wunderschöner Strauch ist – einer der schönsten dieser Gruppe. Sie ist eine typische Pimpinellifolia-Rose, was ihre Blüten, ihr Laub, ihre Stacheln und Hagebutten anbelangt. Anders freilich ist ihr Wuchs – das schönste an ihr: Sie wächst in die Breite und bildet dabei eine symmetrische Halbkugel aus niedrigen, überhängenden Zweigen. Mein Exemplar hat innerhalb von vier Jahren eine Höhe von 90 cm und einen Durchmesser von 1,50 m erreicht. Die Blüten sind cremegelb, etwa 4 cm im Durchmesser und erscheinen entlang ihrer eleganten Zweige in großer Fülle. Ich meine, es muß sich um eine Hybride handeln, aber ich kann nicht sagen, welche andere Elternsorte beteiligt war (vgl. Abb. Seite 247).

ROSA PIMPINELLIFOLIA 'GRANDIFLORA'. Siehe *R. pimpinellifolia* var. *altaica*.

ROSA PIMPINELLIFOLIA VAR. ALTAICA (*R. pimpinellifolia* 'Grandiflora', *R. sibirica*, *R. spinosissima altaica*). Sie wird allgemein als „*R. altaica*" bezeichnet. Beheimatet ist sie in West-Asien und der *R. pimpinellifolia* sehr ähnlich, wenngleich höher im Wuchs (ca. 1,80 m) und mit größeren Blüten. Letztere sind zunächst blaßgelb, werden aber schnell rahmweiß. Diese Rose hat die gleiche Winterhärte wie *R. pimpinellifolia*.

ROSA PIMPINELLIFOLIA VAR. HISPIDA. Eine Variante aus Nordost-Asien, die ca. 1,80 m hoch wird. Sie bildet nicht so viele Ausläufer wie die typische Wildform, und die Triebe sind mit schlanken braunen Borsten besetzt. Die rahmgelben Blüten sind sehr schön (seit mindestens 1781 kultiviert).

ROSA PIMPINELLIFOLIA VAR. LUTEA 'MAXIMA'. Es ist fast sicher, daß es sich bei dieser Rose um eine Hybride von *R. foetida* handelt. Ihr verdankt sie wahrscheinlich die butterblumengelbe Farbe der Blüten – das leuchtendste Gelb in dieser Gruppe. Das Laub ist weniger typisch für eine Pimpinellifolia-Rose, es ist üppiger und auf der Unterseite der Blätter weich behaart. Ihr Wuchs ist weniger stark; sie erreicht in der Regel eine Höhe von 1,20 m. Ihre Hagebutten sind schwarz und kugelig. Auch der Duft zeigt den Einfluß von *R. foetida*.

ROSA PIMPINELLIFOLIA 'ORMISTON ROY'. Sie ist das Ergebnis einer Kreuzung zwischen 'Allard' (einer *R. xanthina*-Hybride) und *R. pimpinellifolia* – ein hübscher, kompakter Strauch mit zierlich geformten, leuchtend gelben Blüten mit reizvoller Äderung. Den Blüten folgen große, kastanienfarbene Hagebutten. Ihre Höhe beträgt 1,20 m; gezüchtet von Doorenbos (Holland); eingeführt: 1938.

ROSA PIMPINELLIFOLIA 'ROBBIE BURNS'. So viel ich weiß, sind im 20. Jahrhundert keine Pimpinellifolia-Hybriden gezüchtet worden, es sei denn, man zählt Kordes' ausgezeichnete „Frühlings-"Sorten dazu (die aber schon etwas weiter von der Wildrose entfernt sind). Diese Sorte wurde 1985 in unserer Rosenschule gezüchtet. Sie ist das Ergebnis einer Kreuzung zwischen *R. pimpinellifolia* und der Englischen Rose 'Wife of Bath'. Im Aussehen ähnelt sie ganz einer Schottischen Rose. Ihre Blüten sind klein, zierlich und ziemlich schalenförmig, die Blütenfarbe ist an den Rändern ein weiches Rosarot, das sich zu einer weißen Mitte hin verläuft. Der Wuchs dieser Pflanze ist recht hoch, etwa 1,50 m – und er ist etwas kompakter als man es bei einer Rose dieser Gruppe erwartet.

ALTE GARTENSORTEN DER SCHOTTISCHEN ROSE

Es handelt sich hierbei um Gartensorten von *R. pimpinellifolia* mit gefüllten Blüten. An sich gehören diese Sorten nicht zu den Wildrosen, aber ich nenne sie hier, um zu viele Unterteilungen und damit eine unnötig komplizierte Darstellung

ROSA x PAULII, *eine Wildrosen-Hybride mit einem sich weit ausbreitenden Strauch.*

242

ROSA x PAULII 'ROSEA', *eine Wildrosen-Hybride mit großen Blüten und seidigen Blütenblättern – an einem breitwüchsigen Strauch.*

zu vermeiden. Anscheinend handelt es sich bei diesen Pflanzen um reine Ausleseformen der Wildrose. Wir vermehren *R. pimpinellifolia* in großen Stückzahlen, hauptsächlich für die Lieferung an Gartenämter, und ich habe beobachtet, daß fast immer einzelne Pflanzen darunter sind, die zumindest eine gewisse Andeutung von Zartrosa in der Blütenfarbe aufweisen. So vermute ich, daß die Rosen dieser Gruppe das Ergebnis solcher Auslese sind. Sie entstanden, wie der Name besagt, in Schottland, und sie eignen sich für das extremere Klima des Nordens in der Tat besonders gut. Es läßt sich schwer sagen, wann in Schottland das Interesse an diesen Rosen aufkam, aber Anfang des 19. Jahrhunderts waren Dixon & Brown in Perth vermutlich die ersten, die sie in größerem Umfang vermehrten. Später umfaßte das Angebot von Austin & McAslan in Glasgow 208 Sorten, aber Pflanzen, die wir heute kultivieren, sind in den damaligen Katalogen nicht genannt.

Obwohl die Schottischen Rosen nur eine kurze Blütezeit, und zwar sehr früh in der Saison haben, und obwohl sie keinen besonders aufregenden Anblick bieten, haben sie doch gewisse Vorzüge, nicht zuletzt einen dichten, buschigen Wuchs. In der Blütezeit kleiden sich diese Büsche mit hübschen kleinen Blüten und ergeben so ein reizendes Bild. Sie sind außerdem extrem robust und gedeihen selbst unter kärglichsten Verhältnissen, besonders auf sandigen Böden. Das macht sie besonders wertvoll.

ANDREWSII. Diese Rose hat kleine, halbgefüllte, dunkelrosa Blüten und einen dichten, buschigen Wuchs (Höhe: ca. 1,20 m).

DOUBLE BLUSH. Sie hat Blüten in zartem Rosa, zur Mitte hin dunkler. Die Rückseite der Blütenblätter sind blasser (Höhe: 1,20 m); eine hübsche kleine Rose.

DOUBLE WHITE. Ein ausgezeichneter Strauch; es ist die am besten bekannte Sorte dieser Gruppe. Sie bildet eine schöne, wohlgerundete, dichte und buschige Pflanze von 1,50 m Höhe. Im Mai und im Juni ist sie übersät mit kleinen, gefüllten, tief schalenförmigen Blüten.

FALKLAND. Halbgefüllte Blüten in feinem Rosa, das fast zu Weiß verblaßt, heben sich reizvoll von graugrünem Laub ab. Die Höhe beträgt 1,20 m.

GLORY OF EDZELL. Diese reizvolle Rose ist immer besonders willkommen, denn sie blüht als eine der ersten. Die Blüten sind einfach, rein rosa, zur Mitte hin blasser werdend; ein lebhafter kleiner Strauch von 1,50 m Höhe.

HARISONII (*R. x harisonii*, 'Harison's Yellow', 'Yellow Rose of Texas'). Die Herkunft dieser Rose ist nicht ganz geklärt, vermutlich wurde sie 1830 von

George Harison in New York gezüchtet. Es gilt als fast sicher, daß es sich bei ihr um eine Hybride zwischen einer Schottischen Rose und *R. foetida* handelt. Sie bildet einen ziemlich schlanken, aufrechten Strauch von 1,50 m Höhe und trägt gefüllte Blüten in leuchtendem Schwefelgelb. Diese sind anfangs schalenförmig, öffnen sich später aber flach und zeigen meist ihre dunklen Staubgefäße. Das Laub der Pflanze ist leicht graugrün. In einer Rabatte mit Alten Rosen wirkt 'Harisonii' mit ihrer auffallend leuchtenden Farbe wie ein gelungenes Ausrufungszeichen.

MARBLED PINK. Kleine halbgefüllte, schalenförmige Blüten öffnen sich weit, wobei sich die äußeren Blütenblätter zurückbiegen. Die Blütenfarbe ist anfangs zartrosa mit dunklerer Marmorierung. Die Pflanze bildet einen dichten breitwüchsigen Strauch von 90 cm Höhe (vgl. Abb. Seite 251).

MARY QUEEN OF SCOTS. Ich besitze diese Sorte bisher nicht, aber sie soll sehr reizvoll sein. Die Farbe ihrer kleinen, gefüllten Blüten ist eine Mischung aus Purpur und Lila-Grau. Angeblich wurde sie von der schottischen Königin Mary aus Frankreich mitgebracht. Ihre Höhe beträgt 90 cm.

MRS COLVILLE. Ein Strauch von 75 cm Höhe; sie gilt als Hybride mit *Rosa pendulina*. Die Blüten sind einfach, Purpur-Karmesinrot mit weißer Mitte und gelben Staubgefäßen. Die jungen Triebe sind rotbraun.

SINGLE CHERRY. Kleine kirschrosa Blüten mit hellerer Rückseite und auffallenden Staubgefäßen. Ihre Höhe beträgt 90 cm.

STANWELL PERPETUAL. Sie war meine erste Alte Rose und ist immer noch eine meiner Lieblingsrosen. Sie wurde in einem Garten in Essex entdeckt und 1838 durch einen Baumschuler namens Lee eingeführt. Höchstwahrscheinlich war sie ein Zufallssämling aus einer Kreuzung zwischen *Rosa pimpinellifolia* und der Herbst-Damascena-Rose, denn sie ist die einzige Schottische Rose, die verläßlich öfterblüht. Ihr Wuchs ist offener als bei dieser Gruppe sonst üblich, und das Laub ist mehr graugrün, sonst aber ist sie ganz typisch und zeigt kaum Einflüsse der Damascena-Elternsorte. Sie blüht nicht so reich wie die anderen Rosen dieser Gruppe. Das wird aber ausgeglichen durch die später nachfolgenden Blüten. Die Blüten beginnen als perfekte kleine schalenförmige Knospen in klarstem Zartrosa. Sie öffnen sich zu flachen, halbgefüllten, ziemlich locker gebauten Blüten von 9 cm Durchmesser mit kielförmig gerollten Blütenblättern und einem Knopfauge. Sie sind köstlich duftend. Ihre Höhe beträgt etwa 1,50 m. Wie alle Rosen dieser Gruppe ist sie sehr robust und winterhart (vgl. Abb. Seite 251).

WILLIAMS' DOUBLE YELLOW ('Double Yellow', 'Scotch Yellow', 'Old Double Yellow', 'Scots Rose'). Sie ist 'Harisonii' sehr ähnlich und stammt vermutlich von denselben Eltern ab. Sie wurde angeblich 1828 von John Williams, der in der Nähe von Worcester lebte, als Sämling von *Rosa foetida* gezüchtet – wahrscheinlich aus einer Zufallskreuzung mit einer Schottischen Rose. Auf den ersten Blick kann man sie leicht mit 'Harisonii' verwechseln, bei genauerer Betrachtung ergibt sich aber, daß sie mehr auf die Schottische Elternsorte hinauskommt. In der Mitte der kleinen, leuchtend gelben, gefüllten Blüten, die sich sehr locker öffnen, hat sie blaßgrüne Fruchtblätter, keine Staubgefäße. Die Blüten sind intensiv duftend, ähnlich wie *R. foetida*.

WILLIAM III. Ein zwergiger Busch von nur 60 cm Höhe, der auf eigener Wurzel gezogen reichlich Ausläufer bildet und ein kompaktes Dickicht ergibt. Die Blüten sind halbgefüllt, purpur-karmesinrot, dann zu Lila-Rosa verblassend. Ihnen folgen kleine, kastanienfarbene Hagebutten.

ROSA PRIMULA. Sie ist *Rosa hugonis* ähnlich, der sie sehr nahesteht. Sie hat das gleiche feingegliederte, farnähnliche Laub und die zierlichen gelben Blüten, die entlang der überhängenden Zweige erscheinen. Die Blütenfarbe ist ein feines

ROSA PIMPINELLIFOLIA, *eine Wildrose. Den hübschen Blüten (auf der gegenüber- liegenden Seite) folgen diese fast schwarzen Hagebutten.*

ROSA PIMPINELLIFOLIA 'DUNWICH ROSE', *eine Wildrosen-Hybride. Bemerkenswert ist der reiz-volle, hügelartige Wuchs.*

ROSA PIMPINELLIFOLIA, *eine Wildrose mit robusten und verläßlichem Strauch, der auch noch bei kärglichen Bedingungen gedeiht.*

Primelgelb. Sie hat einen leichten Duft und blüht als eine der ersten Rosen Mitte Mai. Wegen ihres duftenden Laubes – ein Duft, der die Luft erfüllt und lange anhält – nennt man sie auch 'Incense Rose' („incense" = Weihrauch). Sie wird 1,80 m hoch und ebenso breit. Ihre Heimat ist das Gebiet, das von Turkestan bis zum Norden Chinas reicht. Sie wurde in der Nähe von Samarkand 1911 durch den amerikanischen Pflanzensammler F. H. Meyer entdeckt.

ROSA x RICHARDII. Diese interessante Rose heißt auch *„Rosa sancta"*, die 'Heilige Rose' oder 'Sacred Rose of Abyssinia'. Vielleicht entstand sie als natürliche Hybride zwischen *R. gallica* und *R. phoenicea*. Sie bildet einen wuchernden, aber formschönen Busch von 90 cm Höhe sowie 1,20 m Breite und bringt in kleinen Büscheln große, blaßrosa Blüten hervor. Sie wurde 1902 durch George Paul nach Großbritannien eingeführt.

Sie ist nicht nur eine der schönsten Rosen mit einfachen Blüten, sie hat auch eine lange Geschichte. Dr. Hurst (von der Universität Cambridge) meint, der Hl. Frumentius, der Abessinien zum Christentum bekehrte, habe sie im 4. Jahrhundert nach Chr. dorthin gebracht. Sie sei dort in der Nähe christlicher Kirchen gepflanzt worden und so über die Jahrhunderte hinweg erhalten geblieben. Er beschreibt weiter, daß der bedeutende Archäologe Sir Flinders Petrie in Kränze gebundene Reste dieser Rose 1888 in Grabstätten in Oberägypten entdeckt habe. Das würde bedeuten, daß die Rose bereits in der Zeit zwischen dem 2. und 5. vorchristlichen Jahrhundert kultiviert worden sein müßte. Er berichtet uns auch von den Ausgrabungen durch Sir Arthur Evans in Knossos auf Kreta. Evans entdeckte dort die Abbildung einer Rose, die nach Hurst eine verblüffende Ähnlichkeit mit der 'Heiligen Rose' hat. Es handelt sich um das vermutlich älteste Bild einer Rose (vgl. Abb. Seite 250).

ROSA ROXBURGHII (*R. microphylla*). Eine ungewöhnliche Rose aus China und Japan. Sie bildet einen starkwüchsigen Strauch von gut 2 m Höhe und gleicher Breite mit steifem sparrigen Wuchs und reizvoll abblätternder Rinde. Sie ist mit kräftigen, hakigen, paarweise angeordneten Stacheln bewehrt, die dicht unter den Blättern sitzen. Die Blätter selbst sind lang, mit bis zu fünfzehn gleichmäßig angeordneten Fiederblättchen. Die Blüten erscheinen üblicherweise einzeln – mit einem Durchmesser von 10 cm in einem klaren Rosa, das zu Weiß verblaßt. Sie haben viele goldfarbene Staubgefäße. Die Blütenstengel und -kelche sind mit Borsten besetzt. Den Blüten folgen große borstige Hagebutten. Die Gesamtwirkung ist die eines reizvoll knorrigen Strauches; in Kultur schon vor 1814.

ROSA ROXBURGHII PLENA. Sie hat gefüllte Blüten, vermutlich stammt sie von einer China-Rose ab. Es soll eine sehr alte Sorte sein. Die Blüten sind sehr dicht gefüllt, die äußeren Blütenblätter groß und blaßrosa, die zahlreichen inneren kürzer und dunkelrosa. Sie ist leicht duftend. Ihre Höhe beträgt 75 bis 90 cm. Sie ist eine seltsame und interessante Rose – 1824 von Dr. Roxburgh aus Kanton nach Großbritannien eingeführt.

ROSA RUBIGINOSA (*R. eglanteria*, 'Sweet Brier', 'Sweet Briar'). Heimisch in Großbritannien und Nordeuropa. Diese Rose wird besonders wegen des kräftigen und würzigen Duftes ihres Laubs geschätzt. Der Duft entströmt Drüsen an der Unterseite der Blätter, besonders stark bei warmem feuchten Wetter. Dann kann der ganze Garten mit ihrem Duft erfüllt sein. Einen noch intensiveren Duft kann man erzielen, wenn die Blätter mit den Fingern zerdrückt werden. Graham Thomas empfiehlt zu Recht, man solle sie an einen südlichen oder westlichen Standort im Garten pflanzen, damit warme, feuchte Winde den Duft weitertragen. Sie bildet einen kräftigen, leicht zu kultivierenden Strauch von etwa 2,40 m Höhe und gleicher Breite. Wo es gewünscht wird, erreicht man mit ihr eine undurchdringliche Absperrung im Garten. 'Rosa Rubiginosa' eignet sich auch als Hecke. Im Herbst folgt eine Fülle ovaler, leuchtend roter Hagebutten. Von ihr stammen mehrere Hybriden, alle mit duftendem Laub, bei keiner aber ist der Duft so intensiv wie bei ihr.

R. RUBIGINOSA-HYBRIDEN, EINSCHLIESSLICH DER „PENZANCE BRIERS". In den Jahren 1894 und 1895 brachte Lord Penzance eine Anzahl „Sweet Brier"-Hybriden in den Handel, die er selbst gezüchtet hatte. Es handelte sich hauptsächlich um Kreuzungen zwischen *R. rubiginosa* und verschiedenen Remontant- und Bourbon-Rosen. Ihr Gartenwert besteht vor allem darin, daß sie ein breites Farbspektrum mit dem duftenden Laub der „Sweet Brier"-Wildrose vereinen. Fast alle sind sie ausgesprochen robust und bis zu 2,40 m hoch. Ihr Laub duftet – aber längst nicht so intensiv wie bei der Wildrose. Wo der Platz nur für einen Strauch ausreicht, sollte man *R. rubiginosa* am besten selbst pflanzen. Es handelt sich bei den „Penzance Briers" vermutlich um das Ergebnis sehr weniger Kreuzungen ohne viel Auslese.

Ich erwähne hier noch drei weitere Hybriden – 'Janet's Pride', 'La Belle Distinguée' und 'Manning's Blush' (obwohl sie anderer Herkunft sind).

AMY ROBSART. Halbgefüllte Bluten in dunklem klaren Rosa. Diese Rose hat einen besonders kräftigen Wuchs. Sie bringt schöne, scharlachrote Hagebutten hervor.

ANNE OF GEIERSTEIN. Einfache Blüten in dunklem Karmesinrot mit gelben Staubgefäßen. Sie ist reichblühend und hat viele Hagebutten.

CATHERINE SEYTON. Einfache Blüten in weichem Rosa mit orangefarbenen Hagebutten. Ihre Höhe beträgt 2,40 m.

FLORA MCIVOR. Einfache Blüten in Rosarot, das zu zartrosa verblaßt. Ihre Höhe beträgt 2,40 m (vgl. Abb. Seite 227).

ROSA x RICHARDII, *eine Wildrosen-Hybride. Sie heißt auch 'Heilige Rose' oder 'Sacred Rose of Abyssinia'. Sie ist ein Strauch mit großen, aber doch reizvollen Blüten.*

Links: ROSA XANTHINA VAR. SPONTANEA, *eine Wildrose. Sie heißt auch 'Canary Bird'. Das Gelb der Blütenfarbe ist oft dunkler als hier.*

Rechts: ROSA WILLMOTTIAE, *eine Wildrose – zierlich in Wuchs, Blüten, Laub und Hagebutten.*

Gegenüberliegende Seite unten: MARBLED PINK, *eine Gartenform von* R. pimpinellifolia, *ein gutes Beispiel für eine Schottische Rose. Sie gedeiht auch bei ungünstigen Bedingungen.*

STANWELL PERPETUAL, *eine öfterblühende Hybride zwischen einer Schottischen Rose und der Herbst-Damascena-Rose.*

GREENMANTLE. Sie hat einfache, rosig-karmesinrote Blüten mit weißem Auge. Ihre Höhe beträgt 2,40 m (vgl. Abb. Seite 227).

JANET'S PRIDE ('Clementine'). Sie wurde 1892 durch W. Paul & Sons (Großbritannien) eingeführt, war aber möglicherweise schon vorher vorhanden. Sie ist kleiner als die Wildform, 1,80 m hoch und hat duftende kirschrote Blüten. Das Laub ist derber und duftet weniger intensiv als die Wildform.

JEANNIE DEANS. Halbgefüllte, leuchtend scharlachrote Blüten. Das Laub duftet überdurchschnittlich. Die Höhe beträgt gut 2 m.

JULIA MANNERING. Einfache Blüten in feinem Rosa mit dunkler Äderung.

LA BELLE DISTINGUÉE. Eine alte Hybride mit dicht gefüllten karmesinroten Blüten, die eine starke Farbwirkung bieten. Sie wird etwa 1,20 m hoch. Das Laub duftet nur schwach.

LADY PENZANCE. Ein reizvoller Strauch, das Ergebnis einer Kreuzung zwischen *R. rubiginosa* und *R. foetida bicolor*. Sie trägt zierliche gelbe Blüten, die zu den Rändern hin kupfrig-rosa durchzogen sind. Das Laub ist nur leicht duftend, die Blüten haben den Geruch von *R. foetida*.

LORD PENZANCE. *R. rubiginosa* x 'Harison's Yellow'. Nicht so robust wie die anderen, aber mit ziemlich aromatischem Laub. Die Blüten sind einfach, duftend und von weichem Rosa-Gelb mit blaßgelber Mitte. Ihre Höhe beträgt 1,80 m.

LUCY ASHTON. Reizvolle einfache Blüten, weiß mit rosa Rand. Das Laub duftet überdurchschnittlich intensiv. Ihre Höhe beträgt 1,80 m.

MAGNIFICA. Ein Sämling von 'Lucy Ashton', also ein 'Penzance-Brier' der zweiten Generation. Sie ist ein hübscher Strauch von 1,80 m Höhe mit großen duftenden Blüten in Purpurrot. Bei der Züchtung unserer heutigen Rosen wurde sie in großem Umfang verwendet; gezüchtet von Hesse (Deutschland); eingeführt: 1916.

MANNING'S BLUSH. Eine alte Sorte, die schon vor 1799 kultiviert wurde. Sie bildet einen viel kleineren Strauch als *R. rubiginosa* und hat hübsche, kleine Blüten, die in der Knospe rosa sind und bei der geöffneten Blüte zu Zartrosa verblassen (vgl. Abb. Seite 231).

MEG MERRILIES. Sie hat halbgefüllte Blüten in Karmesinrot. Das Laub ist gut duftend. Ihre Höhe beträgt 2,40 m.

ROSA RUGOSA. Diese Wildrose ist die Elternsorte der Rugosa-Hybriden.

ROSA SERICEA (*R. omeiensis*). Ein starkwüchsiger, ziemlich stacheliger Strauch, der in einem riesigen Gebiet heimisch ist. Es erstreckt sich vom Norden Indiens über den Himalaya und den Norden Burmas bis zum Westen Chinas. Entdeckt wurde sie 1822. Sie ist die einzige Rose mit nur vier Blütenblättern. Die Blüten sind klein und weiß, manchmal gelb und haben einen Durchmesser von 3 bis 5 cm. Die Blüten erscheinen bereits Mitte Mai, und zwar an kurzen Stielen entlang der Zweige. Die Blätter sind klein und farnähnlich mit vielen Fiederblättchen, die Hagebutten klein, rot und birnenförmig. Ihre Höhe beträgt gut 3 m. *R. sericea* fällt im Garten nicht besonders auf. Ihr Wuchs und ihr Laub sind allerdings reizvoll. Sie hat zu einer Reihe von Formen und Hybriden geführt, von denen die drei nachfolgend genannten besondere Aufmerksamkeit verdienen.

ROSA SERICEA 'HEATHER MUIR'. Eine besonders schöne Form mit cremeweißen, duftenden Blüten, die viel größer sind als bei der Wildform – nämlich ca. 7 cm im Durchmesser. Die Blüten erscheinen den ganzen Juni über. Diese Pflanze bildet einen sehr großen Strauch von 3 m Höhe und Breite oder auch mehr. Die Hagebutten sind klein und orangerot. Ihren Namen erhielt sie zu Ehren von Mrs Muir, die den berühmten Kiftsgate Garden schuf. Sie erhielt den ursprünglichen Sämling von E.A. Bunyard; eingeführt 1957 durch die Sunningdale Nurseries.

ROSA SERICEA VAR. PTERACANTHA. Diese einzigartige Rose unterscheidet sich von *R. sericea* durch die enorme Größe ihrer roten Stacheln. Diese Stacheln sind dreieckig und flach – an der Basis fast 2 cm breit. Sie sind die Hauptattraktion dieser Rose. Die jungen Stacheln sehen durchscheinend rotbraun aus und lassen das Sonnenlicht durchdringen. Man sollte diese Rose deshalb dorthin pflanzen, wo das Sonnenlicht sie erreicht. Auch sollte man sie jedes Jahr stark zurückschneiden, damit sie neue Triebe (und damit auch junge Stacheln) bildet. Man kann diese Rose auch gut als Absperrung gegen vierbeinige und zweibeinige Eindringlinge verwenden – keine andere Rose hat solch gefährliche Waffen. Wie bei *R. sericea* sind die Blüten weiß und haben vier Blütenblätter. Ihre Höhe beträgt 2,40 m, ihre Breite 1,80 m; gezüchtet 1890 in West-China (vgl. Abb. Seite 254).

ROSA SERICEA VAR. PTERACANTHA 'RED WING'. Sie ist eine Hybride mit *Rosa hugonis* und hat ebenfalls große rote Stacheln, die aber nicht ganz so groß sind wie bei der Pteracantha-Elternsorte. Die Blüten sind cremegelb. Sie bildet einen anmutigen Strauch mit feinem farnähnlichen Laub. Ihre Höhe beträgt 2,40 m.

ROSA SETIPODA. Diese Rose stellt einen in jeder Hinsicht schönen Strauch dar. Sie wird etwa 3 m hoch und ebenso breit. Das Laub ist sehr schön, die Blätter sind etwa

ROSA SERICEA VAR. PTERACANTHA, *eine Wildrosen-Hybride. Sie hat weiße Blüten mit vier Blüten-blättern, ferner sehr große Stacheln.*

Links: ROSA SWEGINZOWII, *eine riesige Wildrose, ähnlich* R. moyesii. *Sie bringt auch die gleichen flaschenförmigen Hagebutten hervor.*

Rechts: ROSA VILLOSA, *eine Wildrose mit schönem graugrünen Laub und großen Hagebutten.*

17 cm lang und haben neun hübsch geformte, bläulichgraugrüne Fiederblättchen. Sie verströmt einen lieblichen Duft. Die Blüten sind für eine Wildrose ziemlich groß, etwa 5 bis 7 cm im Durchmesser, sie öffnen sich flach, wobei sich die Blüten-blätter an den Rändern leicht zurückbiegen. Diese Rosen präsentieren sich hübsch an dünnen, borstigen, purpurfarbenen Stielen, haben einen leichten fruchtigen Duft und erscheinen Ende Juni. Die Hagebutten sind sehr groß, orangerot, flaschenförmig

ROSA SETIPODA, *eine Wildrose. Sie bildet einen Strauch von 3 m Höhe.*

und borstig. Die Heimat dieser Rose ist Zentral-China. Nach Europa kam sie 1895 durch E.H. Wilson.

ROSA STELLATA (*Hesperhodos stellatus*).Sie ist im Südwesten der USA heimisch – vom westlichen Texas bis Arizona. Ihr Strauch ist dickichtähnlich, wird etwa 60 cm hoch. 'Rosa Stellata' hat graugrüne Stengel, blasse, scharfe Borsten und behaarte, tief gezähnte Fiederblättchen, die an eine Stachelbeere erinnern. Die Blüten erscheinen einzeln, haben einen Durchmesser von 5 bis 6 cm und sind rosarot. Die Hagebutten sind von rundlicher Form, dabei bräunlichrot und gut 1 cm dick. Der Strauch ist sehr winterhart, liebt aber die Sonne und braucht für sein Gedeihen einen gut durchlässigen Boden.

ROSA STELLATA VAR. MIRIFICA ('Sacramento Rose'). Sie ist *R. stellata* sehr ähnlich, aber stärker im Wuchs. In der freien Natur wird sie 1,20 m bis 1,80 m hoch

255

und hat meist fünf Fiederblättchen. Sie ist reichblühender als *R. stellata*. Die Ansprüche an die Wachstumsbedingungen sind die gleichen. Beide Rosen haben ihren ganz eigenen Charme.

ROSA SWEGINZOWII. Ein sehr starkwüchsiger Strauch, der *R. moyesii* in vieler Hinsicht ähnlich ist, aber größer wird, nämlich bis 4 m hoch und ebenso breit. Sie hat viele große Stacheln und zahlreiche Borsten. Die Blüten sind rosarot, 4 bis 5 cm im Durchmesser und erscheinen in kleinen Büscheln. Ihnen folgen später in der Saison längliche, borstige, flaschenförmige, orangerote Hagebutten. Die Heimat dieser Rose ist der Nordwesten Chinas. Sie wurde 1906 eingeführt (vgl. Abb. Seite 254).

ROSA VILLOSA. Wegen ihrer außergewöhnlich großen Hagebutten, die im Herbst unser Auge erfreuen, heißt sie auch „Apfelrose". Sie ist ein starkwüchsiger, schön geformter Strauch von 2 mal 2 m – mit großen, flaumigen, graugrünen Blättern, vor denen sich die Blüten in klarem Rosarot vorteilhaft abheben. Diese haben einen Durchmesser von etwa 6 cm, bringen leicht gekräuselte Blütenblätter hervor und verströmen einen leichten Duft. 'Rosa Villosa' ist in Mitteleuropa und dem Westen Asiens heimisch (vgl. Abb. Seite 254).

ROSA VILLOSA 'DUPLEX'. Sie ist eine halbgefüllte Form oder Hybride der soeben beschriebenen Wildrose, vielleicht ein bißchen niedriger im Wuchs, ihr sonst aber sehr ähnlich. Trotzdem legt ein Vergleich der Chromosomenzahl den Schluß nahe, daß es sich bei ihr um die Hybride mit einer Gartenrose handelt. Sie bringt weniger und etwas kleinere Hagebutten hervor. Und die Blüten sind etwas größer. Sie wurde schon vor 1797 kultiviert.

ROSA VIRGINIANA. Ein dichter Strauch, der viele Ausläufer hervorbringt. Besonders interessant ist er durch seine Laubverfärbungen: Das Laub ist zunächst bronzegetönt, wird dann grün und verändert sich im Herbst schließlich in Rot und Gelb. Die Triebe sind rötlich getönt und haben wenige Stacheln. 'Rosa Virginiana' blüht später als jede andere Wildrose, nämlich von Ende Juni bis Anfang August. Die Blüten sind ziemlich klein, kirschrosa und haben spitze Knospen. Die Hagebutten sind klein, leuchtend rot und überdauern den ganzen Winter. Die Pflanze wird 1,20 m bis 1,50 m hoch und eignet sich gut für öffentliche Anlagen sowie für mehr naturbelassene Teile eines großen Gartens. Es gibt eine größere Anzahl von Sämlingen, die deutliche Anzeichen für unterschiedliche Kreuzungen geben. Ihre Heimat ist Nord-Amerika.

ROSA VIRGINIANA ALBA. Eine Form oder Hybride von *R. viginiana* mit weißen Blüten, grünen Trieben und blaßgrünem Laub, das keine Herbstfärbung annimmt.

Rosa Virginiana 'Rose d'Amour' ('St. Mark's Rose', *R. virginia plena*). Die Herkunft dieser reizenden Rose ist ein Rätsel. Ich bin aber davon überzeugt, daß zumindest eine Elternsorte *R. virginiana* war. Die Blüten sind klein und gefüllt, die Knospen haben eine vollendet gerollte Form wie bei einer Teehybride. Die Blütenfarbe ist zunächst ein Dunkelrosa; bei der geöffneten Blüte ist sie an den Rändern der Blütenblätter etwas blasser. Ihr Wuchs ist sehr robust, und sie baut einen großen, einer Wildrose ähnlichen Strauch von etwa 2 m Höhe auf. Wie *R. virginiana* fängt sie erst im Hochsommer an zu blühen und hat dann eine lange Blütezeit. Im Aussehen ähnelt sie ganz *R. virginiana*, das Laub ist allerdings weniger glänzend. Es ist ein ganz schöner, aber kein überragender Strauch.

Interessant kann es sein zu fragen, wer wohl die andere Elternsorte war? Damit sich gefüllte Blüten ergeben konnten, darf man wohl annehmen, daß dies eine Gartenrose war. Die Rose wurde schon vor 1759 kultiviert.

Rosa Wardii Culta. *R. wardii culta* ist eine Form der im Südosten Tibets heimischen Wildrose *R. wardii*, die 1924 von Kingdon Ward entdeckt wurde. Es handelt sich um eine weitere Wildrose des Typs *R. moyesii*. Sie ist dieser in Wuchs und Laub sehr ähnlich. Die Blüten sind weiß und haben eine scheibenförmige mahagonirote Mitte, die von gelben Staubgefäßen umrandet ist. Manchmal wird sie sogar 'Weiße Moyesii' genannt. Ihr Wuchs ist überhängend und das Laub hellgrün. Sie wird 1,80 m hoch und 1,50 m breit.

Rosa Webbiana. Eine hübsche Wildrose, die eng mit *R. willmottiae* verwandt ist. Ihr Wuchs ist dicht – mit schlanken, rötlichbraunen, überhängenden Trieben, die an ihrer ganzen Länge Blüten in blassem Lilarosa hervorbringen. Diese haben einen Durchmesser von etwa 5 cm und duften leicht. Die Blüten erscheinen Anfang Juni. Ihnen folgen schmale, kolbenförmige scharlachrote Hagebutten von etwa 2 cm Länge, die einen besonders schönen Anblick bieten. In dieser Hinsicht kommen ihr nur wenige andere Wildrosen gleich. Die Blätter setzen sich aus bis zu neun kleinen, feinen Fiederblättchen zusammen. Die Heimat dieser Rose ist der Himalaya, Afghanistan und Turkestan, wo sie in 2000 bis 6000 m Höhe gedeiht. Seit 1879 wird sie kultiviert.

Rosa Willmottiae. Sie ist von allen Wildrosen in Wuchs und Laub vielleicht die anmutigste. Sie stellt einen stacheligen Strauch von 2,40 m Höhe und eher größerer Breite dar, mit überhängendem Wuchs und kleinen, feingegliederten graugrünen Blättern. Das verleiht ihr insgesamt ein zierliches, farnähnliches Aussehen. Die Blüten sind zwar klein, aber hübsch. Sie halten nicht lange, während der kurzen Blütezeit bieten sie aber einen sehr gefälligen Anblick. Die Blütenfarbe ist ein Lilarosa mit cremefarbenen Staubgefäßen. Ihre Heimat ist der Westen Chinas, wo sie 1904 von E. H. Wilson entdeckt wurde (vgl. Abb. Seite 250).

ROSA WOODSII VAR. FENDLERI. *R. woodsii* ist ein formenreicher Strauch, dessen Heimat der Mittelwesten und Westen Nord-Amerikas ist. Sie ist die Form, die man am ehesten in Gärten sieht, vor allem in den südlichen Teilen ihrer Heimat, sogar so südlich wie Mexiko – obwohl sie recht winterhart ist. Sie bildet einen dichten Busch von 1,80 m Höhe und 1,50 m Breite und hat einen anmutigen Wuchs, graugrünes Laub sowie lilarosa Blüten mit cremefarbenen Staubgefäßen. Die Blüten sind duftend und erscheinen einzeln oder in kleinen Büscheln. Im Herbst sind die Zweige voll behängt mit rundlichen, glänzenden, roten Hagebutten, die bis weit in den Winter hinein halten; 1888 erstmals kultiviert.

ROSA XANTHINA VAR. SPONTANEA 'CANARY BIRD'. Sie ist eine der beliebtesten und bekanntesten aller Wildrosen, vor allem wegen ihrer dunkelgelben Blütenfarbe. Diese Rose hat Blüten mit einem Durchmesser von 5 cm, einen anmutigen Wuchs, eine schokoladenbraune Rinde und dabei zierliches, farnähnliches Laub. Die Hagebutten sind dunkel kastanienfarben, aber nicht besonders auffällig. 'Canary Bird' ist eine ausgezeichnete Rose, aber nicht immer besonders robust. Häufig sterben einzelne Triebe ab, es sei denn, sie wird auf eigener Wurzel gezogen. Ihre Höhe beträgt etwa 2 m (vgl. Abb. Seite 250).

Kletternde Wildrosen

Neben den strauchförmigen Wildrosen gibt es eine Anzahl gut kletternder Wildrosen. In der freien Natur wachsen diese Wildrosen über Sträucher und klettern in Bäume, um ans Licht zu gelangen. Die meisten gehören der Synstylae-Familie an, sind sehr starkwüchsig und bringen große Büschel kleiner, weißer Blüten hervor. Daneben gibt es noch weitere Wildrosen dieser Art, die anderen Familien angehören. Dazu gehören auch einige exotische Schönheiten. Davon sind viele leider nicht ganz winterhart, trotzdem lohnt sich auch bei ihnen der Versuch einer Anpflanzung, am besten an einer geschützten Wand. Die meisten kletternden Wildrosen überlasse man am besten sich selbst ohne sie viel zurückzuschneiden, zumindest so weit der Platz es erlaubt.

Kletternde Wildrosen der Synstylae-Familie

Die Wildrosen dieser Familie sind so eigenständig, daß es zweckmäßig erscheint, sie in einem eigenen Abschnitt abzuhandeln. Der Name der Familie bezieht sich darauf, daß bei den Blüten dieser Rosen die Griffel stets zu einer Säule verwachsen sind und diese nicht, wie es bei allen anderen Rosen ist, einzeln stehen. Auf diese einfache Weise erkennen die Botaniker sie.

Aus Kreuzungen von Rosen dieser Familie mit Gartenrosen entstanden alle unsere Rambler-Rosen. Wer mit den Rosen der Synstylae-Familie noch nicht vertraut ist,

ROSA FILIPES 'KIFTSGATE', *eine Kletternde Wildrose (eine der besten Kletterer für große Bäume). Der Wuchs kann enorme Dimensionen erreichen, und sie bringt riesige Büschel von Blüten hervor.*

mag vielleicht beanstanden, daß sie alle ziemlich gleich aussehen. Sie unterscheiden sich jedoch stark in der Höhe, und wenn wir sie genauer betrachten, stellen wir viele feine Unterschiede fest, die sich aber mit wenigen Worten nur schwer beschreiben lassen. Die meisten dieser Rosen sind lieblich duftend und reichblühend, einige davon extrem starkwüchsig und wuchernd. Sie eignen sich ideal dafür, in Bäume und über Sträucher, ja sogar über Mauerwerk jeglicher Art zu wachsen.

ROSA ARVENSIS ('Feld-Rose'). Eine in den Feldrainen sehr häufige Wildrose. Sie blüht später als die Hundsrose, und ihre Blüten sind kleiner und weiß. Sie kommt in England und auf dem europäischen Festland vielerorts auch wild vor. Als kletternde oder kriechende Wildrose überwächst sie häufig andere Sträucher. Aus gärtnerischer Sicht liegt ihre Bedeutung vor allem darin, daß sie die Elternsorte der Ayrshire-Rosen ist. Die Blüten erscheinen in kleinen Büscheln entlang rötlicher Triebe. Ihnen folgen eiförmige, rote Hagebutten. Anders als vielfach in der Literatur behauptet wird, sind die Blüten duftend. 'Rosa Arvensis' hat in der Tat den von Shakespeare und Spenser so gepriesenen „lieblichen Moschusduft". Diese Rose erreicht eine enorme Ausdehnung – vielleicht 6 m Breite bei 3 m Höhe. Sie eignet sich gut für naturbelassene Teile eines Geländes und wird gelegentlich zur Randbepflanzung verwendet.

ROSA BRUNONII (*R. moschata* var. *nepalensis*, 'Himalaya-Moschus-Rose'). Eine formenreiche Wildrose, eine der schönsten dieser Familie. Ihre Heimat erstreckt sich vom Himalaya bis nach China. Sie ist ausgesprochen starkwüchsig und erreicht Höhen von 10 bis 13 m, weshalb sie sich ausgezeichnet dazu eignet, in hohe Bäume zu wachsen. Sie bringt besonders schönes Laub hervor – mit sehr großen, eleganten Blättern, die aus sieben weit auseinanderstehenden Fiederblättchen bestehen. Die Blüten sind rahmweiß, etwa 4 cm im Durchmesser. Sie erscheinen in sehr großen Büscheln, und zwar Ende Juni/Anfang Juli. 'Rosa Brunonii' verströmt einen intensiven Duft. Diese Wildrose ist nicht völlig winterhart und kann bei strengen Frösten zurückfrieren. Sie wird seit 1822 kultiviert.

ROSA BRUNONII 'LA MORTOLA'. Eine Form von *R. brunonii,* die dieser in jeder Hinsicht überlegen ist und stets vorgezogen werden sollte. Die Blüten sind größer, etwa 5 cm im Durchmesser, und erscheinen in größeren Büscheln. Auch die Blätter sind größer, ausgeprägter grau gefärbt und stärker behaart. Sonst gleicht sie *R. brunonii.* Ihre Höhe beträgt 10 bis 13 m. Benannt ist sie nach dem berühmten Garten an der italienischen Riviera nahe der Grenze zu Frankreich, von wo aus sie durch E.A. Bunyard nach England kam; eingeführt in Großbritannien: 1954.

ROSA FILIPES. Ein starkwüchsiger, wuchernder Kletterer, der 10 m hoch wird. Die Blüten sind weiß, erscheinen in großen Rispen, sind ausgeprägt schalenförmig und befinden sich an langen, schlanken, zwirnartigen Stengeln. Sie sind kräftig duftend. Ihnen folgen sehr kleine ovale Hagebutten. Ihre Heimat ist der Westen Chinas. Entdeckt wurde sie 1908 von E.H. Wilson.

ROSA FILIPES 'BRENDA COLVIN'. Sie ist ein Sämling von 'Kiftsgate', der anschließend beschrieben wird. Sie ist genauso starkwüchsig sowie massig im Wuchs und hat einfache Blüten in großen Büscheln. Der Unterschied liegt in der Blütenfarbe: Ihre Blüten sind zartrosa. Sie verändern sich aber sehr schnell in Weiß, und leider ist das Rosa wenig ausgeprägt, so daß sie in der Fülle der Blüten doch wieder weiß wirkt. Die Blüten duften köstlich. Dieser Zufallssämling wurde von Mrs Colvin entdeckt und von den Sunningdale Nurseries 1979 in den Handel gebracht.

ROSA FILIPES 'KIFTSGATE'. Das ist die Form von *R. filipes,* die üblicherweise im Handel angeboten wird. Sie gilt unter Gartenliebhabern als Kletterer für große Bäume, und in der Tat gibt es keine Rose, die dafür besser geeignet wäre. Sie ist ungeheuer starkwüchsig, und ihr Anblick zur Blütezeit geradezu atemberaubend schön. Sie kann leicht 13 m hoch werden und bringt große Blütenrispen hervor – oft mit vielen hundert Blüten. Die einzelne Blüte ist klein, schalenförmig und rahmweiß mit gelben Staubgefäßen. Manchmal erweist sie sich in Bezug auf den Standort als etwas wählerisch und entfaltet dann nicht ihre volle Wuchskraft. Sie wurde 1954 durch Murrell (Großbritannien) in den Handel gebracht (vgl. Abb. S. 259).

ROSA HELENAE. Sie kommt aus dem Westen Chinas und wurde 1907 von E.H. Wilson entdeckt. Sie ist ein starkwüchsiger Kletterer, der 6 m hoch wird. Die Blüten sind klein, etwa 4 cm im Durchmesser, und rahmweiß. Sie erscheinen in kompakten, rundlichen Büscheln von etwa 15 cm Durchmesser und haben einen intensiven Duft. Die Hagebutten sind klein, orangerot und hängen anmutig an den Zweigen. Das Laub ist dunkelgrün mit 7 bis 9 Fiederblättchen. 'Rosa Helenae' hat kräftige, hakenartige Stacheln. Zum Klettern in Bäume kommt sie überall dort in Frage, wo *R. filipes* oder *R. mulliganii* zu groß wären. Man kann 'Rosa Helenae' auch als großen Strauch ziehen.

ROSA MOSCHATA ('Moschus-Rose'). Wahrscheinlich keine echte Wildrose, sondern eine sehr alte Gartenrose. Vermutlich wurde sie zur Zeit von Königin Elisabeth I. nach England gebracht. Mit ihr sind viele romantische Erinnerungen verbunden. Später erhielt sie für die Entwicklung der Gartenrosen große Bedeutung, denn sie ist eine Elternsorte der Noisette-Rosen. An einer sonnigen, geschützten Wand kann sie recht gut gedeihen, unter weniger günstigen Bedingungen bleibt sie in Wuchs und Aussehen bescheidener. Die Blüten sind einfach (manchmal halbgefüllt), rahmweiß, und erscheinen in endständigen Büscheln. 'Rosa Moschata' hat zwei große Vorzüge: den köstlichen Moschus-Duft und den Vorzug, daß sie erst im August anfängt zu blühen und ihre Blütezeit bis in den Herbst reicht. Ihre Höhe beträgt etwa 3 m.

ROSA MOSCHATA 'PRINCESSE DE NASSAU'. Früher hieß sie einmal *R. moschata* 'Autumnalis'. Sie hat halbgefüllte Blüten in einem Creme-Bernsteinton. Die Blüten erscheinen ziemlich spät in der Saison (im August) in zierlichen Büscheln und blühen bis in den Herbst hinein. Sie verströmen einen außergewöhnlich lieblichen Duft. Diese Rose braucht einen geschützten Standort in voller Sonne, um richtig zu blühen. Über ihre Herkunft ist nichts bekannt, sie hat aber viele Ähnlichkeiten mit einer Noisette-Rose. Ihre Höhe beträgt 2,40 m.

ROSA MULLIGANII. Seit langer Zeit wird diese Rose von den Baumschulen als *R. longicuspis* verkauft, aber ihr korrekter Name dürfte *R. mulliganii* sein. Das hat für einige Verwirrung gesorgt. *R. mulliganii* wetteifert mit *R. filipes* 'Kiftsgate' darum, welche von beiden am höchsten in Bäume klettern kann. Meist ist sie nicht ganz so starkwüchsig, aber 10 m erreicht sie allemal. Sie hat hübsches, glänzendes, fast immergrünes Laub, die Blätter haben sieben Fiederblättchen, die jungen Triebe sind braungetönt. Sie sind rahmweiß, fast 5 cm im Durchmesser und erscheinen in riesigen Büscheln mit bis zu 150 Blüten. Die Blüten sind stark duftend. Im Herbst bringt 'Rosa Mulliganii' kleine, orangerote Hagebutten hervor. Sie blüht spät in der Saison, von Ende Juni bis Mitte Juli. Ihre Heimat ist der Westen Chinas, wo sie von F. Kingdon Ward etwa 1915 entdeckt wurde (vgl. Abb. Seite 263).

ROSA MULTIFLORA (*R. polyantha*). Ein starkwüchsiger Kletterer oder eine Strauchrose. Sie wird oft als Unterlage für Veredelungen verwendet. Aus diesem Grund ist sie noch häufig in alten Gärten zu finden, wo sie überlebt hat, nachdem die Gartenrose an sich längst verschwunden ist. Damit soll keineswegs gesagt sein, daß sie vielleicht keine gute Gartenpflanze sei (obwohl sie im Wuchs für eine Kletterrose vielleicht ein bißchen steif ist, und es dafür bessere Wildrosen gibt). Sie ist besonders geeignet für die Massenanpflanzung in öffentlichen Anlagen, denn sie ist sehr starkwüchsig und baut eine große Vielzahl hoher Sträucher auf. Für diesen Zweck sollte man sie aus Samen ziehen. Ende Juni, Anfang Juli bringt sie kompakte Büschel kleiner Blüten mit einem Durchmesser von etwa 2½ cm hervor. Die Blüten

261

ROSA WICHURAIANA, *eine kletternde Wildrose, die hier in reizvoller Weise das Fenster eines „Cottage" einrahmt.*

sind rahmweiß mit goldfarbenen Staubgefäßen und haben einen kräftigen, fruchtigen Duft, der lange anhält. Im Herbst folgen kleine rote Hagebutten. Als Strauch wird sie gut 2 m hoch und 3 m breit, als Kletterer noch erheblich größer – 7 m und mehr in einem Baum! Sie ist eine der Vorfahren der Multiflora-Rambler und der Polyantha-Pompon-Rosen. Schließlich hatte sie auch Einfluß auf die Floribunda-Rosen. Man kann sie deshalb als eine der wichtigsten Vorfahren unserer modernen Rosen bezeichnen. Ihre Heimat ist der Norden Chinas, Korea und Japan. In Großbritannien war sie schon vor 1869 bekannt.

ROSA POLYANTHA GRANDIFLORA. Sie ist besser bekannt als *R. gentiliana*, aber es ist wahrscheinlicher, daß es sich bei ihr um eine Hybride von *R. multiflora* handelt. Denn erstens scheint sie in der freien Natur von niemandem gesichtet worden zu sein, und zweitens (und wichtiger noch) stehen bei den Blüten die Griffel einzeln, sind also nicht verschmolzen. Daraus erhellt, daß es sich nicht um ein echtes Mitglied der Synstylae-Familie handeln kann. Sie bringt Ende Juni bis Mitte Juli eine Fülle kleiner, einfacher weißer Blüten hervor, und zwar in ziemlich kleinen Büscheln. Die Blüten haben orangerote Staubgefäße und verströmen einen kräftigen Duft. Ihnen folgen hellrote Hagebutten, die bis weit in den Winter halten. Sie ist reichblühend und hat üppiges Laub, das anfangs bronzegetönt ist. Ihre Höhe beträgt 5 bis 7 m. Man nimmt an, daß sie aus China kommt. Sie wurde 1886 eingeführt.

Gegenüberliegende Seite: ROSA MULLIGANII, *eine besonders massive, kletternde Wildrose, ideal um in einen Baum zu wachsen.*

262

Rosa Rubus (*R. ernestii*). Eine starkwüchsige kletternde Rose, die eng mit *R. helenae* verwandt ist. Die Blüten haben einen Durchmesser von etwa 4 cm und erscheinen in kompakten Büscheln von bis zu vierzig Einzelblüten. Sie sind rahmweiß, anfangs an der Basis der Blütenblätter mit einem Hauch von Gelb, und zeigen in der Mitte reizvolle orangefarbene Staubgefäße. Sie haben einen besonders kräftigen Multiflora-Duft und erscheinen von Ende Juni bis Anfang August. Den Blüten folgen kleine, orangerote Hagebutten; entdeckt von Dr. Henry um 1886.

Rosa Sempervirens. Diese Wildrose ist in Südeuropa und Nord-Afrika beheimatet und am besten bekannt als Elternsorte der Sempervirens-Hybriden. Sie ist jedoch auch als Wildrose sehr reizvoll, ihre Blüten sind größer als bei den anderen Wildrosen dieser Gruppe. Die Blüten erscheinen in kleinen Büscheln an langen kriechenden Trieben. Diese Rosen sind leicht duftend. Die Blätter bestehen aus fünf bis sieben Fiederblättchen. Sie ist nicht völlig winterhart.

Rosa Setigera ('Prärie-Rose'). Es bestehen einige Zweifel, ob diese Rose als Strauch- oder als Rambler-Rose anzusehen ist. Wegen ihrer Größe eignet sie sich meines Erachtens am besten als Rambler-Rose. Als solche klettert sie bis in 5 m Höhe. Ende Juli, Anfang August bringt sie kleine Büschel 5 cm großer rosaroter Blüten hervor. Ihnen folgen kleine rote Hagebutten. Das Laub ist reizvoll mattgrün. Sie eignet sich gut, um in kleine Bäume oder über Büsche zu wachsen, und hat den zusätzlichen Vorteil, daß ihre Blüten nicht weiß sind. Wo genügend Platz vorhanden ist, kann man sie auch gut als Strauch ziehen. Mit ihren langen, kriechenden Trieben bildet sie einen wuchernden Hügel. Ihre Heimat ist der Osten der USA. Sie war Elternsorte mehrerer Rambler-Rosen, insbesondere von 'American Pillar' und von 'Baltimore Belle'.

Rosa Sinowilsonii. Diese Rose hat das schönste Laub aller Wildrosen-Sorten. Das ist der Hauptgrund, weshalb sie kultiviert wird. Ihre Blätter sind dunkelgrün und glänzend, dabei sehr groß (bis zu 30 cm lang). Sie sind grob „gesägt", unterseits purpurfarben und haben sieben Fiederblättchen.

Die Blüten sind nicht außergewöhnlich. Sie sind weiß, etwa 4 cm im Durchmesser und erscheinen in kleinen Büscheln. Leider ist sie nicht völlig winterhart. Ich kann deshalb nicht sagen, wie hoch sie werden kann, denn in unserem Garten friert sie immer wieder zurück. Sie kam durch E.H. Wilson 1904 aus China nach Großbritannien. Er hat uns bekanntlich von dort so viele gute Wildrosen mitgebracht, daß er auch als der „Chinesische Wilson" bekannt wurde.

Rosa Soulieana. Eine sehr kräftige kletternde Rose oder Strauch-Rose mit offenem Wuchs und langen überhängenden Trieben, auffallend grauem Laub und hakenförmigen gelben Stacheln. Die Blüten sind in der Knospe blaßgelb, sie öffnen sich weiß (mit etwa 4 cm Durchmesser) und treten reichlich in Büscheln auf. Sie verströmen einen fruchtigen Duft. Im Herbst bieten ihre kleinen eiförmigen, orange-farbenen Hagebutten einen reizvollen Anblick. Als Kletterer erreicht 'Rosa Soulieana' ohne Mühe eine Höhe von 4 bis 5 m. Als Strauch bildet sie einen Hügel von 3 m Höhe und etwa gleicher Breite. Sie eignet sich ausgezeichnet für naturbelassenes Gelände. Bei strengem Frost friert sie oftmals zurück. Sie wurde von Père Soulié in West-China entdeckt und dann nach Frankreich geschickt. Nach Kew kam sie 1899.

ROSA WICHURAIANA. Eine starkwüchsige, kriechende Rose aus Japan, dem Osten Chinas, Korea und Taiwan. Sie ist am besten bekannt als Elternsorte der Wichuraiana-Rambler, aber auch die Wildrose selbst ist eine gute Gartenpflanze. Wo der Platz es zuläßt, bildet sie einen ausgezeichneten Bodendecker. Sie sendet kriechende Triebe aus, die eine beachtliche Länge erreichen und sich dicht am Boden halten oder mit ihren hakenförmigen Stacheln in Büsche oder Bäume klettern. 'Rosa Wichuraiana' blüht erst im August. Dann erscheinen kleine weiße Blüten mit gelber Mitte – in reizvollen, kegelförmigen Büscheln. Die Blüten verströmen einen kräftigen, fruchtigen Duft. Das Laub ist leuchtend und fast immergrün. Später folgen kleine dunkelrote Hagebutten. Diese Pflanzen eignen sich auch sehr gut als Kletterer und werden so 7 m hoch. Die langen Triebe hängen dann anmutig von ihrer Stütze herab (vgl. Abb. Seite 262).

Andere kletternde Wildrosen

ROSA BRACTEATA ('Macartney Rose'). Eine sehr schöne und exotische Rose, leider nicht völlig winterhart. An einer warmen, geschützten Wand hat sie jedoch gute Chancen. Die Blüten sind groß, bis 10 cm im Durchmesser, reinweiß mit seidiger Struktur und mit einem dicken Büschel orangeroter Staubgefäße. Sie duften und erscheinen einzeln an kurzen Stielen mit reizvollen, großen, blattartigen Tragblättern rund um die Knospen. Die Hagebutten sind orangerot, die Blätter glatt und dunkelgrün, dabei mit bis zu neun Fiederblättchen. Der Wuchs der Pflanze ist buschig. An einem günstigen Standort kann sie 4 m hoch werden. In wärmeren Gegenden bildet sie einen stattlichen Strauch. Für Wildrosen höchst ungewöhnlich blüht 'Rosa Bracteata' bis in den Herbst hinein. Ihre Heimat ist der Osten Chinas, wo sie von Sir George Staunton gesammelt und 1793 durch Lord Macartney nach Großbritannien gebracht wurde. In wärmeren Klimazonen der USA kommt sie naturalisiert vor und wird in manchen Gegenden fast schon als „Unkraut" angesehen. Sie ist eine der Elternsorten der wunderschönen 'Mermaid'.

ROSA GIGANTEA. Sie ist die großartigste von allen Wildrosen. Leider ist sie zu frostempfindlich für unser Klima. Selbst an ausgesprochen geschützten Standorten

ROSA RAMONA, *eine kletternde Wildrose. Sie ist eine Hybride von* R. laevigata *und eine der schönsten Rosen mit einfachen Blüten überhaupt, aber ziemlich frostempfindlich.*

kommt sie nur selten zur Blüte. In ihrer Heimat im Südwesten von China und in Ober-Burma sind die Blüten sehr groß – 12 bis 15 cm im Durchmesser, und entweder blaßgelb, cremefarben oder weiß, und zwar mit großen, sich überlappenden Blütenblättern und einem dicken Büschel goldfarbener Staubgefäße. Der Duft ähnelt dem von Teerosen. Die Blätter sind riesengroß, über 20 cm lang, glänzend und dunkelgrün. 'Rosa Gigantea' erreicht Höhen von 16 m, in warmem Klima sogar von über 25 m. Auch die Hagebutten sind groß. Diese Pflanze ist tatsächlich in jeder Hinsicht gigantisch. Gault und Synge berichten in ihrem Rosen-Lexikon, daß die riesigen Hagebutten auf den Märkten von Manipur (Indien) als eßbare Früchte angeboten werden. 'Rosa Gigantea' wurde 1882 von Sir George Watt entdeckt und 1889 durch Sir Henry Collet eingeführt.

Diese Rose hatte großen Einfluß auf die Entwicklung unserer modernen Züchtungen. Es war ihr Einfluß, der den Übergang der Alten Rosen auf unsere modernen Rosen bewerkstelligte. Sie ist so riesig und so einzigartig, daß sie den ganzen Charakter der Gartenrosen nachhaltig verändern sollte.

ROSA GIGANTEA 'COOPERI'. Siehe *Rosa laevigata* 'Cooperi'.

ROSA LAEVIGATA (*R. sinica, R. cherokeensis*). Eine starkwüchsige kletternde Rose oder Strauchrose mit dunkelgrünen Blättern. Diese sind insofern ungewöhnlich, als sie nur drei grob gezähnte Fiederblättchen besitzen. 'Rosa Laevigata' hat rahmweiße, köstlich duftende Blüten von 10 cm Durchmesser, die einzeln oder paarweise Ende Juni erscheinen. Sie ist ebenfalls eine sehr schöne, aber ziemlich frostempfindliche Rambler-Wildrose. Um bei uns zu überleben, braucht sie eine schützende Wand. Ihre Heimat ist China, sie kommt aber auch im Südosten von Nordamerika

266

HULTHEMIA PERSICA,
*keine richtige Rose, aber eine
sehr nahe Verwandte.*

naturalisiert vor, dort nennt man sie 'Cherokee Rose'. Ihre Höhe beträgt 7 m; eingeführt: 1759.

ROSA LAEVIGATA-HYBRIDEN

ROSA x ANEMONOIDES (*Rosa anemone*, *R. sinica 'Anemone'*, 'Anemonen-
rose'). Sie ist eine Hybride von *R. laevigata*, vermutlich mit einer Teerose. Sie
wirkt eleganter als die Elternsorte, ist von zurückhaltenderem Wuchs, trägt
weniger Laub und hat feinere Triebe. Die Blüten aber sind denen von *R. laevigata*
sehr ähnlich und ausgesprochen schön. Die Blütenfarbe ist ein klares Muschelrosa, leicht dunkelrosa geädert, die Rückseite ist blasser. Trotz ihres zarten
Aussehens ist sie weniger frostempfindlich als *R. laevigata*, erfordert aber
trotzdem noch eine schützende Wand. Ihre Knospen gehen Anfang Juni auf, und
obwohl sie nicht öfterblühend ist, dauert ihre Blüte sehr lange an; gezüchtet von
J.C. Schmidt (Deutschland); eingeführt: 1895.

ROSA LAEVIGATA 'COOPERI' (*'Cooper's Burmese Rose'*, *R. gigantea* 'Cooperi').
Sie ist eine Wildrose, die in enger Verwandschaft zu *R. laevigata* steht. Ihre
Heimat ist Nepal, der Norden Burmas und der Südwesten Chinas. Die Blüten
sind groß (etwa 10 cm im Durchmesser). Sie erscheinen einzeln, in einem
strahlenden Reinweiß und tragen einen großen Büschel gelber Staubgefäße. Das
Laub ist hübsch, sehr glänzend, mit drei (gelegentlich fünf) Fiederblättchen.
Leider ist sie frostempfindlich. In meinem Garten habe ich es nicht geschafft,
sie zu ziehen, aber in Sissinghurst Castle blüht sie an einer sonnigen Wand reich
und früh in der Saison. Bei uns wird sie etwa 4 m hoch, in ihrer Heimat dagegen
ist sie ein Riese. Wir ziehen ein Exemplar unter Glas, wo sie üppig blüht und
zweifellos eine große Höhe erreichen würde. R.E. Cooper brachte sie erstmals
nach Großbritannien. Dort wurde sie 1931 im Sichtungsgarten der National
Rose Society gezogen. Unser Exemplar erhielten wir aus Nepal. Ganze Täler
sollen dort mit dieser Rose übersät sein. Dort klettert sie bis in die Gipfel hoher
Bäume, wobei ihre langen Triebe bis fast zum Boden herabhängen.

ROSA RAMONA. Sie ist ein Abkömmling von *R.* x *anemonoides* und wurde 1913 von Dietrich und Turner in Kalifornien entdeckt. Sie ist der Elternsorte in jeder Hinsicht gleich, außer in der Blütenfarbe, einem kirsch-karmesinrot mit einer gräulichen Schattierung auf der Rückseite (vgl. Abb. Seite 266).

Hulthemia

Es handelt sich hierbei um eine Untergattung, die von den Botanikern früher zur Gattung *Rosa* gerechnet wurde. Sie ist mit der Rose sehr eng verwandt und wurde mit ihr bereits erfolgreich gekreuzt.

HULTHEMIA PERSICA (*Rosa persica, R. berberifolia*). Sie ist ein interessanter Strauch, der unter den halbwüstenähnlichen Bedingungen – im Iran, in Afghanistan und den angrenzenden Ländern der ehemaligen Sowjetunion – heimisch ist. Der Wuchs ist niedrig, verzweigt, stachelig und etwa 75 cm hoch. Sie breitet sich durch Ausläufer aus. Das Laub ist silbrig-grau. Die Blüten sind klein, etwa 4 cm im Durchmesser, dunkel goldgelb mit einem rotbraunen Fleck in der Mitte. Keine Rose hat eine so leuchtend gelbe Blütenfarbe. Später folgen kleine, borstige Hagebutten. In ihrer Heimat ist sie ausgesprochen winterhart, ausdauernd; sie soll sich, wie ich hörte, ihren Weg nach oben sogar durch Betondecken hindurch gearbeitet haben. In einem nördlichen Klima ist sie nicht leicht zu kultivieren, doch ist dies wiederum auch nicht unmöglich, wenn man ihr einen warmen, trockenen Standort gibt. Nach Europa kam sie erstmals um 1790 (vgl. Abb. Seite 267).

x HULTHEMOSA HARDII (*Rosa* x *hardii*). Sie ist eine Hybride zwischen zwei Gattungen, angeblich *Hulthemia persica* x *R. clinophylla.* Die Blüten sind größer und schöner als bei *H. persica*, nämlich leuchtend goldgelb, mit einem leuchtenden rotbraunen Auge in der Mitte. Ich habe sie niemals blühen sehen, aber sie soll sehr schön sein. Die Pflanze ist ziemlich staksig und etwas anfällig für Mehltau, wird aber im Schutz einer warmen Wand 2 m hoch; entstanden 1836 im Jardin du Luxembourg, Paris.

MODERNE HULTHEMIA-HYBRIDEN
Bereits 1880 sagte der damals berühmte Rosenexperte Thomas Rivers voraus, daß *Hulthemia persica* voraussichtlich die Elternsorte für eine völlig neue Gruppe sein werde. Er sah sie natürlich als eine Wildrose an und war sich nicht darüber im klaren, daß all das nicht ganz so einfach sein werde. Aber vielleicht bewahrheitet sich seine Vorhersage noch: 1964 erwarb Alexander Cocker Samen von *Hulthemia persica* aus dem Iran und gab einen Teil davon an Jack Harkness weiter, der sie vermehrte und mit verschiedenen echten Rosen kreuzte. Der Versuch, Pflanzen zu

kreuzen, die zwei verschiedenen Gattungen angehören, ist keine einfache Sache. Aber Jack Harkness hatte Erfolg. In seinem Buch „Roses" berichtet er, daß er *H. persica* viele Male erfolgreich gekreuzt habe, und zwar mit 'Ballerina', 'Buff Beauty', 'Canary Bird', '*R. chinensis* 'Mutabilis', 'Cornelia', 'Fru Dagmar Hastrup', 'Margo Koster', 'Mermaid', 'Perla de Alcanada', 'Phyllis Bide', 'Roseraie de l'Hay' und 'Trier'.

Es war das leuchtende „Auge" in der Mitte, das ihn so faszinierte, zweifellos auch die leuchtend gelbe Farbe und der ausgesprochen robuste Wuchs dieser Pflanze. Die Hybriden sind aber mehr. Sie bilden ansprechende kleine Sträucher, die gar nicht wie Rosen aussehen. Der Wuchs ist buschig und ziemlich wuchernd, mit sehr charakteristischen Blüten. Ich hoffe, die Züchtungsarbeit wird weitergeführt, nicht nur, um vielleicht bessere Rosen, sondern um eigenständige Pflanzen zu züchten. Nachfolgend nenne ich noch zwei Sorten, die von Harkness eingeführt wurden. Leider erwiesen sie sich als schwer zu vermehren und sind darum nur in geringen Stückzahlen verfügbar.

EUPHRATES. Ansehnliche Büschel einfacher Blüten in einem rötlichen Lachston mit einem auffallenden scharlachroten Auge in der Mitte. Die Blüten erscheinen reichlich – an einem stattlichen Strauch von 75 cm Höhe. Die Form der Blättchen schwankt beträchtlich, ein Kennzeichen der Hybriden von *H. persica. H. persica* x 'Fairy Changeling'; gezüchtet von Harkness (Großbritannien); eingeführt: 1986.

TIGRIS. Sie hat reizvolle, halbgefüllte, kanariengelbe Blüten mit roter Mitte. Der Wuchs ist locker, dicht und breitwüchsig, mit vielen Stacheln und hellgrünem Laub, das an Stachelbeeren erinnert. Die Blütezeit ist Juni-Juli, gelegentlich folgen später noch vereinzelte Blüten; Elternsorten: *H. persica* x 'Trier'; gezüchtet von Harkness (Großbritannien); eingeführt: 1985.

KAPITEL 7

Die Kultivierung von Rosen

R osen zu kultivieren ist nicht schwer. Es ist allerdings leicht, ihre Kultivierung mit Geheimniskrämerei zu umgeben. Das ist aber nicht gerechtfertigt! Schon mit wenig mehr als gesundem Menschenverstand und mit etwas Obacht lassen sich die meisten Vorhaben realisieren. Viele halten sich daran, und das genügt bereits. Wollte man mehr verlangen, würde man nämlich die meisten Leute davon abhalten, Rosen zu kultivieren. Trotzdem sind zusätzliche Kenntnisse immer von Vorteil, und etwas mehr Pflege bewirkt so manches Mal Wunder. Eines ist sicher: Je mehr wir in unsere Rosen investieren, um so mehr Freude werden wir an ihnen auch haben.

Auswahl des Standorts

Die Wahl des richtigen Standorts von Rosen ist teils eine ästhetische, teils eine praktische Frage. Es gibt Standorte, die von den Rosen nicht geliebt werden. Rosen mögen keinen Schatten, nicht einmal Halbschatten, obwohl es, wie wir schon gesehen haben, einige Sorten gibt, die mit solchen Widrigkeiten besser umgehen können als andere. Sie mögen keine Konkurrenz von Baumwurzeln, auch die von Bäumen abtropfende Nässe mögen sie nicht. Öfterblühende Strauchrosen sehen besonders gut aus, wenn man sie im Verbund mit anderen Pflanzen und Sträuchern pflanzt. Aber es ist wichtig, darauf zu achten, daß diese anderen mit den Rosen nicht zu stark konkurrieren. Besonders bei der Neuanpflanzung von Rosen ist das wichtig. Haben sie sich erst einmal gegenüber ihren Nachbarn behauptet, ist schon viel gewonnen. Der Boden sollte von angemessener Tiefe sein und gute Bedingungen haben. Auch sollte er gut durchlässig sein. Rosen in einem ausgesprochen nassen Boden zu ziehen, ist nicht möglich.

Vorbereitung des Bodens

Gewöhnlich hat der Gartenfreund auf die Art des Bodens kaum Einfluß. Er muß das beste aus dem machen, was er vorfindet. Ohne Zweifel gedeihen Rosen am besten in einem eher schweren Boden. Die Pflanzen werden dort größer und kräftiger als in anderen Böden. Aber bei weniger geeigneten Böden lassen sich mit entsprechender Düngung fast ähnlich gute Ergebnisse erzielen. Sollten Sie einen außergewöhnlich schweren Lehmboden haben, werden Sie anfangs möglicherweise einige Schwierigkeiten haben. Doch kann man diese lösen, indem man großzügig Humus beigibt und die Wurzeln in eine Pflanzmischung bettet.

Leichte Böden und mittelschwere Lehmböden sind für die Kultivierung von Rosen völlig ausreichend. Aber unter diesen Bedingungen benötigen die Rosen eine intensivere Pflege (besonders wenn der Boden extrem leicht ist).

Echte Probleme entstehen bei kalkhaltigen Böden. Rosen mögen nicht zu viel Kalk. Sie bevorzugen einen Boden, der entweder neutral oder leicht sauer ist. Als Inhaber einer Rosenschule bin ich manchmal etwas bestürzt, wenn ich meine Kunden sprechen höre – viele von ihnen scheinen kalkhaltigen Boden zu haben, und ich muß mich dann immer fragen, wie es unseren Rosen wohl ergeht? Glücklicherweise läßt sich dieses Problem lösen, aber es erfordert doch einigen Aufwand und einige Anstrengung: Große Mengen Humus sollten in einem solchen Fall dem Boden zugefügt werden – besonders nahe an der Rose sollten die Wurzeln damit allerdings nicht direkt in Berührung kommen. Humus neutralisiert den Alkaligehalt des Bodens und hält die Feuchtigkeit fest.

Torfhaltige Böden sind für den Rosenzüchter die schwierigsten. Hier hilft nur, die Erde mindestens einen Spaten tief auszuheben und komplett gegen humusreiche Gartenerde auszutauschen.

Sorgfalt bei der Vorbereitung des Bodens zahlt sich immer aus. Wenn die Rose eine Teehybride ist, kann sie uns zehn Jahre und länger erfreuen. Eine Strauchrose lebt in der Regel noch beträchtlich länger. Es geht also um eine Investition auf lange Zeit, und es zahlt sich immer aus, wenn wir die Arbeit sorgfältig ausführen. Am besten heben Sie das Pflanzloch schon einige Wochen vor dem Eintreffen der Rosen aus. Etwa eine Spatentiefe sollten Sie die Erde gründlich durcharbeiten und mit Humus vermischen. Zusätzlich empfiehlt es sich, den Boden darunter aufzulockern. Am besten eignet sich dazu eine zweizinkige Rosengabel, wie sie in Spezialgeschäften erhältlich ist. Dadurch vermeiden Sie das Entstehen von Staunässe und erleichtern den Pfahlwurzeln, tief in den Boden einzudringen. Wenn Sie einen alten Rosenbusch ausgraben, werden Sie feststellen, daß innerhalb der ersten Spatentiefe nur wenig Wurzeln sind; der größere Teil ist weiter unten. Trotzdem sollte der Humus nur bis in etwa eine Spatentiefe untergemischt werden; tiefer eingegraben nützt er nichts mehr.

Sie werden bemerkt haben, wie viel Wert ich auf den Humus lege. Für mich ist er für die gute Kultivierung von Rosen von entscheidender Bedeutung. Bei sehr kräftigen Rosen (wie z.B. den Wildrosen) ist er nicht unbedingt erforderlich. Bei öfterblühenden Rosen bleibt er dagegen sehr wichtig, wenn wir denn das beste aus unseren Rosen machen wollen – vor allem später im Jahr. Humus gibt es in unterschiedlicher Form: als gut verrotteten Stallmist, als Komposterde, als Gartenerde einer der verschiedenen Handelsmarken oder als Torf. Die beiden ersten sind am geeignetsten, Torf kann eine gute Alternative sein. Auch ist es keine schlechte Idee, Torf mit den anderen Formen von Humus zusammen zu verwenden. Er ist sehr langlebig und wirkt sich positiv auf die Beschaffenheit des Bodens aus. Torf läßt sich gut untermischen, hat aber nur wenig Nährwert.

Wenn es Ihnen nicht möglich ist, Humus zu nehmen, sollten Sie zumindest einen der handelsüblichen Rosendünger einsetzen. Eine Gabe Rosendünger im zeitigen Frühjahr nach dem Pflanzen ist auf jeden Fall zu empfehlen. Kali ist für die Rosen lebenswichtig, besonders bei leichten Böden, die davon meist zu wenig haben. Bei schweren Böden mangelt es oft an Phosphaten. Schwefelsaures Kali kommt in der Pottasche vor, und Knochenmehl ist eine hervorragende natürliche Ressource für Phosphate.

Bodenmüdigkeit

Eines aber will ich allen, die Rosen pflanzen möchten, nachdrücklich ans Herz legen: Wenn in dem Boden, in den Sie Rosen pflanzen wollen, seit längerer Zeit – sagen wir seit drei, vier oder mehr Jahren – bereits Rosen gewachsen sind, sollte dieser nicht wieder mit Rosen bepflanzt werden. Ein solcher Boden ist „rosenmüde". Das heißt nicht, daß eine darin wachsende Rose nicht unbegrenzt weiter wachsen könnte. Aber wenn er neu mit Rosen bepflanzt wird, können sich die neuen Rosen wahrscheinlich nicht richtig entwickeln. Das gilt selbst dann, wenn ausgesprochen robuste und gesunde Rosen herausgenommen werden. Die genaue Ursache dieses Problems ist noch nicht völlig geklärt. Mit einiger Sicherheit hängt es mit der Wirkung von Mikroorganismen zusammen. Auch Fadenwürmer (= Nematoden) dürften eine Rolle spielen. Es kann auch sein, daß Gifte, die von den Wurzeln der bisherigen Rose ausgehen, die Mitursache für dieses Phänomen sind.

Glücklicherweise betrifft all dies nur den unmittelbaren Bereich um den Rosen-Busch bzw. -Strauch. Wenn es möglich ist, die Bepflanzung auch nur ein Stückchen neben dem Standort der bisherigen Rose vorzunehmen, sollte das schon ausreichen. Wo das nicht möglich ist, bleibt nur, die Erde an der Stelle, wo die bisherige Rose stand, auszutauschen (mindestens 60 cm tief und 50 cm oder mehr im Durchmesser, je nach Größe der Rose), und zwar gegen eine Mischung aus zwei Dritteln Erde aus einem anderen Teil des Gartens und einem Drittel Humus. Bei Rosenbeeten muß man die gesamte Erde austauschen. Das klingt Ihnen vielleicht etwas überzogen, aber ich glaube, es ist notwendig. Ganz generell gesprochen, ist es viel besser, Ihre Rosen an einer anderen Stelle des Gartens zu pflanzen, wenn das denn möglich ist. Sie können natürlich den Boden vor dem Pflanzen auch sterilisieren. Im Handel sind Chemikalien speziell für diesen Zweck erhältlich.

Wenn Sie diesen Aufwand, aus welchen Gründen auch immer, scheuen, können Sie das Problem auch dadurch abschwächen, daß Sie große Mengen Humus einarbeiten. Das Problem mit der „Rosenmüdigkeit" ist besonders groß in leichten, humusarmen Böden. Nach meiner Erfahrung besteht es in humusreichen Böden gewöhnlich in erheblich geringerem Ausmaß.

Das Kaufen von Rosen

Es gibt zwei verschiedene Möglichkeiten, Rosen zu erwerben – „wurzelnackt" oder in Containern. Die jetzt heranwachsende Generation von Gartenliebhabern kennt oft nur die zweite Möglichkeit. Viele sind auch der Meinung, die erstere sei zu riskant. Das verhält sich aber keinesfalls so! Beide Möglichkeiten haben ihre Vorzüge, alles in allem würde ich den Erwerb „wurzelnackter" Rosen vorziehen. Rosen fühlen sich in Containern niemals wirklich wohl, und wenn das Gartencenter die Containerpflanzen nicht sorgfältig genug behandelt hat, besteht die Gefahr, daß die Pflanzen in keinem gutem Zustand sind.

Wenn Sie weniger gängige Rosensorten kaufen möchten, werden Sie sie über den Versandhandel bestellen müssen – es sei denn, daß Sie das Glück haben, in der Nähe eines Rosenzüchters zu wohnen. Ein gewöhnliches Gartencenter ist nicht in der Lage, Ihnen eine wirklich breite Auswahl anzubieten. Wenn Sie bei einem Rosenfachmann bestellen, empfiehlt es sich, die Bestellung sehr frühzeitig aufzugeben. Die Rosenschule muß nämlich zwei bis zweieinhalb Jahre im voraus planen, und oftmals ist es nicht möglich vorauszusehen, wie sich die Nachfrage entwickeln wird. Einzelne Sorten, das läßt sich nicht vermeiden, werden ausverkauft sein.

Das Pflanzen

Ich möchte zuerst das Pflanzen „wurzelnackter" Rosen beschreiben. Man kann sie zu jeder Zeit zwischen Oktober und April setzen, wenn der Boden offen ist. Wenn Sie Ihre Rosen nicht am Ort gekauft haben, treffen die Pflanzen möglicherweise zu einem Zeitpunkt ein, wo die Witterungs- oder Bodenverhältnisse ein sofortiges Auspflanzen nicht zulassen. Dann können Sie die Pflanzen vorübergehend „einschlagen", indem Sie eine kleine Furche graben und die Wurzeln der Pflanzen mit Erde bedecken. Auf diese Weise lassen sie sich gut und gern mehrere Wochen lang aufbewahren. Sollte der Boden beim Eintreffen der Pflanzen gefroren sein, kann man sie in der Verpackung drei bis vier Wochen lang aufheben – vorausgesetzt, daß man sie in einem kühlen (aber frostgeschützten) Raum lagert.

Rosen sollten so tief gepflanzt werden, daß die Veredelungsstelle 3 bis 5 cm mit Erde bedeckt ist. Graben Sie ein Loch, das groß genug ist, um die Wurzeln aufzunehmen, breiten Sie die Wurzeln dabei gleichmäßig aus und füllen Sie dann Erde auf. Danach schlämmen Sie die Pflanze mit Wasser ein. Es empfiehlt sich sehr, zum Pflanzen eine spezielle Pflanzmischung zu verwenden. Diese kann man sich selbst mischen, und zwar aus je einer Hälfte Torf und guter Gartenerde mit Beigabe von etwas Knochenmehl. Man kann auch fertige Mischungen kaufen. So erleichtern Sie Ihren Rosen das Anwachsen erheblich, und, ganz nebenbei, wenn Sie Ihre Pflanzmischung trocken aufbewahren, können Sie auch dann pflanzen, wenn die Boden- oder Witterungsbedingungen nicht optimal sind.

Ausgewachsene Rosen können Sie ohne weiteres umpflanzen, außer wenn sie zu alt und knorrig sind. Rosen scheinen eine solche Behandlung oft sogar zu „genießen". Allerdings sollten Sie die Pflanzen vorher kräftig zurückschneiden, indem Sie alles alte und tote Holz entfernen und alle Triebe fast bis zum Boden zurückschneiden. Damit erreichen Sie nämlich, daß die Wurzeln, die durch das Umpflanzen zwangsläufig stark leiden, nicht zu viele Triebe mit Nährstoffen versorgen müssen.

Rosen in Containern werden im wesentlichen auf die gleiche Weise gepflanzt wie „wurzelnackte" Rosen. Achten Sie nur darauf, daß der Erdballen beim Herausnehmen aus dem Container nicht aufbricht. Die Folie schneiden Sie am besten mit einem Messer auf, bei einem Plastiktopf klopfen Sie Pflanze und Ballen als Ganzes heraus. Der Vorteil von Containerpflanzen besteht darin, daß Sie sie zu jeder Zeit des Jahres pflanzen können. Pflanzen Sie die Rosen aber später als Juni, werden sie im nächsten Jahr etwas früher blühen.

Wenn Sie sehr spät in der Saison pflanzen, sagen wir Ende März, empfiehlt es sich, die Bodenfeuchtigkeit genau zu prüfen. Der Boden kann dann leicht austrocknen, bevor die Pflanzen Wurzeln bilden konnten. In solchen Fällen wässern Sie gründlich und tief. Das ist doppelt wichtig, wenn Sie Containerrosen außerhalb der Saison pflanzen. Man denkt vielleicht, die Pflanzen seien in ihrem kleinen Erdballen gut versorgt; aber dieser kann schnell austrocknen!

Einer Sonderbehandlung bedürfen Kletterrosen, wenn man sie an einer Wand auspflanzt. Häufig ist der Boden an einem solchen Standort sehr trocken, selbst bei regnerischem Wetter. Das ist der Grund, weshalb es bei Kletterrosen mehr Enttäuschungen als bei Rosen anderer Gruppen gibt. Ohne ausreichende Feuchtigkeit kann sich die Pflanze nicht entwickeln, und während der ersten zwei, drei Jahre wächst sie nur schwach, bis es den Wurzeln gelungen ist, aus dem Mauerbereich wegzukommen. Um diesem Problem vorzubeugen, pflanzen Sie die Rose am besten gleich in mindestens 30 cm Abstand von der Wand. Und anstatt die Wurzeln, wie sonst üblich, so anzuordnen, daß sie sich nach allen Richtungen ausbreiten können, richten Sie diese so aus, daß sie sich weg von der Wand und hin zu feuchterem Boden orientieren können. Selbst dann ist im ersten Jahr häufig noch regelmäßiges kräftiges Wässern erforderlich.

Der Rückschnitt

Das Zurückschneiden der Rosen ist nicht schwierig. Dafür gibt es viele Möglichkeiten. Die Art und Weise, wie man dabei vorgeht, ist Auffassungssache und auch abhängig von der Wuchsform, die man erreichen möchte. Wenn Sie diese Aufgabe mit dem nötigen Ernst angehen, haben Sie eine interessante und befriedigende Aufgabe vor sich. Ich habe immer wieder, während ich weiter oben die einzelnen Rosenklassen beschrieben habe, Anmerkungen hierzu gemacht, doch dürfte es hilfreich sein, diese hier noch einmal zusammenzufassen.

STRAUCHROSEN. Strauchrosen zu schneiden, ist ziemlich einfach – anfangs kann man ihrer Entwicklung ruhig freien Lauf lassen. Während der ersten zwei bis drei Jahre benötigen sie nur einen geringfügigen Rückschnitt.

Dann ist es erforderlich, das alte Holz etwas zu entfernen, um so die Bildung neuer Triebe anzuregen. Außerdem kann es nötig werden, den Strauch etwas zu stutzen, um ihn in Form zu halten und zu verhindern, daß er in benachbarte Rosen oder andere Pflanzen hineinwächst. Einige Sorten haben einen aufrechten Wuchs. Wenn man dem nicht gegensteuert, befinden sich die Blüten hoch oben, wo man sie nicht sehen kann, und der untere Teil der Pflanze ist kahl und unansehnlich.

KLETTERROSEN UND RAMBLER. Kletterrosen, die meist öfterblühend sind, sollte man im Winter zurückschneiden. Das Schneiden ist sehr einfach. Eine Kletterrose besteht aus langen Haupttrieben (deren Aufgabe es ist, zu „klettern") und davon ausgehenden kurzen Seitentrieben. Diese bringen Blüten hervor. Alles, was wir zu tun haben, ist: jedes Jahr ein paar der Haupttriebe zu entfernen – dort nämlich, wo auf sie verzichtet werden kann. Man wählt dafür diejenigen aus, die schwach und unproduktiv geworden sind. Anschließend schneiden wir auch die kürzeren Seitentriebe auf knapp 10 cm Länge zurück.

Bei Rambler-Rosen geschieht der Rückschnitt noch einfacher. Man braucht lediglich etwas vom alten Holz zu entfernen, um die Bildung neuer Triebe anzuregen, und um zu verhindern, daß die Pflanze außer Kontrolle gerät. Wo der Standort es zuläßt, daß die Pflanze sich voll entfalten kann, beispielsweise wenn sie in Bäume klettert, darf man sie einige Jahr lang ruhig sich selbst überlassen. Man erreicht so eine natürlichere Wuchsform – ja, ich möchte so weit gehen zu sagen, daß es bei den meisten Ramblern am besten ist, so wenig wie möglich einzugreifen. Bei den Multiflora-Hybriden sollte man einige der von der Basis ausgehenden Triebe entfernen, da sie an dieser Stelle sonst zu dicht wachsen.

WILDROSEN. Sie sind Rosen der freien Natur und bedürfen kaum eines Rückschnitts – abgesehen davon, daß altes und verbrauchtes Holz entfernt werden sollte, wenn die Pflanze ihr Reifestadium erreicht hat. Das geschieht am besten im Winter. Lassen sie die Pflanze durch absterbendes Holz nicht zu dicht werden!

TEEHYBRIDEN UND FLORIBUNDA-ROSEN. Beim Auspflanzen ist es angezeigt, die neuen Rosen bis auf etwa 13 cm Länge zurückzuschneiden. Später müssen die Triebe um etwa die Hälfte zurückgeschnitten werden. Schwaches und dünnes Holz sollte entfernt werden, ebenso abgestorbenes oder krankes. Sobald die Haupttriebe alt werden, wird es nötig, einzelne stark zurückzuschneiden, um von der Basis her die Bildung kräftiger junger Triebe anzuregen. Das geschieht am besten im März, kann aber auch früher erfolgen. Früher Rückschnitt führt zu früher Blüte, es sei denn, die jungen Triebe werden durch Spätfröste beschädigt.

Mulchen, Düngen und Wässern

Bei den großen und robusten Strauchrosen sowie auch bei den Wildrosen sind Mulchen, Düngen und Wässern völlig unnötig. Auch für einmalblühende Rosen sind solche Pflegemaßnahmen nicht unbedingt erforderlich, allerdings danken Ihnen diese Rosen eine solche Pflege sehr. Bei öfterblühenden Strauchrosen, Teehybriden und Floribunda-Rosen sind die Pflegemaßnahmen notwendig, um eine schöne und wiederkehrende Blüte zu ermöglichen. Es stimmt zwar, daß man annehmbare Ergebnisse auch ohne solche Pflege erreichen kann. Aber etwas Unterstützung führt dann zu Ergebnissen, die in keinem Verhältnis zu dem geringen Mehraufwand stehen. Das trifft besonders zu, wenn der Boden für Rosen weniger günstig ist, also bei leichten Sand- oder Kalkböden.

Mulchen ist bei Rosen besonders wichtig. Wenn man ihnen jedes Jahr einmal – oder zumindest alle zwei Jahre – eine kräftige Mulchschicht gibt, dann verlieren alle anderen Pflegemaßnahmen an Bedeutung. Eine Mulchschicht sorgt dafür, daß der Boden auch während der Trockenzeiten feucht bleibt, und ermöglicht somit beständiges Blühen. Das Mulchen sorgt für Nährstoffe, mindert die Anfälligkeit für Sternrußtau und hält auch das Unkraut zurück. Es können verschiedene Materialien verwendet werden. Ausgezeichnet ist verrotteter Kompost. Es lohnt sich, die Garten- und Haushaltsabfälle dafür zu sammeln, aber man sollte ihnen reichlich Zeit lassen zu verrotten. Die einfachste Methode des Mulchens besteht vielleicht darin, im Handel erhältliche Materialien zu verwenden, zum Beispiel Torf oder Rindenmulch. Diese sind frei von Unkräutern und leicht zu handhaben. Der Nährwert ist geringer, was aber durch Düngen ausgeglichen werden kann.

Sobald die Rosen im Frühjahr beginnen auszutreiben, müssen sie mit einem der handelsüblichen Rosendünger gedüngt werden. Das sollte im Juni oder Juli wiederholt werden, wenn der erste Blütenflor vorbei ist, um neue Blüten anzuregen. Jetzt reicht ein guter Allgemein-Dünger aus, aber er sollte einen hohen Anteil an Kali enthalten, besonders bei leichten Böden. Rosen benötigen große Mengen Kali, mehr als die meisten anderen Pflanzen.

Viele Freunde der öfterblühenden Strauchrosen sind enttäuscht, wenn die Rosen nicht ein zweites Mal blühen. Wie leicht einzusehen ist, gibt es keine zweite Blüte ohne neue Triebe, und neue Triebe bilden sich nur, wenn genügend Feuchtigkeit zur Verfügung steht. Es macht wenig Sinn, eine Rose mit Dünger zu versorgen, wenn keine Nässe vorhanden ist, ihn auch aufzunehmen. Selbst in niederschlagsreichen Regionen Europas regnet es selten so viel, daß während des ganzen Sommers ausreichend Feuchtigkeit vorhanden ist. Ich will damit nicht sagen, daß Wässern unentbehrlich sei, aber es kann erheblich dazu beitragen, daß die Rosen schöner blühen. In Gegenden mit weniger Regen ist Wässern auf jeden Fall lebenswichtig. Es gibt ausgezeichnete automatische Bewässerungssysteme, die das Wässern sehr erleichtern, und – sie sind nicht einmal sehr teuer! Wenn Sie sich dafür entscheiden zu wässern, tun Sie dies auch gründlich. In England und Deutschland reicht es in einem durchschnittlichen Sommer schon aus, ein- oder zweimal gründlich zu wässern. Beachten Sie dabei bitte: Besonders wichtig ist das Wässern nach der ersten Blüte.

Wildtriebe und verwelkte Blüten

Die meisten Rosen sind auf Unterlagen veredelt worden. Das bedeutet, daß sich von Zeit zu Zeit Wildtriebe bilden, das heißt solche Triebe, die von der Unterlage ausgehen. Im allgemeinen ist es nicht schwer, Wildtriebe als solche zu erkennen, weil ihre Blätter von denen der Rose üblicherweise sehr verschieden sind. Man erspart sich viele Probleme, wenn die Wildtriebe rechtzeitig entfernt werden; in diesem frühen Stadium geht das viel leichter. Auch verliert die Pflanze jetzt noch nicht so viel Energie. Als Werkzeug dafür eignet sich am besten ein Messer – versuchen Sie, etwas von der Rinde mit abzuschneiden, sonst bildet sich an derselben Stelle bald schon wieder ein neuer Wildtrieb.

Das Entfernen verwelkter Blüten ist nicht unbedingt erforderlich, sorgt aber dafür, daß die Pflanze ein hübscheres Aussehen behält. Rosen haben von Natur aus einfache Blüten, erst der Mensch hat Sorten mit gefüllten Blüten entwickelt. Bei ihnen fallen die Blütenblätter nach dem Verwelken nicht immer ab. Das ist oft unschön.

Wichtig ist das Entfernen verwelkter Blüten bei öfterblühenden Strauchrosen, Teehybriden und Floribunda-Rosen, weil diese sonst Hagebutten ansetzen würden. Hagebutten verbrauchen bekanntlich Energie und würden die Pflanzen an neuer Blütenbildung hindern.

Krankheiten und Schädlinge

Wenn man berücksichtigt, wie weit verbreitet Rosen tatsächlich sind, läßt sich nicht sagen, sie seien für Krankheiten und Schädlinge besonders anfällig. Mit den meisten Problemen solcher Art kann die Rose im großen und ganzen leben. Schwierig wird ihr Gedeihen, wenn viele Pflanzen dicht zusammen stehen.

Das vielleicht größte Problem für unsere Rosen ist Sternrußtau. Nur wenige Rosen sind gegen diese Krankheit völlig immun. Man darf mit Fug und Recht sagen, daß er der größte Fluch der Rosen ist. Jeder, der Rosen züchten kann, die dem Sternrußtau widerstehen, leistet sogesehen einen großen Dienst. Leider gehen bei dem Bemühen, derart widerstandsfähige Rosen zu züchten, viele andere begehrte Eigenschaften der Rose verloren.

Mit modernen Spritzmitteln und Geräten ist es nicht allzu schwer, Krankheiten und Schädlinge unter Kontrolle zu halten. Wichtig ist, mit dem Spritzen früh in der Saison zu beginnen. Die meisten Probleme fangen relativ klein an, werden dann aber sehr schnell groß. Wenn es gelingt, den Befall im Frühstadium zu stoppen, ist die Bekämpfung viel leichter und wirkungsvoller.

KRANKHEITEN

STERNRUSSTAU *(Diplocarpon rosae)*. Die Symptome dieser Krankheit lassen sich wie folgt beschreiben: auf den Blättern zeigen sich schwarze Flecken mit gelben Rändern. Ihr Umfang wächst und ihre Zahl vervielfacht sich. Und wenn man diese sich entwickeln läßt, entlauben sie oft die ganze Pflanze. Sternrußtau ist am schlimmsten in ländlichen Gegenden und überall da, wo die Luft sauber ist. Aber nicht alle Sorten sind gleich anfällig.

Das derzeit wirkungsvollste Spritzmittel enthält Triforine (z. B. Saprol; in Deutschland werden außerdem Baymat flüssig [Wirkstoff: Bitertanol] und Funguran [Kupferoxydchlorid] sowie biologische Mittel empfohlen). Wenn sich die Blätter bilden, spritzt man das Mittel sowohl auf die Blätter als auch auf die Triebe. Dieser frühe Zeitpunkt ist sehr wichtig. Oft wird empfohlen, daß das Spritzen danach alle zehn bis vierzehn Tage wiederholt werden soll, das aber grenzt an Perfektionismus. Bei den meisten Rosen reicht ein zweimaliges weiteres Spritzen aus (Ende Mai / Anfang Juni sowie im Juli), um die Krankheit unter Kontrolle zu halten.

Günstige Bedingungen helfen, Sternrußtau zu vermeiden. Dazu sind ausreichendes Düngen sowie Mulchen wichtig. Vermeiden Sie aber, zu viel Stickstoff zu verwenden. Schlechte Entwässerung und der Schatten von Bäumen fördern die Ausbreitung der Krankheit ebenfalls.

ECHTER MEHLTAU (Sphaerotheca pannosa). Auf Blättern und Trieben bildet sich ein weißer, puderiger Schimmel. Die Blätter verfärben sich gelb und purpurfarben, verwelken schließlich und fallen vorzeitig ab. Die Knospen öffnen sich nicht. Spritzen Sie, sobald die Krankheit auftritt, mit einem Mittel, das Triforine enthält, und verfahren Sie so wie beim Sternrußtau. Gehen Sie rechtzeitig vor und verhindern Sie möglichst, daß sich der Mehltau ausbreiten kann.

Auch für diesen Fall sei gesagt, daß günstige Wachstumsbedingungen für einen gesunden Wuchs sorgen. Mulchen, Wässern und Düngen sind in erster Linie zur Vorbeugung geeignet. Zu viel Stickstoff führt zu weichen Trieben. Und diese sind ein idealer Nährboden für Mehltau.

ROSENROST (Phragmidium tuberculatum und andere Arten). Das ist eine der schlimmsten Krankheiten, glücklicherweise ist Rosenrost nicht besonders weit verbreitet. Auf den Ober- und Unterseiten der Blätter zeigen sich im Frühling orangefarbene Wölbungen. Später im Jahr erscheinen dort rostartige Flecken, die im August schließlich schwarz werden.

Wo der Rosenrost auftritt, ist es wichtig, ihm sofort zu begegnen. Spritzen Sie Anfang bis Mitte Mai, sobald sich erste Anzeichen zeigen. Wirksame Mittel sind die gleichen, die unter Sternrußtau angegeben wurden. Entscheidend ist, daß diese auf die Unterseiten der Blätter gespritzt werden, die Oberseiten sind in diesem Zusammenhang unwichtig.

Rosenrost tritt meist auf heißen, trockenen Böden auf und bei einem Mangel an Kali. Einzelne Sorten sind anfällig, andere weniger. Die meisten der Strauchrosen sind gegen den Rosenrost immun.

SCHÄDLINGE

BLATTLÄUSE. Sie können grün, orangefarben, rötlich oder schwarz sein. Die meisten Gartenfreunde kennen sie. Sie ernähren sich von jungen Trieben, treten im Frühjahr auf und vermehren sich, wenn nichts unternommen wird, sehr rasch. Sie führen schließlich dazu, daß die Blätter verkrüppeln. Blattläuse hinterlassen auf den Blättern honigartige Ausscheidungen, den sogenannten „Honigtau", der einen schwarzen Pilz ernährt, der als „Schwarzer Schimmel" bekannt ist.

Bekämpfung ist nicht schwierig, es gibt zahlreiche Gegenmittel. Spritzen Sie, sobald die Insekten erstmals zu sehen sind. Achten Sie beim Einkauf darauf, daß das Mittel nicht schädlich für Bienen und andere nützliche Insekten ist.

BLATTROLLWESPE. Bei einem Befall rollen sich die Fiederblättchen eng zusammen, und im Inneren zeigt sich manchmal eine grau-grüne Larve. Dieses Problem tritt hauptsächlich bei Rosen auf, die im Schatten von Bäumen stehen.

Nur vorbeugendes Spritzen ist sinnvoll, also bevor sich die Blätter zusammengerollt haben. Wenn der Befall Ihrer Rosen mit der Blattrollwespe schon aufgetreten ist, müssen Sie bis zum nächsten Frühjahr warten und dann mit einem Mittel (z.B. „Unden flüssig") spritzen.

Dieser kurze Hinweis auf die Schädlinge sollte Sie nicht zu der Annahme führen, die Kultur von Rosen lediglich als einen beständigen Kampf gegen Krankheiten und Schädlinge zu betrachten. Oft tritt ein Befall gar nicht auf. Wir müssen ihm nur begegnen, wo die Gefahr besteht, daß er den Bestand Ihrer Rosen ernsthaft gefährdet. Wir selbst spritzen im Garten unserer Rosenschule nur wenig.

Erklärung der Fachausdrücke

Absterben	Ein von der Spitze eines Triebes ausgehendes fortschreitendes Absterben.
Aufrechter Strauch	Eine Rose, bei der die Triebe vorwiegend senkrecht nach oben wachsen.
Ausladender Strauch	Ein Strauch, bei dem die Triebe mehr in die Breite als in die Höhe wachsen.
Busch	Diesen Begriff verwende ich, um stark zurückgeschnittene Beetrosen zu bezeichnen, beispielsweise für Teehybriden.
Buschiger Strauch	Eine Rose von dichtem, gerundetem Wuchs.
Diploid	Eine Planze mit zwei Chromosomen-Sätzen.
Einschlagen	Vorübergehende Lagerung „wurzelnackter" Rosenpflanzen in einer Erdfurche, wenn die Bedingungen das Auspflanzen nicht zulassen.
Fiederblättchen	Die einzelnen Blättchen, aus denen ein Rosenblatt besteht.
Gattung	Eine Gruppe von Pflanzen mit gleichen Eigenschaften, z.B. die Gattung Rosa.
Gemischte Rabatte	Eine für englische Gärten typische Form der Bepflanzung einer Rabatte mit Ziersträuchern und Stauden, meist als Randbepflanzung.
Gen	Eine Einheit des Erbgutes; es steuert die ererbten Eigenschaften.
Geviertelt	Eine Blüte, bei der die inneren Blütenblätter vier Viertel formen.
Griffel	Der Teil des Stempels, der die Narbe mit dem Fruchtknoten verbindet.
Hagebutten	Die Früchte der Rose. Sie enthalten die Samen.
Höhe	Die bei den einzelnen Sorten angegebenen Höhen sind nur Näherungswerte. Im Einzelfall hängen sie stark ab von Boden, Standort, Jahreszeit und geographischer Lage. Die Breite eines Rosenbusches oder -strauches ist meist etwas geringer als die Höhe.
Hybride	Das Ergebnis der Kreuzung genetisch unterschiedlicher Elternformen.
Kalyx (Kelch)	Die grüne Schutzhülle der Blütenknospe, die sich in fünf Kelchblätter (Sepalen) öffnet.

Kelchblätter (Sepalen)	Die fünf Teile des Kelches.
Knopfauge	Eine knopfartige Krümmung der kleinsten Blütenblätter in der Mitte einer Rosenblüte.
Knospenförmige Blüte	Diesen Begriff habe ich geprägt. Damit bezeichne ich eine Rosenblüte in der Form einer Teehybride, d.h. knospenförmige Blüten mit hoher Mitte, die hauptsächlich als Knospen schön sind (im Gegensatz zur Blütenform Alter Rosen).
Narbe	Das Ende des Stempels (des weiblichen Organs der Pflanze).
Nebenblätter	Abgewandelte Blätter an der Basis des Blütenstengels.
Öfterblühend	Eine Rose, die auch nach dem ersten Blütenflor im selben Jahr nochmals Blüten in größerer Zahl hervorbringt.
Okulieren	Die übliche Methode zur Vermehrung von Rosen. Ein sogenanntes „Auge" wird auf den Wurzelhals einer Unterlagenpflanze veredelt.
Organischer Dünger	Ein Dünger, der aus natürlichen Stoffen hergestellt ist, nicht aus Chemikalien.
Patio	Als „Patio" bezeichnet man im englichen Sprachraum einen Bereich am Haus, wo man im Freien sitzen kann (z.B. Terrasse oder Innenhof), als „Patio-Rosen" solche Sorten, die sich für diesen Bereich besonders eignen (kleiner als Floribunda-Rosen und nicht ganz so klein wie Miniatur-Rosen).
Pollen-Elternteil	Das männliche Elternteil einer Sorte.
Pompon	Eine meist kleinere rundliche Blüte mit regelmäßigen, kurzen Blütenblättern, bei der diese sich so weit öffnen, daß sie einen „Pompon" bilden.
Rambler-ähnlich	Mit diesem Begriff bezeichne ich eine Rose, die kleine Blüten in großen Büscheln hervorbringt wie eine Rambler-Rose, besonders wie ein Multiflora-Rambler.
Reis, Edelreis	Ein Trieb, der zum Veredeln verwendet wird.
Remonierend	Eine Rose, die nach der Hauptblüte eine (geringere) Nachblüte hervorbringt.
Rezessives Gen	Ein Gen, das von einem anderen dominiert wird und dessen Eigenschaften deshalb nicht wirksam werden.
Rosen „auf eigener Wurzel"	Rosenpflanzen, die nicht durch Veredlung auf eine Rosenunterlage vermehrt wurden, sondern durch Stecklinge oder – bei Wildrosen – durch Samen.
Rugosa-ähnlich	Blätter mit stark genarbter Oberfläche.

Sämling	Eine Rosenpflanze, die aus Samen gezogen wurde; hier: der Abkömmling einer Sorte).
Sport	Eine Abkömmling mit verändertem Erbgut, z.b. wenn eine rosafarbene Rose plötzlich einzelne weiße Blüten trägt.
Staubbeutel	Der Teil der Blüte, der Pollen produziert; der obere Teil der Staubblätter.
Staubblätter	Das männliche Organ einer Blüte, bestehend aus dem Staubfaden und dem Staubbeutel, der den Pollen enthält.
Stempel	Das weibliche Organ der Blüte, bestehend aus Narbe, Griffel und Fruchtknoten.
Stil der Alten Rosen	Charakteristisch für Alte Rosen sind schalen- oder rosettenförmige Blüten. Die Blätter sind üblicherweise grob gemasert, z.b. bei den Gallica-Rosen und Zentifolien.
Stil der Moderen Rosen	Charakteristisch für Moderne Rosen sind Knospen mit hoher Mitte und glattem Laub wie bei Teehybriden.
Strauch	Eine Rose, die nur leicht zurückgeschnitten wird und in einer eher natürlichen Form wächst, im Gegensatz zu einem Busch (z.B. bei Beetrosen), der bis auf 15-20 cm zurückgeschnitten wird.
Tetraploid	Eine Pflanze mit vier Chromosomen-Sätzen.
Triploid	Eine Pflanze mit drei Chromosomen-Sätzen.
Überhängender Strauch	Ein Strauch, bei dem sich die langen Haupttriebe zum Boden hinunter neigen, üblicherweise auf sehr reizvolle Weise.
Unterlage	Eine Wirtspflanze, auf die eine Gartenrose veredelt wurde.
Veredelungsstelle	Die Stelle auf der Unterlagenpflanze, an der das Auge der Gartenrose eingefügt wurde.
Verkleben der Blüte	Bei nassem Wetter kleben die äußeren Blütenblätter zusammen, so daß sich die Knospen nicht öffnen können.
Wildtrieb	Ein Trieb, der von der Rosenunterlage statt von der darauf veredelten Gartenrose kommt.
Wurzelnackte Rosen	Rosenpflanzen, die ohne Erde gekauft werden, nicht in einem Container.
Zweifarbig	Eine Rosenblüte mit zwei verschiedenen Farbtönen.

Literaturverzeichnis

American Rose Society's *Annuals* (seit 1917).

Austin, David: *Alte Rosen und Englische Rosen,* 1993.

Austin, David: *Englische Rosen,* 1994.

Baker, C. und Lacy, A.: *Die Welt der Rose,* 1991.

Beales, Peter: *Twentieth-Century Roses,* London, 1988.

Bois, Eric and Trechslin, Anne-Marie: *Roses,* 1962.

Brecht, Ursula: *Freude mit Rosen,* 1989.

Coggiatti, S.: *Berühmte Rosen und ihre Geschichte,* 1987.

De l'Aigle, A.: *Begegnung mit Rosen,* 2. Aufl. 1977.

Fletcher, H. L. V.: *The Rose Anthology,* Newnes, 1963.

Gault, S. M. and Synge, P. M.: *The Dictionary of Roses in Colour,* 1970.

Gibson, M.: *The Rose Gardens of England,* 1988.

Glasau, F.: *So hat man mehr Freude an Rosen,* 1981.

Griffiths, Trevor: *The Book of Old Roses,* Michael Joseph, 1984.

Ders.: *The Book of Classic Old Roses,* Michael Joseph, 1986.

Harkness, Jack: *Rosen. Eine Enzyklopädie der Arten und Sorten,* 1992.

Hillier, Malcolm: *Rosen,* 1992.

Jacob, A., Grimm, H., Grimm, W., Müller, B.: *Alte Rosen und Wildrosen,* 1990.

Jekyll, G. und Mawley, E.: *Roses for English Gardens,* 1902 (Neudruck 1982).

Kordes, Wilhelm: *Das Rosenbuch,* 10. Aufl. 1977.

Krüssmann, G.: *Rosen, Rosen, Rosen,* 1974.

Lawrance, Mary: *A Collection of Roses from Nature,* 1799.

Le Rougetel, H.: *A Heritage of Roses,* 1988.

McCann, S.: *Miniature Roses for Home and Garden,* 1985.

McFarland, J. H.: *Modern Roses,* 8. Aufl., 1980.

Rosarium Sangerhausen: *Rosenverzeichnis,* 4. Aufl. 1988.

Rose Growers' Association. *Find that Rose.* Royal National Rose Society's *Annuals* (seit 1911).

Sala, O.: *Das große Buch der tausend Rosen,* 1992.

Shepherd, R.: *History of the Rose,* Macmillan, New York, 1966.

Siebert, Josef: *Rosen. Auswahl, Pflege, Nachbarschaft,* 3. Aufl. 1990.

Squire, D. und Newdick, J.: *Das Rosenbuch,* Christian Verlag 1992.

Verein Deutscher Rosenfreunde: *Rosenjahrbücher* (ab 1990).

Westrich, J. (Hrsg.): *Die Rose,* 1989.

Woessner, Dietrich: *Das Schneiden der Rosen,* 1992.

Ders.: *Rosenkrankheiten. Erkennen und Behandeln von Wachstumsstörungen, Krankheiten und Schädlingen,* 3. Aufl. 1987.

Index